アクションリサーチ・イン・アクション

共同当事者・時間・データ

矢守克也

新曜社

まえがき

「ポスト阪神・淡路」から「プレ南海トラフ」へ

　人間や社会について書かれた本について読むときは、それがいつ書かれたのかに注意を払うことが必要だと言われる。いつ書かれたかがその本の内容を規定する最も強力なコンテクストの一つだからだ。

　本書の姉妹編にあたる前著『アクションリサーチ：実践する人間科学』（新曜社）を刊行したのは2010年6月のことだった。東日本大震災が発生する前年である。あらためて繙くと、その内容は「ポスト阪神・淡路」の色彩を濃厚に帯びている。つまり、阪神・淡路大震災（1995年）の後の社会をどう生きるか、いかに構想するかをめぐるアクションリサーチが前著の主題となっている。

　それに対して、本書を構成する論考群はいずれも、東日本大震災が発生した2011年以降に書いたものである。よって、「ポスト東日本」であることはもちろん、「プレ南海トラフ」の性質をもっている。超高齢化に加えて過密と過疎の不均衡が限界点を超えた社会の下で、南海トラフ巨大地震・津波（詳しくは、第2章などを参照）、あるいは、首都直下型地震の発生を迎えてしまうことになりそうな日本社会におけるアクションリサーチが、本書の主たる内容となっている。これが、現実的、実践的なコンテクストにおける本書のポジションである。

　ただし、本書は、防災実践の書ではない。アクションリサーチの金看板でもある理論と実践の高次元での融合を志向し、また、第1章の掉尾で掲げる理念"Think practically, act theoretically"（実践的に思考し、理論的に行動せよ）の実現をめざした理論探究の書でもある。ここで、「ポスト東日本」というコンテクストは、たとえば、津波防災をテーマとする研究が増えたといった単純明快な変化だけでなく、大学における研究活動全般にも有形無形の影響を及ぼしていることが大切である。最も重要な変化が、基礎的で理論的な研究よりも、「（今すぐ）役立つ研究」へと研究者を追いたてる圧力の増大である。本書は、この圧力に対する筆者なりのささやかなレジスタンスで

もある。

　たしかに、本書の主題は、アクションリサーチ（実践的な研究＝研究的な実践）である。だから、むしろ本書は理論的な思索と遠く隔たっているように見えるかもしれない。しかし、本書でなそうとしたことは、単なるアクションリサーチ（その報告）ではない。アクションリサーチを現実に実践すると同時に、アクションリサーチを行うことの意義と限界を理論的に見極める仕事である。本書では、この課題について、前著よりも精緻な突き詰めの作業を展開することができた。評価はむろん読者に委ねるほかないが、筆者としてはそのように考えている。

三つのキーワード

　以上の意味での理論的探究のために据えたキーワードが、本書のサブタイトルとして掲げた三つの用語、すなわち、「共同当事者」「時間」「データ」である。本書は、これら三つのキーワードを各部の主題とした三部構成となっている。

　第Ⅰ部の主題は、「共同当事者」である。前著の序章で、筆者はアクションリサーチの二大基本特性を提示した。その一つが、目標状態を共有する研究対象者と研究者（双方含めて当事者）による共同実践な研究、という特性であった。本書では、ここで言われている当事者を「共同当事者」として、より明確に位置づけ直した上で、研究対象者と研究者から成る共同当事者が共になす共同実践のことをアクションリサーチと定義している。しかし、それにしても、研究対象者はあくまでも研究対象であって、彼らが研究者と共同するとはどういうことなのか、またそのようなことが可能なのか。そして、可能だとしても、そもそも共同する必要などあるのか。多くの重要な疑問が生じる。第Ⅰ部では、これら、アクションリサーチの屋台骨に関わる重要な論点について考察する。

　第Ⅱ部の主題は、「時間」である。こちらは、アクションリサーチについて前著で提示したもう一つの基本特性に関わる。それは、目標とする社会的状態の実現へ向けた変化を志向した広義の工学的・価値懐胎的な研究、という特性であった。アクションリサーチは、目標状態の実現へ向けたベターメントを図るための変化を実際に社会にもたらしつつ、それと同時に社会に関する知を獲得する活動である。ここには、よき未来という展望的準拠点と、

それに対置される形で置かれた問題含みの現在、さらにはそのような現在へと至らしめた過去からの経緯 —— このような一連の時間的な推移が仮定されている。ここで特に重要なことは、アクションリサーチが変化を企てるという性質をもっている点である。ここには、客観的な時間の軸線上で事態の推移を静観する態度（たとえば、時系列で対象を観察すること）とは異なる、時間に対する主体的な関与が認められる。両者を区別して扱うために、第Ⅱ部では、客観的な「時間」に対して、人間の主体的な構えとともにある〈時間〉という概念を導入して、アクションリサーチにおける〈時間〉について考える。

　第Ⅲ部の主題は、「データ」である。ここには、二つのモチーフがある。一つは、アクションリサーチ（人間科学）におけるデータの機能を何に求めるのかというモチーフである。人間科学と対置される自然科学におけるデータの機能ははっきりしている。それは、一にかかって「実証」である。つまり、仮説的命題と客観的事実との一致を確認するための資料となること、これがデータに求められる機能である。それに対して、本書では、「データ・イン・アクション」という概念を提示した上で、アクションリサーチでは、データの働きが別のところにあることを主張する。もう一つのモチーフは、量的な研究アプローチ（データ）と質的なアプローチ（データ）との関係である。「アクションリサーチ＝質的データ、オーソドックスな実証的心理学＝量的データ」といったトンデモない誤解は論外としても、これら二つのタイプのデータがそれぞれ、アクションリサーチにおいてどのような特徴的な役割を果たすのか、両者の生産的な相補関係があるとすればそれはいかなる意味においてか。第Ⅲ部ではこういったことについて論じる。

前著からの継承・発展

　上述したように、本書は、姉妹編となる前著の成果と課題を踏まえた続編である。前著を手にとってくださった読者のために、また、本書のハイライトを知っていただくためにも、今回どこをどのように継承・発展させようとしたのかについて、三つのキーワードごとに簡単に触れておきたい。

　まず、第Ⅰ部の「共同当事者」については、重要なポイントが二つある。第一に、筆者は、前著で、アクションリサーチの理論的基盤として社会構成主義を提示した。社会的構成とは、私たちに対して意味ある世界を現出させ

る作用のことである。重要なことは、「研究者自身（研究者の認識や行為）も、この世界の社会的構成への内在という原理原則から免れえない」（前著序章）ことである。前著では、この点について主に理論的な検討を実施したが、本書では一歩進めて、この原理原則が共同当事者としての研究者に実際にどのように影響するのかについて論じた。本書で、アクションリサーチでは、「観察対象となっている社会実践を単に『見る』だけでなく、『見る』ための研究活動という実践がすでにその内部に入り込んでいる社会実践を、それでもなお研究という実践を通して自分たちは見ている —— そのような構造をよく見なければならない」（「見る」ことを見る）というフレーズを繰り返し使って関連事例の検証作業を行なっているのは、このためである。

　「共同当事者」については、第二に、「永続する運動としてのアクションリサーチ」（第1章）という観点も重要である。本書では、阪神・淡路大震災の経験を語り継ごうとする語り部グループ（主に、第5章）、および、防災ゲーム「クロスロード」（主に、第1章、第7章）をめぐる筆者自身のアクションリサーチを通して、この点について論じている。この両者は、前著でも多くのスペースを割いて取り上げた（前者は前著第4〜5章、後者は前著第2章）。語り部グループは1999年、クロスロードは2003年（そのベースとなったインタビュー調査を含めて）から、筆者は関与している。よって、前著の刊行時点（2010年）ですでに、それぞれ10年、7年、本書を執筆している2017年時点では、それぞれ20年近く、15年近くにわたって、関連する研究・実践活動を共同当事者として続けていることになる。本書では、この積み重ねを活かして、「永続する運動としてのアクションリサーチ」の重要性とその課題について前著よりも踏み込んだ考察を進めている。

　第Ⅱ部の「時間」については、前著には登場しない鍵概念群がポイントである。それは、「時間」ならざる〈時間〉であり、〈過去の未定性〉（「もう」を「まだ」として）であり、〈未来の既定性〉（「まだ」を「もう」として）であり、そして、〈インストゥルメンタル〉と〈コンサマトリー〉の対比である。本書（特に、第Ⅱ部の各章）では、これら〈括弧〉で表記した〈時間〉（人間の主体的な構えと共にある時間）に関わる鍵概念をベースに、アクションリサーチという社会実践そのものを支え、またそれを新たな形で動かしていくための時間について考えている。これに対して前著で展開した議論の多くは、「括弧」で表記した「時間」の中でアクションリサーチがどの

ような経緯をたどっているかを記述するタイプの議論にとどまっていた。この前著からのステップアップは、破局的な出来事（過去に起こったものであれ、未来に想定されるものであれ）についての語りやふるまいについて扱った本書の第Ⅱ部と前著の第Ⅱ部を対比して読んでいただくと、よく理解いただけるものと思う。

　第Ⅲ部の「データ」については、前著ではほとんど触れることができず、本書で新しく取り上げた論点が多い。あえて前著との接点を求めれば、「アクションリサーチで活用される研究方法・ツール・プロダクツ」（前著第1章5節）として論じた点であろう。該当箇所で、筆者は、アクションリサーチを特定の研究方法等と結びつけて考えるのは不適当であり、「永続する運動としてのアクションリサーチ」が展開される長期的な時間プロセスの中で、「複数の方法、ツール、プロダクツをその中に配置することが重要」と指摘している。この指摘は今でも適切だと考えているし本書でもその立場を踏襲している。しかし、このように主張すれば、「では、どのような考え方に依拠して複数の方法等を配置すればよいのか」が当然問われることになる。この問いを一刀両断できる回答を与えることは困難だが、本書では一つの試みとして、データの代表性をめぐる二つの対照的なロジック ── 「平均化」と「極限化」 ── を援用することで、この難題に対する筆者なりの展望を提示したつもりである。

道案内

　三つのキーワード ── 共同当事者・時間・データ ── は、実際には相互に密接に関連し合って、アクションリサーチを特徴づけている。実際、本文中の随所に、他部（他章）の参照を読者に促す記述がある。面倒に思われることもあるかもしれないが、両方の箇所を併読いただくと、より理解が深まるものと思う。とは言え、各章はそれぞれ独立に読んでいただくことができる。よって、興味をもってくださった部分から読み進めていただければ幸いである。ただし、第1章は本書全体のイントロダクションも兼ねており、後続の各章の内容が「予告編」のようにしばしば顔を出す。第1章だけは、この「まえがき」に続けて先にお読みいただくとよいかもしれない。

　本書を構成する論考の一部には、ベースとした既刊の原稿があるので、初出一覧として215ページに提示しておく。ただし、各章ともかなり大幅に加

筆し再編している。今般一冊の書物としてまとめるにあたって、書物全体を通貫する論理を明確に呈示するための整理作業を念入りに行った関係もあり、ほとんど原形をとどめないほどに大規模に加除した原稿がほとんどである。よって、既刊の拙稿に目を通してくださった読者におかれても、新しい原稿と思って読んでいただきたいと願っている。

　最後になったが、本書の企画・編集・刊行にあたっては、新曜社の森光佑有さんに大変お世話になった。森光さんとは、筆者の研究室で実施してきたアクションリサーチの成果をまとめた著書『現場でつくる減災学：共同実践の五つのフロンティア』でもご厄介になった。今回こうして再び、書物づくりという共同実践のパートナーとなっていただいたことに、心から謝意を表する。

目　次

第Ⅰ部　共同当事者

第1章　アクションリサーチと
　　　　　リサーチ・イン・アクション

1　社会実践とリサーチ・イン・アクション

1-1　「共にコトをなす」

　社会実践とは、簡単に言えば、人びとが共にコトをなすということである。私たちが暮らすこの社会では、ビジネスの現場、まちづくりの現場、教育の現場、福祉の現場、司法の現場、防災の現場など、いろいろな現場で、日々、多くのコトが多様な人びとによって共になされている。むろん、主に研究者によってなされる研究活動もそれ自体、共になされるコトの一つ、つまり、社会実践の一つである。

　さまざまな社会実践の現場に研究者（研究という名の社会実践）が関わることになるきっかけには、いくつかのパターンがある。偶然の出会いもある。コトがうまく運ばないため現場の変革に向けて、現場の当事者から研究者に関与の依頼がなされる場合もある。望ましいことではないが、現場の当事者があずかり知らぬ研究者の勝手な都合や希望から関与が始まる場合もある。もちろん、その場合でも、結果オーライになるケースも存在する。実際には、これらを含めいくつかの機縁や事情が複合している場合が多い。

　ここで、単純だがしばしば見過ごされがちな次の事実を銘記しておく必要がある。それは、現場ですでに進行中の社会実践に研究活動という別の社会実践がもち込まれる必然性は、さしあたってまったくないという事実である。仮に当該の社会実践が何か不都合を抱えているとしても、当事者たちが自らの知恵とわざを通じて問題を解決するケースが、実際には多いだろう。研究者以外の人びと、たとえば、行政の関係者やボランティアが手助けのためにその実践に介入することもあろう。さらに、仮に目下の課題がより重大な場

合、たとえば、ジャーナリズム（マスメディア）がそれを取り上げたり、問題解決が司法の手に委ねられたり、研究以外の社会実践と結びつく場合のほうが圧倒的に多いに違いない。

1-2 「アクションリサーチなど頼んだ覚えはない」

本章の記述自体がまさにそうであるが、研究者が「社会実践」と大上段に構えるとき、それに対する研究者の研究活動という形式での意図的かつ積極的な関わりや介入 —— すなわち、**アクションリサーチ**（という社会実践を行うこと）—— が自明の前提になっていることが多い。しかし、実際には、常にそうした関わり（アクションリサーチ）が期待されているわけでも求められているわけでもない。当該の社会実践の側から見たとき、そこに研究活動という名の社会実践が介入してくるという事態は、むしろ例外的なケースであるとの冷静な認識が、まずは研究者の側に求められる。

このことの意味を直感するために、研究者が、自分のプライベートな生活や自分自身の研究活動に、他の研究者による別の研究実践が関与（介入）してくるケースを想定してみるとよいかもしれない。実際、そのような事例もある。グリーンウッドとレヴィン（2006/2000）の「アクションリサーチによる大学と社会の関係の再構築」と題された論考がそれである。これは、大学や学界における研究活動（特に社会科学の研究活動）という社会実践のベターメントをめざした研究者の介入（アクションリサーチ）を素材にして、アクションリサーチについて論じるというユニークで優れた論考である。つまり、ここでは、まさに研究という社会実践そのものが、グリーンウッドらによる別の研究によって介入されているわけである。

しかし、これはあくまでも例外的なケースで、おそらく、筆者を含め多くの研究者には、そのような体験はほとんどないのではないか。むしろ、そのような事態に対しては強い違和感をもつのではないだろうか —— 「どうして、私の研究（あるいは、生活）が研究されねばならんのだ」、「アクションリサーチなど頼んだ覚えはない」と。そうした強い違和感をもたらすような社会実践（つまり、研究という実践）を通して、自分たちアクションリサーチャーは他の社会実践に関わろうとしているとの自覚が、まずはスタートラインとして据えられるべきであろう。

したがって、アクションリサーチでは、どのような研究方法が適切か、質的なデータあるいは量的なデータのどちらが有効か、などといった事がらについて議論したり検討したりする前に、まず、研究者が研究を通してある社会実践に関与するという、このきわめて例外的な形式をもつ社会実践が、もとの社会実践のベターメント（杉万，2007）に対してプラスに作用するのかどうかについて、研究者は当事者とともに常に慎重にモニタリングする必要がある。むろん、プラスかマイナスかが天下り的に決定されているわけではない。そのこと自体を、研究者と当事者とが展開する長期にわたる**共同実践**（4、5節参照）を通して常に問い続け、折に触れて自省し続けるほかない。

1-3　リサーチ・イン・アクション

「実践の現場では、アクションリサーチならぬ、リサーチ・イン・アクションである」と説いた杉万（2007）の印象的な言葉を借りれば、ここまで述べてきたことは次のように言いかえることができる。研究という名の社会実践を別の社会実践にもち込むことは、アクションリサーチである以前に、常に**リサーチ・イン・アクション**である、と。つまり、アクションリサーチとは、すでに進行中の実践（アクション）の中（イン）に、研究（リサーチ）という異物を侵入させることなのだ。

よって、以下のようなポイントについて、研究者（および現場の当事者）は、常に、また十分モニタリングすべきである。すなわち、当該のアクションリサーチが、リサーチが介入する前のもとの社会実践の当事者によって真に要請されているのか。アクションリサーチによってベターメントを図るという構図そのものに問題がはらまれていないのか（宮本，2016）。あるいは、ボランティア・イン・アクションやジャーナリズム・イン・アクションといった、他の「××・イン・アクション」と比較したとき、アクションリサーチは、より望ましいベターメントをもたらすのか。このようなチェックポイントである。

しかも、一口に当事者と言っても一枚岩でないことも多い。ある人は研究者との共同実践による問題解決に期待を寄せている一方で、それを望んでいない人もいるというケースも当然ある。いずれにしても、上記の意味でのモニタリングの結果、総合的に考えて「否」と判断すれば、その社会実践に対

する研究を通した関与（アクションリサーチ）は、当然、見直されたり停止されたりすべきである。アクションリサーチには、アクションリサーチ自体に対する**リフレクティヴ**（再帰的、自省的）な見直しの営みが不可欠なのだ。

　別言すれば、アクションリサーチは、究極的には、（当初）介入する側に立っていた研究者自身や当該のアクションリサーチ自体の問い直し、すなわち、アクションリサーチ自体のベターメント ── 当初介入の対象となっていた社会実践のベターメントだけではなく ── に結びつかざるを得ない。なぜなら、常に自らが要請されているのか、また有効であるのかと問い続ける必要があるからである。前著の問題意識の継承であり、また本書にとって重要な意味をもつこの事実は、見る（観察する）ことと見られる（観察される）ことの関係について論じた本章2節、津波避難に関する筆者自身の取り組みについて紹介した第2章、ミルグラムの服従実験の意味について論じた第3章、アクションリサーチにおけるデータの意味や役割について論じた第7章など、本書の随所で形を変えて反復されることになる。

2　社会実践を「見る」こと

2-1　第三者として見ることは可能か

　1節で述べたモニタリング作業を経て、ともかくも、学校現場における教育活動であれ、地域社会における防災活動であれ、何らかの社会実践に対して研究という外来の社会実践が関与する状態 ── アクションリサーチ ── が実現しているとしよう。その場合、アクションリサーチにとって、まずは対象となっている社会実践をよく「見る」こと、つまり、社会実践に関する現状把握が最も重要な事項となる。この点については、研究としての関与も、行政としての関与やボランティアとしての関与など他の場合と、何ら変わらない。

　他方で、社会実践をよく「見る」ために、研究者が独自の手法・ツールを磨いてきたことも、また事実である。伝統的には、研究者はそれらの手法・ツールを駆使して「データ」（第Ⅲ部のメインテーマ）を入手し、現場の当事者が（まだ）見ていないことを、第三者として見ることによって現場のベ

ターメントに貢献することを得意技としてきたと言ってよい。たとえば、当該の社会実践の現場にすでに流通している言語情報をデータとして独自に解析すること（言説分析）、質問紙調査など研究者が意図的に設定した媒体を通して当事者から得たデータを解析すること、あるいは、そうしたデータをもとに現場の未来の状況をシミュレーションすることなど、さまざまな手法・ツールを通じて研究者は現場を —— 当事者とは別様に —— 見ようとする。さらに、研究者は、見るための最大かつ最強の武器でもあり、かつ、ときに大きな障害にもなりうる「理論」という道具ももっている。

　ただし、第三者として見るという表現、言いかえれば、当事者（現場の人びと）の見えと第三者（研究者）の見えとを対比させることについては、ていねいな考察が必要とされる。たとえば、第三者（研究者）は、常に、当事者よりも多く、また正確に社会実践を見ているのだろうか。むしろ逆に、もともと社会実践の内部にいる当事者こそが、それをより正確に見ているとの考えも十分説得的ではないか。あるいは、そもそも、研究者が常に第三者で、現場の人びとが常に当事者なのか。さらに、当事者／第三者（当事者の見え／第三者の見え）という二項図式は、あまりに単純ではないか。

　アクションリサーチの最初の第一歩とも言うべき「見る」ことにおいて、すでに、これらの厄介な、しかし重要な課題が生じてしまうのは、人間や社会を対象とした研究においては、研究者が社会実践について見るための社会実践（研究活動）ともともとの社会実践とを完全に分離できないという制約が存在するからである。言いかえれば、前者が後者に与える影響、また後者が前者に与える影響を完全には消去できないという制約があるからである。この点は前著（矢守, 2010）でも指摘した。

　杉万（2013）は、この制約のもとで展開される科学を**人間科学**と呼ぶ。その上で、「人間科学」を、研究対象（もともとの社会実践の当事者）と研究者を一線で画し、一線の向こう側に据えた研究対象のあるがままの姿を一線のこちら側から「見る」という研究スタンスを完璧にとることができる（と想定する）「自然科学」とを対照させる。アクションリサーチは、もちろん「人間科学」の一種であるが、それだけでなく、上述の制約が特に明瞭だという意味で「人間科学」の特徴がとりわけ濃厚な研究活動だと位置づけることができる。もっとも、この後2-2項で見るように、この制約が独自の魅力と強みをアクションリサーチにもたらすことも重要である。

2-2 『キッチンストーリー』

　映画『キッチンストーリー』(ベント・ハーメル監督：2003年) は、「見る」ことをめぐる考察に対して深い洞察をもたらしてくれる。この映画は、本書の姉妹編となる前著『アクションリサーチ：実践する人間科学』(矢守, 2010) でもすでに取り上げたが、重要な事例なのでここでも簡単に再論しておきたい。

　『キッチンストーリー』は、スウェーデンで実際に実施されていた人間の動線研究をモチーフにした作品である。動線研究では、文字通り第三者による客観的な観察、つまり、自然科学のめがねに適うような観察がめざされる。「自分は動線研究の対象になっている」と意識した途端に、観察の対象者(たとえば、買い物客など) の動線は不自然なものにならざるを得ないからである。

　この作品には、フォルケという男性調査員 (研究者) が登場する (前著ではファルケと表記)。彼には、一人暮らしの男性が家庭 (キッチン) でどのようなことをしているかについて観察するという課題が与えられている。観察対象になったのはイザックという一人暮らしの男性である。半ばだまされて観察対象となることを引き受けたイザックの家に、テニスの審判台のような観察台がしつらえられ、調査員フォルケはこの台に座ってイザックの様子を観察し始める。客観的観察を旨としているので、フォルケには「お互いに会話してはいけない、観察対象者といかなる交流ももってはいけない」とのインストラクションが与えられている。

　直ちに推測できるように、こんな不自然な状態が長続きするわけはない。他人の家に上がりこんでいながら、家人と一言もしゃべらないことなどできるはずもないからである。しかし、ひるがえって考えてみると、心理学や教育学の世界では、教室や地域社会にまさにこれと同じ不可思議な流儀をもち込み、真顔でそれにチャレンジしようとしてきたことも、また事実である。

　この観察研究という名の社会実践には無理があるから、二人の関係は次第にぎくしゃくしてくる。当初はおとなしく観察されていたイザックは次第にイライラし始める。やがて堪忍袋の緒が切れて、逆にフォルケを観察し始めてしまう。「この人、何しているんだ？」という調子で、フォルケの知らな

い間にイザックが自分を観察したフォルケの観察ノートを覗き見たりする。こうして、この観察研究は途中で崩壊してしまう。しかし、リサーチの崩壊の後に、当初観察していたフォルケと、観察されていたイザックとの間には淡い友情が芽生えて……。ストーリーはそのように展開していく。

　『キッチンストーリー』は、研究活動を通して人間（社会）を「見る」ことについて、いくつか重要なポイントを示している。第一に、それは、第三者による客観的観察が究極的には不可能であることを示唆している。「究極的には」という限定は、裏を返せば、時間と場所を限定すれば可能だということでもある。事実、『キッチンストーリー』でも、当初は、それなりに観察研究は進んでいた。しかし、ほどなくそれは瓦解する。少なくとも、一方（研究者フォルケ）がもう一方（当事者イザック）を一方向的に観察するという実践は、その構図を維持できなくなる。

　第二に大切なのは、崩壊の理由である。それは、まさに「見る」ことを通じて、見る側（フォルケ）が見られる側（イザック）に影響を及ぼし、逆に、見られる側（イザック）も見る側（フォルケ）に影響を及ぼすからである。先に述べた通り、人間科学においては、研究者が社会実践について「見る」ための社会実践（ここでは、フォルケがイザックを観察するという社会実践）と、もともとの社会実践（一人暮らしの男性イザックの台所での行動）とを完全に分離できない。両者は、程度の差こそあれ、相互に干渉し合い、最終的には融合していかざるを得ない。

　第三に注目したいのが、フォルケとイザックの間に誕生した友情である。友情だからいいということではない。観察研究という社会実践が、二人の間に新しい関係性、すなわち、少なくとも見る者と見られる者という当初の関係性とは異なる関係性を生み出したという事実が重要である。なぜなら、この事実は、アクションリサーチがめざす方向性として、所詮実現不可能な完璧な客観的観察という幻想に固執することを放棄し、観察が生み出す（かもしれない）新しい関係性をむしろ積極的かつ意図的に活用した社会実践を展開しうる可能性を示唆しているからである。これこそが、2-1項で「独自の魅力と強み」と記したものに他ならない。なお、この点については、第2章5節で筆者自身の経験について紹介するほか、第3章でも実験室実験（アイヒマン実験）における実験者と被験者の関係に注目して再論する。さらに、第4章で導入する〈インストゥルメンタル〉と〈コンサマトリー〉という鍵

概念を用いて、第4章や第6章でも、第Ⅱ部のテーマである「時間」の角度から同じ問題について論じる。

3 「見る」ことを見ること

3-1 客観的に「見る」ことの困難

2節で述べたように、研究者が社会実践を「見る」とき、研究実践と当該の社会実践とを完全に分離することは、究極的には不可能である。このことは、経済学者の景気予測の事例など、いわゆる**予言の自己成就**（あるいは、自己破綻）と称される現象において、最も先鋭的な形で現れる。「来年は景気がよくなるだろう」という観察は、たとえば、「それなら今のうちに投資しておこう」というマインドを通じて実際に景気をよくしたり、予言をあてにした過剰投資がたたって、かえって景気を悪くしたりする。景気という観察対象自体に景気について「見る」ことが影響を及ぼしてしまうわけである。

ただし、このことは、何も「予言の自己成就（自己破綻）」という特別な現象にのみ該当するのではない。そうではなく、原理的には、社会現象を「見る」ためのすべての営み、つまり、アクションリサーチを含む人間科学の営みのすべてに、多かれ少なかれつきまとう宿命だと認識しておく必要がある。このことは前著ほかでも再三指摘した（矢守，2009a; 2010）。人間科学においては、すべての営みが多かれ少なかれ**研究（成果）の自己成就**（自己破綻）とでも呼べる一面をもっており、「予言の自己成就（自己破綻）」として特出しされる事例は、その要素が特に顕著な氷山の一角に過ぎないということである。この点についても、第Ⅱ部のテーマである「時間」の観点からも光を当て、第6章6節で再度考察する。

卑近な例を追加して、もう一度この重要な論点について確認しておくことにしよう。たとえば、ある心理テストを実施して、「この子どものパーソナリティはこのタイプだが、あの子どものパーソナリティは別のタイプだ。」といったことを客観的に観察することは、「一時的には」可能だろう。しかし、「評価懸念」という言葉もある。そのような心理テストを通して自分は評価されているような気がする（観察されている気がする）と子どもたちが

思った途端に、その回答には何らかのバイアスがかかってしまうだろう。この意味で、心理学者にはおなじみの評価懸念という現象も、客観的に「見る」ことが「究極的には」困難であることを示す証左の一つである。

筆者自身が子どものときに体験したこんなエピソードも追記しておこう。とてもユニークでわかりやすい教え方をしてくれる先生がいた。しかし、筆者はある日、その先生のデスクにそのための「ネタ本」を発見して興ざめしてしまう。つまり、ある教授法A、別の教授法Bがあるとして、マウスを被験体とした実験研究で薬Aと薬Bの効果を検証するのと同様の実験パラダイムを作って、両者の効果について、たとえば子どもたちの成績の変化を通して両者の効果性を客観的に観察・検証することも、たしかに「一時的には」可能であろう。しかし、まさに筆者自身がそうであったように、その研究実践について、「そういうからくりだったんだ」と当事者が気づいた途端に、教授法の効果には少なからぬ影響が生じてしまう。このように、アクションリサーチを含む人間科学において、第三者として客観的に「見る」ことは、一時的、局所的には可能でも、ロングランで見たときには、換言すれば「究極的には」成り立たないと考えておくべきである。

3-2　質的なアプローチの本領と落とし穴

だから、アクションリサーチャーを含む人間科学の研究者は、観察対象となっている社会実践を単に「見る」だけでなく、「見る」ための研究活動という実践がすでにその内部に入り込んでいる社会実践を、研究という実践を通して自分たちは見ている —— そのような構造をよく見なければならない。なかでも、自然科学の研究スタイル（論理実証主義）と親和的な量的なデータを中核とする研究アプローチと比べて、**質的なアプローチ**（第Ⅲ部の各章も参照）は、本来、人間科学に要請される、こうしたリフレクティヴ（再帰的、自省的）な営みに威力を示してきたし、また今後もこの点において本領を発揮すべきである。実際、この分野を先駆的に主導してきたハレ（Harre',1979）、ラディカル質的心理学を標榜するパーカー（2008）や、それを踏まえて、アクションリサーチと質的心理学の先鋭化について論じた杉万（2007;2013）など、研究蓄積も豊富である。

しかし他方で、反省点や心配材料もある。「見る」ことに関する基本的な

構えは、自然科学の流儀をそのまま無反省に踏襲した上で、利用するデータの種類を量的なものから質的なものに置き換えただけで、質的研究の看板を掲げている研究事例も少なくない。特に、質的なアプローチのマニュアル化という現象には — その必要性を全面否定するものではないが — 注意も必要である。なぜなら、そこには、質的なアプローチが、自然科学の方法論に依拠した従来型心理学の正統（オルソドキシー）に対する批判精神を喪失し、それ自体が新たな正統たらんとする危険な兆候がはらまれているからである（グリーンウッド・レヴィン，2006; 矢守，2009b）。質的な研究アプローチにとっては、研究実践それ自体をリフレクティヴに見つめる批判的視線こそが本領であり、また生命線だと考えておかねばならない。

　では、研究活動という実践がすでにその内部に入り込んでいる社会実践を、それでもなお、研究実践を通して見ている — その構造をよく見るとは、どのような営みを言うのだろうか。本書では、第Ⅲ部（特に、第7章と第8章）においてアクションリサーチで活用する「データ」というアングルから、この点、つまり、「見る」ことを見ることに関する筆者の考えや筆者なりの取り組みについて詳しく論じる。ここでは、それに先だって、それ以外の具体的な事例をいくつか紹介しながら、この難題について考えておこう。

3-3　阪神・淡路大震災 — 犠牲者はいつ亡くなったのか？

　室崎（2007）は、阪神・淡路大震災の犠牲者の遺族を対象にしたインタビュー調査についてレポートしている。このインタビュー調査に対する研究者の思いやその背景について、本レポートが詳しく記述している点が重要である。往々にして、この種の記述は、研究本体とは無関係なもの、場合によっては、むしろ研究の客観性を脅かすものとされ、レポートから省かれることが多い。しかし、実際には、この記述こそが、当時被災地で展開されていたさまざまな社会実践（たとえば、遺族を支援する実践、被災地の現状を将来の防災活動に活かすための実践など）の中に占める本インタビュー調査の位置を、この研究者が意識的に見極めようとしていたことのよい証左になっている。ちなみに室崎氏は建築学者であり、阪神・淡路大震災当時、神戸大学に勤務していた。インタビュー調査は室崎氏自身および研究室の学生が中心となって実施されたものである。

たとえば、本レポートには、以下のような記述がある。「一人一人の個人の記録を大切にして欲しい」、「研究・分析を目的とはせず、あくまでも後世の人々のために記録を着実に残す」、「将来建築家となって家を建てる学生は、自分たちの作る建物がなぜ壊れ、なぜ人を殺すことになったのかという原因を知らなければならない」、「聞き語り調査が，遺族の持つ心の葛藤を整理する一助となる」、「聞き語り調査会と遺族が遠慮なく語り合うことで、遺族が犠牲者の死をある程度納得するプロセスが形成される場合もある」。

　室崎（2007）は、以上のような背景から実施したインタビュー調査から引き出された知見と、他の研究実践から得られた知見の食い違いに注目することによって、以下の重要な事実に気づく。阪神・淡路大震災では、犠牲者のほとんどが倒壊した建物による圧死（即死）であったとされている。たとえば、神戸新聞社（1996）によると、兵庫県監察医室では大震災の際に神戸市内で2416体の検案を行い、その報告書には、震災当日午前6時までに91.9パーセントの人びとが亡くなったと記されている。また、内閣府（2006）も、「震災による死亡者の9割以上は死亡推定時刻が当日6時までとなっており、ほとんどが即死状態だったとされている」と明記しており、これらが通説となっている。さらに、この通説をもとに、住宅の耐震化を中核とする防災対策が進められるなど、新たな社会実践がその後展開されていった（第5章3-1項も参照）。ここには、いかに「見る」かがいかにアクションするのかを大きく規定するという重要な事実が示されてもいる。

　しかし、室崎氏らの調査は、上記の通説とは異なり、倒壊家屋の下で多くの人が地震発生後から1時間、2時間は生きていたことを示す記録のほうがはるかに多いことを見いだした。たしかに、室崎氏自身が周到に注記しているように、遺族が思わず涙ぐんだり、聞き手の学生が遺族の強い感情表出に立ち往生したりといった試行錯誤や葛藤に彩られながら実施されたインタビューから得られたデータには、「生きていたはずだ」という遺族の思いが反映されていることも多いだろう。それがデータに影響した可能性もある。しかし逆に、同じようなケースで、遺族が「苦しまずに亡くなったはず」と上記とは反対の方向で考える傾向をもっていることも事実である（矢守，2010）。

　この場合、双方の傾向性はおそらく相殺し合うであろう。しかし、ここで主張したいことは、相殺されるからよいとか相殺されないからまずいといっ

たことではない。こうした傾向性を無視したり、データ取得の方法に伴うバイアス（誤差）として処理したりするのではなく、当該研究が社会実践の中に置かれた脈絡の違いから、回答者が回答（「データ」）に込めた**実存的意味**（詳しくは、第7章）を読みとろうとする姿勢を重視したいのだ。死亡時刻をめぐる二つの矛盾する事実 ── 通説通りほぼ即死なのか、1、2時間程度存命していたのか ── が、その読みとりの深度の差から生じている可能性があることに考察の焦点を差し向ける必要がある。これまで繰り返し指摘してきたように、人間科学では、どのように見るかによって何が見えるかが大きく変わる可能性があるからだ。

　実際、室崎（2007）は、二つのデータの間の矛盾について、次のように分析と考察を進める。通説の根拠となっているのは、上述の監察医が作成したデータである。こちらは、犠牲者の死亡時刻がすべて5時46分となっており、その死亡原因はすべて家屋の倒壊となっている。それに対して、町医者が作成したデータでは死亡時間にかなりのばらつきが見られる。室崎（2007）は、専門の監察医は、医学的な死因の分析に関してはより精緻であるが、次々と運び込まれる犠牲者を前にして死亡時刻の特定の手間を省き、それを一律に5時46分とした形跡があるとしている。それに対して、町医者は、病院に駆け込んできた人びとの話を非常に丹念に聞いて記録を作成しており、死亡時刻の推定や死亡した場所・原因の詳細についてはより確実な情報を提供している可能性が高いと考察している。

　こうした町医者たちと遺族らとの社会実践と、不慣れながら真摯なインタビュー調査を実施した学生たちと遺族らとの社会実践との間に類似性を認め、同時に、それらと監察医の社会実践との間に「見る」ことに関する違いがあることを適切に見ることによって、この研究は、通説を形づくった研究結果を批判的に検証することに成功している。室崎氏の次の言葉は、第Ⅲ部の各章で主題的に取り扱う質的データと量的データの関係性、特に、第7章で導入する**極限化**と**平均化**の対照性にも関連して示唆に富む。「このように、個別のヒアリングに特徴づけられる聞き語り調査は、統計では見えてこない、個別のケースが持つ意味を明らかにする」（室崎，2007，p.22）。

3-4 「当事者研究」と「正常化の偏見」

　「見る」ことをいま一度しっかり見直そう。このことをネライとした研究は他にも存在する。

　浦河べてるの家（2005）が精力的に推進してきた**当事者研究**については、前著（矢守，2010）でも注目した。「当事者研究」は、精神病の患者を苦しめる症状について、医師（研究者）が「見る」のではなく、患者自身が当事者による研究という実践を通して「見る」という逆転の発想に基づく実践である。この極端でラディカルな逆転が試みられ、かつ大きな成果をあげた基盤には、精神病の治療や研究という社会実践こそが、逆説的にも、治療の対象となる症状を生成・維持してきたのではないかとの反省がある。そのように見える対象を作り上げてきたのは、そのように「見る」実践（つまり、研究や分析・治療の営み）のほうだったとの反省である。（ちなみに、ナラティヴセラピーにおけるリフレクテイング・チームも同様の発想に依拠している。アンデルセン，2001；野口，2002など）。

　たとえば、べてるの家の医師は、「一般的な精神科の患者さんと比べて、ここの患者さんには饒舌な方が多いですね」と問われて、次のように答えている。「病院という場が、そういう患者さんをつくってきたのだと思います」（川村，2005，p.256）。たとえば、患者が、幻聴が強いと訴えれば、医師は、通例、より多くの薬を処方し、患者は薬が効いてぐったりしてしまう。それを知っているから患者はものを言わなくなるというのである。そこから、「『無口な精神病患者』というのは、そういう環境に適応しただけなんですよ」との洞察が導かれる（川村，2005，p.257）。

　筆者自身も次のような分析結果を提示したことがある。矢守（2013）は、東日本大震災における津波避難をめぐって、マスメディア等で盛んに紹介された「正常化の偏見」（「正常性バイアス」）と呼ばれる現象について分析した論文である。このバイアス、つまり、危機の可能性を伝える情報を割り引いて考える心理的傾向性について、多くの研究は、そうした傾向性が、研究（「見る」こと）に先立って、それとは独立に、人間（研究対象者）の心のうちにそれ自体として存在していることを自明の前提としてきた。その上で、事後的な質問紙調査によってその存在を実証するためのデータを収集したり、

「行政は"正常化の偏見"を見越した災害情報を工夫すべし」といったメッセージを社会に向けて発信したりしてきた。

　これに対して、矢守（2013）は、このような心理的傾向性は、あくまでも、質問紙調査の実施やその結果の社会へのフィードバックというやりとりの産物、つまり、「正常化の偏見」という用語をめぐる研究活動そのものが関与した社会実践の産物と見なすべきと指摘している。「心理学化する社会」（たとえば、斎藤，2009）において、「心理学的に取り扱ってもらえることを期待している」（パーカー，2008，p.10）人びとに対して、「あなたは"正常化の偏見"に陥っているのですよ」と、そこに心理的傾向性を「見立て」説明してみせる研究者たちのほうが、こうした傾向性を実体化させ、それを再生産するループの一角を占めてしまっているわけだ。ここにも「見る」実践がそのように見える対象を作り上げるという自己産出の構造 ── 研究者自身が社会的構成（「まえがき」を参照）の一端を担ってしまう構造 ── を観察することができる。

4　共同当事者として「見る」こと

4-1　共同当事者による共同実践

　これまでの議論は、言葉を変えれば、アクションリサーチにおいては、研究という実践が社会実践に介入することによって、もともとの当事者に研究者も加わった新たな当事者たち（もともとの当事者と区別するために、以降、共同当事者と呼ぶ）による、新たな社会実践（もともとの社会実践や研究実践と区別するために、以降、共同実践と呼ぶ）が開始されるということである。よって、2節、3節で検討してきた「見る」ことに関する課題は、「共同実践を共同当事者としてどう見るのか」（共に見る）という課題に形を変えたと整理することができる。『キッチンストーリー』で言えば、フォルケとイザックが、二人の間に生じた新しい関係性のもとで、つまり、共同当事者として何を「見る」のか、そして、どのような共同実践を立ち上げていくのかが問われている、ということである。

　ちなみに、ここで言う「共同実践」は、論者によりさまざまな表記が存在

する。たとえば、杉万（2013）は「協同実践」、リーゾンとブラッドベリー（Reason & Bradbury, 2001）は「協同的探求」（co-operative inquiry）、グリーンウッドとレヴィン（2006）は「共同作業的探究」（cogenerative inquiry）、竹内ら（Takeuchi, et.al., 2012）は，「コミュニカティヴサーベイ」（communicative survey）、渥美（2011）は「協働的実践」、といった具合である。もっとも、これら微妙にニュアンスを異にするこれらの概念の核心はいずれも、これまで論じてきた点にあると筆者は考えている。よって、ここでは、類似概念群の定義の異同について事細かに検証する作業は一切省くことにする。

　本題に戻って、共同当事者による共同実践が開始された以上、もはや、「第三者／当事者」の枠組みの内部で、「第三者にしかわからない（見えない）ことがある」、逆に、「当事者にしかわからない（見えない）ことがある」といった単純な理解で済ますわけにはいかない。しかも、両者の中途半端な折衷は、おそらく非生産的である。むしろ、共同当事者たちが、当事者性と第三者性の両極を大きく振れ動きながら縦横無尽に横断する運動が重要になる。言いかえれば、共同実践に徹底的に内在しようとする運動と、対照的に徹底的に外在しようとする運動に、すべての共同当事者（もともとの当事者ともともとの研究者を含む）が従事するという状態が、理想的な構図であろう（だから、すべての「共同当事者」は同時に、「共同第三者」としての性質ももつべきということになる）。もっとも、共同実践が開始されるまでの経緯から考えて、特に、もともとの当事者は、意識して、あえて第三者的（外在的、研究者的）にふるまうことが必要である。逆に、もともとの研究者には、自覚的に、あえて当事者的（内在的、対象者的）なポジションをとることが要請される。

4-2　新たに、別様に「見る」こと

　ここでも、いくつか手本となる事例を紹介しておこう。第一に、先に紹介した「当事者研究」は、ここでも重要である。前節では、研究者としての患者という側面を強調したが、「当事者研究」では、それと同時に、対象者（患者）としての研究者（あるいは、支援者）という側面も重視している。たとえば、先に引用した医師は患者の期待（「私の症状を、先生、あなたが

何とかしてください」）に過剰に応えてしまう医師（自分）について、「患者さんを助けるといいながら、じつは医者が患者さんに『見捨てられたくない』と依存している状態なんです」（川村，2005，p.261）と診断している。そのほか、同書では、患者の家族（通常、最大の支援者と位置づけられている）こそが、相互依存のダブルバインド状態（第2章2-1項、第8章3-2項、矢守，2013を参照）を介して、患者の症状を悪化させている場合が多いことも指摘されている。こうした発見 ―― 新たな、別様の「見え」―― は、医師（研究者）が、自覚的に、あえて180度視点を転じて、当事者的（内在的、対象者的）なポジションをとったことによって初めて得られたものと言える。

　第二に、宮本・渥美・矢守（2012）の議論にも注目しておきたい。同論文では、共同実践に共同当事者として関わる研究者がとるべき独特の視点を**巫女の視点**として概念化している。同論文によれば、私たちの体験はすべて、程度の差こそあれ、「言語の水準」（言っていること）と「身体の水準」（なしていること）による複層的な構成をとっている。しかも、両者はしばしば矛盾・乖離しており、人間や社会の本質は、むしろ、そうした矛盾・乖離にこそ露呈する（第9章1節）。ここで、共同当事者としての私たちに対して、「言語の水準」では顕在化せず「身体の水準」にとどまる体験 ―― 「それを知らない、しかしそれをしている」（マルクス）―― が存在することが特に重要だ。「巫女の視点」とは、この複層的な構成、とりわけ、「なしているが、知らない」ことを「見る」視点である。共同実践を共になす研究者には、自分を含む共同当事者が「身体の水準」ですでになしているが、しかし言葉にはなっていないことを「言語の水準」へと引き上げて、それを「見る」（言葉にする）ことを通して、共同実践のベターメントを図ることが期待されている。

　重要な点は、この指摘が、同論文の第一著者（宮本氏）が10年以上にわたってある被災地で継続している共同実践を通してなされていることである。限界集落と形容される中山間地の被災集落の災害後の営みに深く内在し、「身体の水準」を共有することを通してこそ、言いかえれば、同じことを「なしているが、知らない（言葉にできていない）」状態をもともとの当事者（研究対象者）と共に経験できる地点にまで共同当事者として深く社会実践に関与するからこそ、「巫女の視点」は立ち上がってくる。つまり、「巫女の視点」は、自然科学で前提にされている第三者の視点（客観的観察）ではな

い。

　ただし、こうした努力を共同当事者として継続的になしたとしても、共同実践における体験のすべてを「言語の水準」へと引き上げることは原理的にできない。可能なことは、「言語の水準」と「身体の水準」を往還しながら、その都度「巫女の視点」を立ち上げて共同実践を新たに、別様に「見る」、すなわち、それまで「なしてきたが、知らなかった」ことを新たに「見る」——この運動を続けることだけである。

5　永続する運動としてのアクションリサーチ

5-1　アクションリサーチのベターメント

　ここまで、アクションリサーチにおいては、研究対象となった社会実践を「見る」ための研究という名の社会実践それ自体に対するリフレクティヴ（再帰的、自省的）な分析、すなわち、パーカー（2008）が「ラディカルな質的心理学」と呼ぶ営みが重要であることを指摘してきた。また、そこから一歩進んで共同当事者として新たに、別様に「見る」ことの大切さについても強調した。もっとも、リフレクティヴな分析は、より良きアクションリサーチのための、あくまでも必要条件に過ぎない。その後には、それを踏まえた新たな社会実践が求められる。もちろん、1節で指摘したように、その中にはアクションリサーチそのものの停止という選択肢も含まれる。

　たとえば、3節で紹介した室崎氏の研究では、その後、インタビュー調査の結果を遺族に調査ファイルとしてフィードバックしたり、遺族の了解のもとで広く開示して一般の人びとの参照に供したりしている。また、「べてるの家」の洞察は、「当事者研究」というまさに新しい社会実践のあり方を花開かせた。第2章で紹介する筆者自身のチャレンジ、「個別避難訓練タイムトライアル」と呼ばれる避難訓練も、実はそれ以前の取り組みに関するリフレクション（特に、実践の停滞や失敗の自覚）に対する筆者なりの応答として実施した新たな社会実践である。また、第3章でも、著名な「アイヒマン実験」が、閉鎖された実験室内で自己完結する営み（単発の実験室実験）ではなく、実験室内で起きたことを踏まえて実験後に実施された被験者との面

接調査やミルグラムと被験者との文通を含むトータルなアクションリサーチと見なすことができることを示した。いずれにおいても、「見る」ことを再帰的に見た上で、新たに、別様に「見る」ことを含めた次のアクションが後続する経緯をたどっている。

　1節の末尾で、アクションリサーチは、究極的には、（当初）介入する側に立っていた研究者自身や、当該のアクションリサーチ自体の問い直し、すなわち、アクションリサーチ自体のベターメントに結びつくと論じた。「見る」ことを見る —— このリフレクティヴな営みを踏まえて、アクションリサーチには修正が加えられたり、新しいアクションが開始されたり、アクションリサーチ全体が停止したりする。これは、まさにアクションリサーチ自体のベターメントであり、それなくしては当初の社会実践のベターメントも覚束ないであろう。

5-2　実践の継起・連続を促すポテンシャル

　これまでの議論から明らかなように、アクションリサーチが立ち上がり社会実践に研究者が関与し、それが共同当事者による共同実践へと発展する場合、通常、それは単発の出来事ではありえない。そうではなく、ほとんどの場合、共同実践は、相当の年月をかけた一連の運動、ないし一連のプロセス —— バニスターら（2008）の用語では「アクションリサーチのスパイラル」 —— となる。よって、共同実践としてのアクションリサーチにとっては、それが質問紙調査であれ、理論的な考察であれ、それぞれの単独の効果についてだけとやかく言うのは非生産的である。それよりも、当該の実践が次にどのような実践を誘発しうるのか、そうした実践の継起・連続を促すポテンシャルの大小、言いかえれば、「次」を喚起する力の大小が重要である。

　注目すべきアクションリサーチの多くは、このような共同実践の永続する運動の形態、すなわち**継起的なプロセス**をなしている。実際、5-1項で紹介したいずれのケースでも、研究の社会実践に対する介入に関する自省的な批判に引き続いて、それぞれ新たな共同実践が展開されていた。

　学ぶべき事例は他にもまだある。たとえば、杉万（2006）は、鳥取県智頭町の集落活性化運動に20年近くにわたって関与してきたアクションリサーチの経緯について記述している。それは、関係者を対象としたインタビュー

調査、長年にわたる参与観察に基づくエスノグラフィーの作成、閉鎖的な過疎集落と外部者との接触の効果に関する理論的考察、市町村合併に関して住民が配布したビラの言説分析（東村，2006）など、数多くの要素的な試みがそれぞれ、次なる共同実践を生み出しながら前進する長期的なプロセスである。

　渥美（2001; 2014）の一連の共同実践のきっかけは、阪神・淡路大震災である。当時被災地に住み、同時に被災地の大学に勤務していた同氏は、被災者を支援する団体を立ち上げる。同団体の救援活動の先頭に当事者として立ちながら、同氏は、ボランティア活動に関するインタビュー調査、それらをベースとしたエスノグラフィーの作成などを継続してきた。その成果が次なる共同実践へと発展していく。すなわち、阪神・淡路大震災に引き続いて起こったいくつもの自然災害（たとえば、新潟県中越地震、東日本大震災など）における支援活動にあたる中で、同氏は、過度に体制化するボランティア活動に対する警告、新しいタイプの災害救援活動の提唱と実践 ── それらは、「ただ傍にいること」、「被災地のリレー」といった印象的な用語で表現されている（渥美，2014） ── を、現在も継続中である。

5-3　「クロスロード」をめぐるアクションリサーチ

　最後に、筆者自身の取り組みから、「アクションリサーチのスパイラル」と見なせそうなものを一つ紹介しておこう。2004年、阪神・淡路大震災から10年目を間近に控えた時期、筆者は、神戸市職員として大震災に向き合った100名を超える人びとを対象としたインタビュー調査を実施していた。このとき、インタビュイー（インタビュー対象者）の一人が、インタビューの目的やその記録の取り扱いについて疑問を呈して、インタビューの開始がわずかだが遅れるという出来事（ハプニング）があった。「こんなインタビューをして何になるんだ、今後の見通しはあるのか」という趣旨のご意見だった（詳しくは，矢守，2011を参照）。

　今から思えば、この出来事は、（神戸市における）防災・復興行政という社会実践に対する、インタビュー調査という形での研究実践の介入の意義に関する本質的な問いかけであった。よって、当時、筆者はこれをもっと真摯にとらえるべきであった。しかし、実際には、インタビューの録音や記録の

公表方針に関する手続き的な問題として処理しようとした。

　その後、このインタビューを含む一連の聞き取り記録は、筆者らが開発した防災ゲーム**クロスロード**（矢守・吉川・網代，2005）のメインコンテンツとなった。「クロスロード」は、2005年の公表以来，数万部が国内外で頒布され、阪神・淡路大震災の経験を踏まえて将来の災害に備えようとする人びとや地域で活用され、東日本大震災の被災地でも役立てられた。その間、オリジナルバージョンである「クロスロード：神戸編」に続いて、「クロスロード：市民編」など多くの別バージョンが作成された（吉川・矢守・杉浦，2009）。

　特に、お膝元の神戸市では、新入庁者を対象に、毎年「クロスロード」を用いた防災研修会が実施されるようになった。また、神戸市職員の多くは、かねてから地元の復興行政を進めながら、他方で「神戸の知恵や経験を全国に世界に」と訴えてきた。だから、筆者としては、「クロスロード」の制作とその後の活用というアクションでもって、ようやく、インタビューイー（特に、上の疑問を呈示された方）との共同実践の端緒につくことができたような思いがした。

　「インタビューされた人もインタビューから何かを得たいと思っている」。ラディカル質的心理学を標榜するパーカー（2008，pp.75-76）は、こう言う。またパーカーは、「研究者の決めた最初の『目的』に収まらない何かを共同研究者たちでつくり出すこと」（同書，p.82）が重要だとも主張している。今から振り返れば、共同実践の長いプロセスの中に、2004年のインタビューの実施、その結果のインタビューイーへの報告、そして、「クロスロード」の制作や次なる実践が一連のものとして存在していることが重要だったのだ。だが、正直なところ、当時、筆者はそのように認識できていなかったし、まして確固たる将来の見通しをもっていたわけではなかった。

　この一連のプロセスには、さらに続きがある。2005年、「クロスロード」の誕生とほぼ同時に、上記のインタビュー調査を担当した神戸市職員や当時のインタビューイー数人が、「神戸クロスロード研究会」を結成してくれた。同研究会は、「クロスロード」を活用して神戸市職員対象の研修会（上述）を実施したり、市民の地域防災事業向けに「クロスロード」をさらに改良したりしてきた。また、そうした活動を通じて知り合った各地の仲間が、「クロスロード」ユーザーによる全国組織（筆者もメンバーの一人）を発足させ、

情報交換会「クロスロードのつどい」が開催されるようになった。この集まりは、2005年以降、年に1、2回のペースで開催され、これまで、盛岡、仙台、東京、静岡、大阪、神戸、広島、高知などが開催地となった。最も新しい会は、2017年4月、熊本地震（2016年）の被災地熊本で開催された。この全国組織は、情報交換会を通して各地域の被災体験を共有するほか、実際に、東日本大震災や熊本地震などの被災地にメンバーが出向いて相互に支援活動にもあたっている。さらに、こうした活動の成果の一部は、メンバーと筆者との共著の学術論文（吉本・矢守，2011）としても集約・刊行されている。

　要するに、インタビュー調査の実施当時、筆者（フォルケ）にとって研究対象者でしかなかった方々（イザック）が、今や、当の研究から生まれた成果物（「クロスロード」）を有力な媒体として、アクションリサーチの共同当事者（共にコトをなす当事者）にまで変化してきたのだ。もちろん、その変化と完全に並行して、筆者自身も、阪神・淡路や各地の被災者、また、将来の災害に備えようとする人たちの社会実践に対する単なる外在者（第三者）から、共同実践（たとえば、「クロスロードのつどい」の企画や運営）の共同当事者へと変化してきた。

　本章の最後に、**永続する運動としてのアクションリサーチ**、すなわち、当事者性と第三者性の往復運動を基盤とした長期にわたるベターメントプロセスに従事する共同当事者が心にとめておくべき指針として筆者が創作したフレーズを掲げて、本章を閉じることにしよう。一方で、当事者が実践的にふるまうのは自然のなりゆきである。他方で、研究者が理論的に思考するのも職業上当然の責務である。困難な挑戦は、共同当事者としてみなが両者の間を豊かな相乗効果をもたらす形で大胆に横断することにある。だから、次のように言うべきである。

"Think practically, act theoretically"
　── 実践的に思考し、理論的に行動せよ。

第2章　「個別避難訓練タイムトライアル」

1　「タイムトライアル」が生まれるまで

1-1　アクションリサーチの一環

　本章では、筆者らが開発した少々変わった津波避難訓練、**個別避難訓練タイムトライアル**（以下、単に「タイムトライアル」と記す）を中核としたアクションリサーチについて紹介する（孫・矢守・谷澤・近藤，2013；孫・近藤・宮本・矢守，2014なども参照）。この避難訓練は、「個別」と銘打っているくらいなので、個人、すなわち一人で実施する避難訓練である。日本社会では、学校や地域社会を主な舞台として多くの人が同時に参加して行う集団避難訓練が一般的であるため、一人で実施する訓練と聞くと、「いったいどのようなものなのか」といぶかしく感じる読者もいるかもしれない。もっとも、「タイムトライアル」は、特定の個人にのみフォーカスを当てた津波避難訓練ではあるが、訓練の準備、実行、振り返りといった一連のプロセスには、筆者自身を含む研究者、訓練を行う本人とは別の地域住民（地元の小学生を含む）、自治体職員など、非常に多くの人びとが関与している。

　なかでも重要なことは、「タイムトライアル」が、その開発と実行の現場となってきた高知県四万十町興津地区において、筆者らが十年近くにわたって継続してきた津波防災に関するアクションリサーチの一環として誕生したという点である。つまり、「タイムトライアル」は、無から突然生まれたわけではない。それは、当事者（地域住民など）、第三者（筆者を含む研究者など）双方が、長年積み重ねてきた達成と挫折の過程の上に誕生した。すなわち、長期間、一つの地域（興津地区）に関与しながら、「津波の脅威から本当に逃れることができるのか」、「地域に漂うあきらめムードを断ち切るに

はどうしたらよいのか」といった重たい課題に、筆者自身も地域住民や地元自治体職員と共に「共同当事者」として向き合う中から誕生した手法であり、多くの関係者による共同の産物でもある。

1-2 共同実践としての「タイムトライアル」

よって、言葉をかえれば、「タイムトライアル」の以前にも以後にも、大小さまざまな成功や失敗の過程がある。たとえば、「タイムトライアル」が生まれる以前から、興津地区では地元自治体や地域の自主防災組織が中心となって大規模な避難訓練が実施されていた。小学校を舞台とした防災教育も熱心に行われていた。それらは大きな成果もあげたし、同時に、それでもいくつもの課題も抱えていた。そうした現状に対して、筆者らは、地域の小学校を拠点にした津波防災教育のサポート活動を数年間にわたって続けていた（矢守，2009; 2017など）。また、地区住民を対象にして津波避難に関するアンケート調査も実施した。（なお、このアンケート調査がアクションリサーチ全体の中で果たした役割については、第8章3-3項に詳しい紹介と分析がある。）

しかし、大きな「壁」を乗り越えられないでいた。ここで言う壁とは、一言で言えば、「当事者」（津波の脅威に直面する地域住民）と「研究者」（防災教育や避難訓練を企画・指導する筆者ら）とが —— むろん対立しているわけでなく協力しようとしているのではあるが —— 相互に溶け合うことなく対峙するという構図である（この壁の背景と実態については、2節で詳述する）。壁を何とか乗り越えようと、言いかえれば、地域住民、地元自治体と筆者ら研究者とが、それぞれがもつ当事者性と第三者性をより深く交差させ、文字通りの意味での「共同実践」を実現するための工夫として、「タイムトライアル」の試みは立ち上がったのだ。

もちろん、「タイムトライアル」にも欠点や短所がある。よって、言いかえれば、「タイムトライアル」を開発したことがアクションリサーチのゴール（「めでたし、めでたし」となる地点）というわけではない。実際、今も続く一連のアクションリサーチの中で、「タイムトライアル」は、その開発と導入の後も、新たに、「逃げトレ」と呼ぶ避難訓練のためのスマホアプリの開発に結びついたし（孫・矢守ら，2017; 矢守・鈴木ら，2015）、屋内避

難訓練という「タイムトライアル」の派生形を生み出したりした（杉山・矢守，2017）。永続する運動としてのアクションリサーチ（第1章5節）は、その後も続いている。

　本節の締めくくりとして、共同実践としての「タイムトライアル」の位置づけを明確にしておくために、以上に述べたことを、第1章4節で用いたフレーズの該当箇所に「タイムトライアル」に関する［具体項］を挿入して再整理しておこう。「タイムトライアル」は、『もともとの当事者［興津地区の住民ほか］に、研究者［筆者ら］も加わった新たな当事者たち、すなわち、「共同当事者」［「タイムトライアル」を実施する仲間たち］による、新たな社会実践（もともとの社会実践［興津地区で従来から実施されていた避難訓練など］や研究実践［筆者らによるアンケート調査など］から区別された「共同実践」）』である。

　以下、2節では、特に、東日本大震災（2011年）の後、近い将来の発生が懸念されている南海トラフの巨大地震・津波に関する深刻な想定が、それ以前から地震・津波の脅威にさらされてきた地域社会にもたらした影響について、当事者（地域住民）の「主体性」をキーワードとして述べる。これは単に、近年の防災事情について述べようとした記述ではない。想定が、上記の意味での「壁」の存在と深く関連し、かつ、そのことがアクションリサーチという研究スタイルが求められる理由、ひいては、なぜ、どのような経緯で「タイムトライアル」が誕生したのかについて理解するために必要な背景をなしているからである。

　次に、3節では、2節で述べたことを、アクションリサーチの舞台である興津地区の具体相に即して詳述する。具体的には、興津地区の概要を紹介するとともに、「タイムトライアル」を導入する以前に、筆者ら研究者、地元自治体、そして、地区住民が取り組んできたことについてまとめる。先に述べたように、「タイムトライアル」は無から生じたわけでなく、一連のアクションリサーチにおける試行錯誤の中で、当事者（地域住民など）と第三者（筆者ら）双方のサイドが、それ以前の成功や失敗を踏まえて共同当事者として作り上げたものだからである。

　4節では、「タイムトライアル」本体について、基本的な手続きやその特徴について詳しく解説し、実践の結果について整理する。最後に5節で、共同実践としての「タイムトライアル」の成果と課題について、住民の「主体

性」をキーワードとして考察する。

2 立ちはだかる「壁」 ── 巨大想定がもたらしたもの

2-1 当事者の主体性の喪失

東日本大震災がもたらした大きな衝撃を受け、南海トラフの巨大地震・津波による被害が予想される地域では、従前の津波想定、および防災対策の効果に大きな疑問が投げかけられることになった。まず、この巨大地震・津波についてごく簡単に説明しておこう。静岡県沖から、紀伊半島沖、四国沖にかけて広がる海溝付近（南海トラフ）では、これまで100年から150年間隔で巨大な地震と津波が発生してきた。直近の発生は、1944年と46年の昭和東南海地震および昭和南海地震であり、現在、その次の地震・津波発生が心配されている。最新の政府発表（2013年公表）によれば、向こう30年間の発生確率は70パーセントにものぼる。

東日本大震災の発生を踏まえて、日本政府は、南海トラフの地震についても、地震・津波の規模や被害に関する想定を更新し発表した（2012年公表）。それによると、最悪の場合、太平洋岸の多くの地域が震度7の激震に見舞われる。かつ、全国で120以上にのぼる市町村が5メートル以上の津波に襲われ、一部では津波の高さが30メートルを超える。なかでも、特にきびしい状況にある地域では、地震発生後わずか数分で津波が到達すると想定されている。その結果、大規模な揺れと大津波などにより、全国で32万人を超える犠牲者が出るという深刻な想定である。

この想定の公表後、筆者らが、それ以前から関わりをもっていた高知県四万十町興津地区をはじめ、深刻な被害が予測された地域に暮らす住民の中には三つのネガティヴな態度が見られた。「ほんとに津波が来たら、わしも家も流されるなあ」といった**絶望・諦め**の態度、「子どもの頃から大地震がくるくると言われていて来ていない。なるようになるだろう」といった**油断・慢心**の態度、「行政がしっかり対策をしてくれないと、自分たちにはもうお手上げだ。専門家のみなさん、よろしくお願いします」といった**依存・お任せ**の態度の三つである（孫・近藤・宮本・矢守，2014）。

このような事態は、一般的には、災害現象に関するリスク認知や情報伝達の問題として、言いかえれば、想定（情報）の伝え方や受けとり方に問題があって生じていると考えられている。しかし、根本的な問題は、津波避難など防災・減災活動の当事者であるはずの地域住民が主体的に津波防災に関与できていないこと、つまり、当事者が本来もっていたはずの**主体性**が失われている点にあると理解することが重要である。なぜなら、将来発生する地震・津波による被害の深刻さについて分析し明らかにしたのも、それを津波想定や被害想定という形で表現・公表したのも、被害軽減のための方策を立案したのも、すべて、防災の専門家や地元自治体の防災担当者であって、本来当事者であるべき地域住民はこうした一連のプロセスから疎外され主体的に関与できていないことがほとんどだからである。このような構造こそが先に示した三つのネガティヴな態度を生む根底にあると考えられる。防災・減災活動の最終的な担い手であるはずの地域住民が、その活動を「わがこと」としてとらえ、課題の把握、解決方法の立案と実行に積極的かつ十全に関与する姿勢、つまり、主体性を回復させることこそが根本的な課題である。

　以上は重要なことなので、本章で取り上げている具体的なテーマ、すなわち津波避難訓練を例にとって、同じことを再提示しておこう。避難訓練についても、実施日、訓練内容、担当者の役割分担などの必要事項は、通常、ほとんど自治体職員や専門家の手によって計画され、訓練はそのプランをもとに実行される（5-2項で紹介したＡさんの事例を参照）。そのため、そもそも避難訓練に参加しない住民が非常に多い（第8章3-3項も参照）。これに加えて、仮に参加している場合でも、地域住民は主体性を奪われたまま出来合いの計画に受動的に従っているだけというケースがほとんどである。

　その結果、住民の行動をパターナリスティックに過度にコントロールしよう（別言すれば、お世話しよう）とする行政や専門家と、自らの安全について行政や専門家に過度に依存する住民という、過保護と過依存の関係が（再）生産されてしまう。筆者は、かつて、この関係をベイトソンにならって「ダブルバインド」として位置づけた（矢守，2013a）。先に触れた三つのネガティヴな態度は、まさに、この過保護と過依存の**ダブルバインド**関係から生み出されたものだと考えられる（第8章3-2項も参照）。

　目下、きびしい津波想定に直面している日本社会では、行政や専門家に防災・減災に対するこれまで以上のコミットメントが期待されていることは言

うまでもない。だが、行政と専門家が関与すればするほど、地域住民を防災・減災の活動から遠ざけ、その主体性を喪失させてしまう一面があることにも十分注意を払う必要がある。行政や専門家のコミットメントの強化・専有と地域住民の主体性の減退・喪失は悪循環のループを成しているからだ。では、どのようにすれば、両者の間に形成されている悪循環から抜け出すことができるのか。

2-2　だからアクションリサーチが必要

　上述の悪循環の関係、すなわち、自治体職員や専門家の過度にパターナリスティックな関わりと地域住民の主体性の喪失との間の関係を打開するには、二つの糸口がある。一つは行政や専門家の関わりのサイドから議論し再検討することであり、もう一つは地域住民のサイドから議論し再検討することである。ただし、両者は相互規定関係にあるので、いずれか一方の改善（改悪）が、もう一方の改善（改悪）にも直結することが予想される。そこで、筆者らは、前者のサイド、つまり、行政や専門家のスタンスを改変することを通して上述の悪循環を打開し、ひいては地域住民の主体性の回復を図るアプローチをとることにした。後者を志向して地域住民を「教育」「啓発」するタイプのアプローチは、これまで失敗を繰り返してきたように見えるからである。

　さて、防災・減災の実践と研究に関する行政や専門家の営みは、従来、災害現象に関する知識を生成し、次にそれをベースに被害軽減に資する技術やノウハウを開発し、さらにそれらを現実の社会に適用して実際的成果を得るという手順で推進されてきた。ここで、**自然科学の研究スタンス**がその基軸に据えられてきた点がきわめて重要である。第1章2節で触れたように、「自然科学」においては、研究対象と研究者、あるいは観察対象と観察者の間に一線を引き、一線の向こう側に据えた対象を、研究者（観察者）が一線のこちら側から研究（観察）するという構図が維持される。

　このようなスタンスに立った研究では、研究対象が自然現象（たとえば、津波そのもの）であれ、人間・社会現象（たとえば、避難行動）であれ、すべての研究対象を客体的な存在として、客観的に観察することが求められる。たとえば、津波避難場所の建設立地について検討するとき、立地場所の高さ、

地盤の固さなどを客観的に把握することが求められる。あるいは、一定の数の車が避難に利用されたときに生じうる渋滞の危険性が、交通シミュレーションなどで客観的に予測されたりもする。防災・減災の領域においても、「自然科学」に立脚した研究や実践から得られた事実は、むろんきわめて大きな役割を果たしてきたし、今後もそうあり続けるであろう。

しかし他方で、自然科学の研究スタンスは、地域住民やその行動を客観的に観察することに他ならないから、それは防災・減災の当事者であるはずの地域住民から主体性を奪うことにつながることに十分留意する必要がある。たとえば、客体的存在（調査対象）としての住民について、彼らがどのような情報をトリガーとして地震発生から約何分後に避難を開始し、どの程度の避難速度で避難するかを調査し、想定される津波の浸水状況との関係でどの程度の確率で避難が成功しそうかについて調査がなされたとしよう。その結果として得られた人的被害の予測結果を前に、地域住民が「わたしも死者の一人に数えられているよね」（筆者が実際に聞いた言葉）と嘆くとき、この住民は防災・減災活動の主体ではなく、第三者（研究者、自治体職員など）による研究・実務（予測や制御）における客体的対象物でしかない。

では、この問題を乗り越えるにはどうすればよいか。鍵は、「自然科学」の研究スタンスそれ自体の克服にある。この研究姿勢こそが、行政や専門家に一方的に主体性を割り振り、本来、防災・減災の主体的な当事者であるはずの地域住民から主体性を奪いとっていると考えられるからである。ここで、「自然科学」に代わりうる研究スタイルこそ、第1章で導入した**人間科学**である。なかでも、**共同当事者**（地域住民と研究者）によるアクションリサーチである。「タイムトライアル」を中核とする津波避難のためのアクションリサーチは、南海トラフの巨大地震・津波の危険と大きな被害想定に直面するなか、これまで述べてきた意味での主体性の喪失が懸念される地域社会を舞台に、防災・減災における当事者の主体性の回復を図るべく、筆者ら研究者と当事者が共同実践として推進してきたものである。

3 「タイムトライアル」以前の集落

3-1 アクションリサーチの現場 —— 高知県四万十町興津地区

　高知県四万十町興津地区は、太平洋沿岸に位置する小さなコミュニティである（図2-1）。2016年3月時点で、人口は897人、高齢化率は53パーセントに達している。しかも、この5年間だけでも（すなわち、東日本大震災以降だけでも）、100人以上（全体の10パーセント以上）人口が減少した。農業と漁業を中心とした地域であり、ミョウガ、ピーマンなどを主体とする農業は比較的堅調であるが、最近、地区の漁協が閉鎖されるなど、住民の急速な高齢化も相まって、地場産業の将来もけっして明るいとは言えない。

　自然は大変豊かである。興津地区全域が県立自然公園地域に指定されており、地区内の「小室の浜」の海水浴場は、環境省が指定した「快水浴場百選」にも選ばれ、年間2万人超の海水浴客が訪れる。昭和11年に発行された興津村郷土誌『我等の郷土』には、「小室の浜」について、「土佐十景の一として景勝地なるのみならず遠浅にして波静かに水澄みて絶好の海水浴場たり。加ふるに白砂の上には桜貝の散り敷くありて遊覧に遊魚に四時の趣ある好地なり」と紹介されている（桜貝については、5-4項も参照）。

　他方で、地勢的条件はきびしい。四万十町役場が位置する一帯の中心地窪川から興津地区へとアクセスする唯一の道路は、峠越えの急坂でカーブが多く、かつ片側1車線分が確保できず交互通行となる区間もある難所である。このため、同地区は県庁所在地高知市から約80キロメートルとそれほど遠隔にはないが、公共交通機関（鉄道とバス）、自動車、いずれを利用しても2時間程度を要する。また、大雨、地震による土砂崩れで上記の道路が通行止めになることも珍しくはなく、外部からの早期支援が受けられない可能性も懸念されている。

　興津地区は、先に触れた内閣府による津波想定において、南海トラフ地震が最悪の形で発生した場合、震度6強の強い揺れに見舞われ、かつ25メートルもの高さの津波が襲うとされた。しかも、避難の障害となる程度の高さの津波（30センチ程度）は、早ければ地震発生からわずか20分以内で人びと

図2-1　高知県四万十町興津地区の様子

が暮らすエリアにまで侵入してくるというきびしい想定である。

3-2　巨大想定との戦い

　この想定が公表された後、興津地区でも、住民の間に防災・減災に対する
ネガティヴな態度（2-1項）があらわれた。たとえば、「十メートルを超え
る津波が来るって。一番高い山頂で釣りができるんじゃないか。もうあきら
めた」、「ほんとに津波が来たら、わしも家も流されるなあ」といった声であ
る。特に、少なからぬ高齢者が、「足腰が悪いので、津波が来たら、とても
逃げられない」と寂しげにつぶやいていたのが、筆者には強く印象に残った。
　こうした状況に直面して、第三者としての筆者らがまず実施したのが、地
区の全住民を対象にしたアンケート調査だった（詳細は、第8章3-3項、お
よび、孫ら，2013を参照）。その結果、上述のネガティヴな態度の存在が量
的なデータを通して実証された。しかし、それは既知の事実を別の形で再確
認したに過ぎないとも言え、課題に対して具体的な打開策を打てずにいた。
同時に、地元の小学校（興津小学校）を拠点とした防災教育の面では、現時
点（2017年時点）で、11年以上連続して継続してきた子どもたちによる防
災マップ作成の取り組みが、一部の公共施設の高台移転を実現させるきっか

けになるなど、全国的な評価（「ぼうさい甲子園」「ぼうさい探検隊」などにおける受賞）を受けるような成果もあげた。しかし他方で、率直なところ、長年にわたって同種の取り組みを反復したことがもたらすマンネリ化も生じ始めていた（千々和，2017）。

　次に、当事者たる地元自治体や地域住民の動きもおさえておこう。四万十町役場は、全国的に見ても、高知県内の他の市町村と比較しても、早期に津波対策に着手した。最初に力を入れたのがハードウェア対策であった。興津地区に存在する人工の建造物は、最も高いものでも中学校の校舎（3階建て）であり、想定された最大の津波の高さはその屋上をも容易に超えてしまうものだったからだ。そこで、町は、2012年3月の巨大想定の公表以後、集落を囲む高台にあった既存の避難場所を拡充し、そこからさらに高所へ移動可能な通路を整備したり、新たに避難タワーを住民の居住地近くに建設したりした（図2-2）。

　その結果、現時点では、計算上は —— あくまで机上の計算では —— 地震発生から5分程度ですぐに避難を開始して、政府想定において健常な成人が歩く平均速度として設定される速度で移動すれば、すべての住民が避難場所に到達可能な状況が実現された。かつ、数ヵ所の避難場所の収容人数をすべて足し合わせれば、全住民を収容できる計算になっている。この状況にまだ至っていない市町村も依然存在することを考えれば、興津地区の津波避難対策（特に、ハードウェア対策）に関する四万十町役場の対応は非常に迅速だったと言えるだろう。

　しかし、繰り返しになるが、以上はすべて机上の計算での話である。たとえば、真夜中に地震が発生する可能性もある（実際、昭和の南海地震はそうであった）。また、激しい揺れのわずか5分後に、家を出ることなどできるだろうか。家屋の転倒も予想されるし、家屋自体が倒壊する可能性もある。さらに、興津地区は高齢化が進んだ集落である。足が不自由な人、寝たきりの人もいる。そのような人が「平均速度」で移動できるはずもない。避難場所へと向かう道が倒壊した家屋や火災でふさがれている可能性もある。そうなると健常者でも額面通りの速度では避難できないであろう。加えて、避難場所には原則として、雨風をしのぐ屋根も壁もない。反復して来襲すると予想される津波のために、24時間程度津波情報が発表されっぱなしになる可能性も十分ある（東日本大震災もそうであった）。避難場所に到達できたと

図2-2　興津地区に整備された津波避難タワー

しても、避難した人の健康状態や天候によっては、生命に危険が及ぶ可能性
もある。以上のように、地元自治体の対応には成果もあったが課題も残って
いた。

　さて、興津地区の住民の動きも、他の地区に比べて遜色ないものであった。
いや、むしろ、津波防災の先進地として全国的な注目を浴びるほど、その活
動は当初から活発であった（矢守，2009）。同地区には、「ぐるみの会」（ぐ
るみは地域ぐるみを意味する）と呼ばれる組織がある。「ぐるみの会」は、
事実上の自主防災組織である。ただし、地区住民の代表（大総代と呼ばれ
る）と、防災教育の拠点となっている興津小学校の歴代の校長がツートップ
となって、傘下に、消防団、婦人会、老人会などの地域団体を配し、JAや
漁協、役場や地元警察なども関与している、より総合的なネットワークであ
る。

　「ぐるみの会」は、これまで、特に大総代のリーダーシップのもと、上述
したハードウェア対策の推進を町役場に強く求めるとともに、それだけでな

く、それが可能となるように地域社会の側の地ならしの作業も積極的に担った。たとえば、避難タワーの建設用地の確保が困難で整備が遅れる自治体もあるなか、興津地区では「ぐるみの会」を中心とした地区住民の協力と調整作業によって、比較的スムーズに建設用地が決定された。

　加えて、避難訓練などソフト対策は、町役場とともに、「ぐるみの会」を中心とした住民が中心となって精力的に実施されてきた。2011年以降、現時点（2017年3月）まで、毎年1～2回は大規模な避難訓練を実施し、これらの訓練には、平均して全体の30パーセントを超える住民が参加している。この割合は、特に都市部では、同種の訓練への参加率が数パーセントにも満たない地域が多いことを踏まえると、非常に大きな数字だと言わねばならない。この意味で、興津地区の住民による防災活動は、多くの成果をあげてきたと言える。

　しかし他方で、「ぐるみの会」と町役場が蓄積した避難訓練のデータを筆者らが独自に分析したところ、以下のような事実も判明した。すなわち、上記の期間に実施された7回の全体訓練に一度も参加したことがない住民もまた、全体の30パーセントを超えていたのだ。避難訓練に常に、あるいは、しばしば参加する住民とほとんど参加しない住民との間の乖離、より一般的に表現すれば、防災・減災の取り組みに熱心な住民と、ほとんど関心をもたない住民との間の乖離が進んでいたのである。ここにも積み残された課題が残存していた。

　興津地区におけるポスト3.11の日々、あるいは、巨大想定の公表以後の年月は、筆者らもその一部に組み込まれながら、以上に略述したような形で経過してきた。そこには、巨大津波との戦いの以前に、まず巨大想定との戦いがあった。事態は少しずつ改善されてきたとはいえ、依然課題も山積していた。「タイムトライアル」は、このような経緯の中で生まれた。

4　「個別避難訓練タイムトライアル」

4-1　「タイムトライアル」の手続き

通常の避難訓練は、多くの人が一斉に避難する集団訓練の形態をとること

図2-3　「タイムトライアル」の実施風景

が多い。しかし、「タイムトライアル」は、個人（または家族）で行う。訓練者（たとえば、一人暮らしの高齢者）は、自宅の居間などふだんいる場所から、津波発生が懸念されるときに逃げようと考えている高台など避難場所まで実際に逃げてみる。この一部始終について、訓練支援者がサポートする。支援者は地元の小学生たちであったり、同じ地域の住民であったり、筆者ら（研究室の学生）であったり、自治体の職員であったり、時と場合に応じてさまざまである。

　支援者の主要な役割の一つは、避難訓練の模様をすべてビデオカメラで撮影（観察）することである（図2-3）。フルバージョンで実施するときは（より簡易なやり方での実施も可能という意味）、2台のカメラを用い、1台は訓練者（高齢者）の表情を、もう1台は周囲の状況を撮影する。さらに別の支援者が時々の状況をメモする。メモの内容としては、「（訓練者が）そろそろ疲れてきた」、「このあたりのブロック塀は地震で崩れる危険性あり」といったことである。また訓練者には、GPS（その時点における位置を正確に測定できる装置）を所持してもらうので、避難開始から何分後にどこにいたかが、あとから地図上（地理情報システムをベースにした電子地図）に自動的に表示される。

　「タイムトライアル」のフルバージョンでは、支援者役はすべて、地元の

小学生に依頼した。その理由は、言うまでもなく、この訓練を支援すること自体が絶好の防災教育にもなると判断したからである。巷間指摘される防災教育のマンネリ化から脱却する役割も期待したわけである。このように、「タイムトライアル」には、小学校における主として子どもたちを対象にした防災教育の取り組みと、主として大人を対象にした避難訓練の取り組みとを組み合わせて、双方にとって利益をもたらすフレームワークとして案出した側面がある。

4-2 「動画カルテ」

　訓練の結果は、**動画カルテ**と呼ぶ映像にまとめる（図2-4）。画面は4分割されている。左上の画面には1台目のカメラ映像が、右下の画面には2台目のカメラ映像が、右上の画面には訓練者の声（テープおこし）と訓練支援者（小学生）から訓練者へのメッセージ（後述）が、そして、左下の画面には上述の地図が映し出されている。画面中央に時計表示があって、四つの画面はスタートからゴールまでずっと連動して動く。

　この地図には、対象地域（興津地区）における最悪想定に基づいて、津波浸水シミュレーションの映像（津波が陸上に遡上してくる様子）が、訓練者の実際の動き（太線で表示、丸印がスタート地点、矢印が現在位置）と重なって表示される。図2-4に示した地図の下方には海岸線があり、津波は画面下から上側へと押し寄せてくる。図2-4で、画面下のほうに見える黒っぽくなった範囲が、すでに津波が押し寄せてきている領域である。だから、たとえば、「今回の訓練と同じように逃げれば、何とか津波から逃げることができそうだ」、あるいは、「ここまで逃げたときに、自宅にはすでに津波が押し寄せてきている、間一髪だった」といったことが一目瞭然でわかる。

　一般化して言えば、「タイムトライアル」は、津波避難訓練を左右する二大要素でありながら、これまで一つのツールの中で比較対照されることがほとんどなかったハザード側（想定される津波浸水の様子）と、人間側（他ならぬ自分自身の避難行動の様子）とを同時に「動画カルテ」として可視化する試みだと言うことができる。つまり、「動画カルテ」は、単なる津波浸水シミュレーション映像ではない。そのようなものであれば、「タイムトライアル」以前にも社会には数多く取り組みや成果が存在していた。「動画カル

図2-4 「動画カルテ」のサンプル

テ」と相前後して、より高度な三次元映像を伴ったものや、はては没入型バーチャルリアリティ感覚を体験できるようなハイテクなものもすでに登場している。

　しかし、そこに決定的に欠けていた要素がある。それこそが、一人ひとりの地域住民が「タイムトライアル」を通して「動画カルテ」の中に自ら描き入れた自らの避難行動の軌跡である。この要素を欠けば、「動画カルテ」は、ごく平凡な津波浸水動画になってしまう。だから、この点にこそ、「動画カルテ」が、研究者（第三者）と当事者（地域住民）とが共同実践を通じて生み出されるプロダクツないしデータであることが最も明瞭にあらわれている（第7章4-2項）。研究者は、津波浸水シミュレーション映像やGPSシステムを利用した映像作成プログラム等を提供することを通して、地域住民は、避難訓練へ参加し実際に避難してみることを通して、「タイムトライアル」という共同実践に共同当事者として共に貢献しているわけである。

　さて、こうして作成した動画を「動画カルテ」と呼ぶのは、一人ひとりの避難の課題がここに集約されているからである。医師が患者の状態を個別に

カルテに記録するイメージから、このように命名した。これまで、せいぜい数百〜千人規模の地域単位、下手をすると、数万人規模の市町村単位でしか考えられてこなかった津波避難対策の水準を、一挙に一人ひとりのレベルへと精細化したわけである。「動画カルテ」を通じて、「このおじいちゃんは逃げ切れるのか」、「この家族はこの高台に逃げるのがベストなのか」などと、住民一人ひとりと向き合って津波避難に関わる課題を細かく探り問題解決を図っていこう、そして、そのサポートを支援者役の地元の小学生たちに担ってもらおう。こういうねらいである。

　さらに、右上の画面には、訓練参加者がその場所で感じた感想（上段）、および、それに対する子どもたちからのメッセージ（下段）が表示されている。これは、子どもたち（支援者）から高齢者（訓練者）に「あきらめずに逃げてほしい」との気持ちを伝えようという意図をもつ。筆者ら研究者や自治体の担当者に「ちゃんと逃げましょう」と言われても、「もうあきらめてるから」と反応しがちな高齢者でも、同じ地域に暮らす孫たち（世代）から、「あきらめないで」と声をかけられると、「じゃあ、がんばってみるか」となる場合もありうる。

　ひるがえって考えてみると、災害リスク・コミュニケーションにおける"who"（だれがそれを伝えるのか）については、"what"（何を伝えるのか）や"how"（どのような方法で伝えるのか）と比べて、これまで十分に検討されてこなかった。事実（正しい知識）さえ伝えれば、だれが伝えようが、その効果には何の変わりもないと研究者や自治体関係者が考えてきたからである。しかし、直ちにわかるように、防災・減災の領域に限らず、だれからそれを聞いたか、言いかえれば、だれにそれを説得されたのかは、受け手のその後のふるまいに大きな影響を及ぼす。「タイムトライアル」は、この欠落への挑戦でもある。この後4-3項で述べるように、「動画カルテ」はDVDに収録した上で、子どもたち（支援者）からのメッセージとして、訓練参加者一人ひとりに手渡すことになる。

4-3 「タイムトライアル」の成果と意義

　筆者らは、地区住民全員に「タイムトライアル」を実施してもらうことを目標にアクションリサーチを進めているが、まだ目標地点には到達できてい

ない。しかし、それでも、現時点（2017年12月時点）で、200人程度（この地区の全人口の2割越え）の住民が「タイムトライアル」を体験し（前述の「逃げトレ」を含む）、「動画カルテ」ができあがっている。いろいろな達成があった。避難に要した時間や、想定される最悪の津波からの避難の成否がはっきりと示されることも影響するのか、「もう一度参加したい」と希望する住民が多くいた。意外に速く歩けると自信を深めてくれた高齢者がいた。逆に、思ったよりも時間がかかったと反省し、少しでも早く逃げ出せるよう家具固定などの重要性に気づいてくれた方も現れた。

　訓練参加者の状況に応じて、「動画カルテ」をアレンジできることも、この手法の大きな特徴の一つである。具体的には、実際の行動実績よりも、たとえば10分避難を早めたり、逆に遅らせたりした場合の動画を作成し、当事者にフィードバックできるのだ。実際、現実の発災時には、火事場の馬鹿力よろしく訓練時よりも迅速な避難がなされる場合も想定できるし、逆に、自分が怪我をしたり周囲の人の手助けに手間取ったり、あるいは、家屋やブロック塀の倒壊による避難路の閉塞が原因となって訓練時よりも避難が遅れる場合もありうる。よって、「絶望・諦め」をより強く示している人には、「もう少し早く動き出せば、十分間に合いますよ」と対応を早めた場合の動画もあわせてフィードバックする。他方で、十分余裕をもって避難できて「油断・慢心」につながりそうな人には、「でも、怪我でもして10分遅れただけで、こんな切迫した状況になってしまいますよ」と対応が遅延した場合の動画もあわせてフィードバックする。

　こうして作成した「動画カルテ」は、上述の通り、DVDに収録して訓練参加者に手渡すほか、地域での防災学習会等でも映写するので、それを見た住民や、すでに経験済みの住民からの呼びかけに応じて新たに訓練に参加してくれたケースもあった（5-3項を参照）。その結果、これまで、地域の全体避難訓練に参加したことがない住民（3-2項で指摘した「3割」の住民）にも訓練参加してくれる人が多数出てきた。

　他方、「タイムトライアル」を支援してくれた子どもたちも、自分たちが逃げること（「助かる学習」）だけでなく、集落全体のために何が必要か（「助ける学習」）という視点をもってくれた。子どもたちのコメントには、「この橋は大切だから地震で落ちないように補強が必要」、「避難場所への上り坂にコケが生えているからみんなで掃除しよう」、「坂道でお年寄りと一緒になっ

たら自分たちが助けてあげられる」など、いろいろな提案や心強い意見も含まれていた。しかも、子どもから重要性を指摘された橋が、その後、実際に耐震補強されるなど、「タイムトライアル」を通して得られた発見・提案の一部が、町役場によるハードウェア整備として現実化したこともある。

　要するに、「タイムトライアル」とそれが生み出すプロダクツである「動画カルテ」は、筆者ら研究者、子どもを含む地域住民、そして役場の関係者が、斉しく当事者として、つまり、第1章に言う「共同当事者」として、同じ課題にチャレンジするための媒体として機能し、新しい「共同実践」を支えているのである。

5　「主体性」の回復

5-1　三つの事例

　本節では、「タイムトライアル」について、実際に津波が襲来したときに避難することになる地域住民の**主体性の回復**という観点から、より詳細に考察しておこう。2節で論じたように、ここで言う「主体性」の喪失は、ひとり津波対策上の課題ではなく、まして、直接の研究・実践現場となっている興津地区に固有の課題ではなく、日本社会における防災・減災対策の停滞を生む根源的要因だと考えられるからである。また、避難の当事者たる地域住民の「主体性」の問題は、当事者と第三者という、とかく対立的に対峙しがちな2項が「共同当事者」へと発展的に止揚されていくプロセスとしてのアクションリサーチについて考える脈絡でも、重要な意味をもつからである。

　ここでは、「タイムトライアル」による地域住民の「主体性」の回復という観点に立ったとき、特に興味深い事例を三つ紹介する。結論を先どりしておけば、三つの事例はそれぞれ、訓練の計画立案における主体性、訓練の推進における主体性、訓練の意味の問い直しにおける主体性が、それぞれ、「タイムトライアル」という共同実践によって回復されたケースだと位置づけうる。より詳細に記せば、第一は、どのような避難訓練を行うか、その計画立案の側面において住民の主体性が回復された事例であり、第二は、避難訓練を地域内でより活発に推進・展開するための活動という側面において住

民の主体性が回復された事例であり、第三は、訓練そのものや防災・減災活動という限定された領域における主体性ではなく、むしろ、こうした活動が地域社会やそこに暮らす人びとに対してもつ意味や大義を根底から問い直す点において、住民が主体性を発揮した事例である。なお、5-2〜5-4項における事例紹介は孫（2016）に基づくが、本書の観点から再編しいくつかの論点を加筆した。

5-2　Aさんの事例 ── 訓練の計画立案における主体性の回復

　事例1は、訓練参加者Aさんが、筆者らが計画した「タイムトライアル」の実施方法を拒否し、自ら新しい訓練プランを立てたケースである。60歳代のAさん（男性）は、漁港に隣接している自宅に、家族二人で暮らしている。Aさんは高齢化が進んだ興津地区では比較的若い方になるが、耳が少し不自由で補聴器を使用している。また、急いで歩くと身体に負担がかかるため、ふだん外出するときには車やバイクを使っている。Aさんは、日頃、同じ地区の二人の80歳以上のお年寄り、YさんとZさんの世話をしている。二人を病院へ連れて行ったり、買い物を手伝ったりするなどの世話である。

　Aさんは防災・減災活動に高い関心をもち、東日本大震災の被災状況や、高知県が発表した津波想定、避難施設の整備についてもかなり詳しい。興津地区における津波避難のきびしさ、「津波てんでんこ」（矢守，2013b）や「徒歩避難の原則」の重要性についても熟知している。しかし、実際の災害時には、Aさんは「車で二人のお年寄りを助けに行ける状況だったら、助けに行きたい」（「てんでんこ」に逃げない）と考えており、あえて徒歩ではなく車で避難する訓練プランを自ら計画し、「タイムトライアル」を実施した。Aさんが自ら策定した訓練プラン図（筆者が一部修正）を図2-5に示した。

　訓練当日、Aさんは自宅での被災を想定した。揺れがおさまるまでの100秒間、訓練支援者とともに身を守る姿勢をとった。興津地区には、90〜120秒程度は避難できないほどの強い揺れが継続すると予想されることから、「100秒ルール」と呼ばれる目安があるためだ。車を使う場合、Aさん宅から最寄りの避難場所へは二つの避難ルートがある。海沿いのルートと海から離れたルートである。後者を使うと、救援先のお年寄りの家までの道路が家屋倒壊などによって通行不能になる危険がある。Aさんはこのように考えて

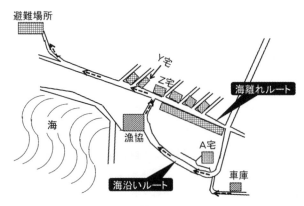

図2-5　Aさんの訓練計画（筆者が一部修正）

いた。そこで、より早く浸水する危険がある海沿いのルートをあえて選び、まずZさん宅前に車を停めた。

　しかし、その日、Zさんは留守であった。そのため、Aさんは玄関の前で「Zばば、Zばば」と大声で避難の呼びかけをした。「実際に助けるには、もう少し時間がかかるだろう」と言って、Aさんはそこで90秒間待った。その後、車に戻り、Zさんを車に乗せる演技をしながらドアを開けた。「右足が悪いので、乗せるまで、もう少し時間がかかると思う」。その上で、Zさんが実際に車に乗ったと仮定して、Aさんは再び車を動かしYさん宅に向かった。Yさんは身体が不自由だが、歩行には大きな問題はない。この日在宅していたYさんは家から出て乗車するまで、ちょうど90秒を要した。その後、Aさんは三度車を動かし目標としていた避難場所をめざした。到着したときには、地震発生から9分24秒が経過していた。

　後日作成した「動画カルテ」による検証結果では、最悪のケースでも、Aさんにはなお約10分の避難の余裕時間があることがわかった。しかし、裏を返せば、わずか10分の余裕時間しかないということでもある。道路閉塞や渋滞が発生したり、Yさん、Zさんの救助に手間取ったりすると、津波に追いつかれる危険が十分あることもわかった。この点は、もちろん筆者からAさんに伝えた。

　本事例で印象的なのは、「タイムトライアル」において、Aさんの意志・方針が貫徹されていることである。たとえば、東日本大震災の経験を踏まえ

て、国や多くの自治体は、従来の「車避難は原則禁止」の方針を緩和し始めているが、現場では、「徒歩避難が原則、車は原則禁止」の雰囲気が根強い。興津地区もそうである。しかし、Ａさんは自分の健康状態を考慮して車避難にこだわり、さらに自力避難が困難な高齢者の手助けなど、車利用を含めた多様な避難のあり方について主体的に考え模索していたのだ。Ａさんは、出来合いの避難訓練に従って避難するのではなく、実際の災害時にいかなることが生じるのか、自分はどのように対応できるのかについて自ら考え訓練計画に盛り込み、実際に実施してみたわけである。

しかも、そうした行動の適正性について無反省に過信するのではなく、研究者による科学的な検証作業を積極的に要望もした。だからこそ、Ａさんは「タイムトライアル」への参加を筆者らに対して希望してくれたのである。Ａさんは、その後も、筆者らととともに避難の状況を再確認しながら、余裕時間の把握や避難環境の変化について検討を続けている。このように、Ａさんには、自らの訓練プランを主体的に構築しようとする姿勢が貫かれている。

もっとも、Ａさんの訓練を支援した筆者らは、正直なところ、当初、その訓練計画に戸惑っていた。それは、先述の通り、車避難には相変わらず多くの課題が指摘されており、Ａさんが暮らす地域にもそれは該当していたからである。しかし、Ａさんは自分の訓練計画にこだわり、「これまでずっと考えていた避難訓練の方法を、一度、実際にやってみたい。避難の時間を計って、本当に人を助けにいく余裕があるかどうかを確認したい」と主張した。「ずっと考えていた」という言葉にあらわれるように、Ａさんはこれまで一度も自分が立案した訓練計画を実施したことがなかったのである。これは、防災・減災活動に対して高い関心をもっていたＡさんですら、避難訓練における主体性を発揮できずにいたことを示している。

また、「車で助けに行ける場合だったら、助けにいく」というＡさんの言葉に示されているように、「車避難は原則禁止」、「津波てんでんこ」など、津波避難の一般的原則を行政や専門家がいくら強調したとしても、当事者がそれについて主体的に考え検証し了解するプロセスを経なければ、必ずしも事はその通りには運ばない。実際、あくまで一例であるが、孫・中居・矢守・畑山（2014）は、事前の避難意向調査（2012年に実施）では、多くの住民が「利用しない」と回答した車が、2014年に調査対象地域で起きた実際の地震（伊予灘地震）では多数利用されていた事実を報告している。この

意味で、当事者一人ひとりが自らの事情に合わせて、個別具体的に妥当だと考える対策を、行政や専門家とともに実施し検証するための機会やツールが必要である。裏を返せば、当事者一人ひとりのニーズに対応しきれなかったこれまでの防災の取り組みは、「車避難は原則禁止」といった画一的な避難ルールのもとに、当事者たちの主体性を抑圧し奪ってきたと言わざるを得ない。

　このようにして、自らの避難のあり方が第三者によって他律的に決定されてきたことに疑念を抱き、またそこからの脱出を切望していたＡさんは、「タイムトライアル」を中核とするアクションリサーチの中で、避難訓練を自ら計画立案し実施するための主体性を回復したのである。

5-3　Ｂさんの事例 ── 訓練の推進における主体性の回復

　この事例の特徴は、訓練参加者Ｂさんが、「タイムトライアル」に自ら積極的に取り組むだけでなく、周りの人びとを新たな訓練参加者として募集したり、訓練の実施を熱心にサポートしたりしている点である。言いかえれば、Ａさんの事例における主体性が、自分自身の訓練の枠組みの内側での主体性であったのに対して、この事例における主体性は、むしろ、「タイムトライアル」という新しい訓練手法そのものを、研究者とともに推進し地域社会に拡大させる局面に関わる主体性である。

　60歳代のＢさん（女性）は、興津地区の中央部に家族三人で暮らしている。Ｂさんは老人会の会長を務め、地域の高齢者が楽しく過ごせるように、いろいろな活動を企画し実行している。たとえば、「いきいき百歳体操」と呼ばれる体操を週1回のペースで開催し、会のメンバーとともに参加している。メンバーは全員65歳以上であり、最高齢者は94歳である（2015年時点）。「体操をやるとやらないとでは、身体の状態がまったく違う。やはり、身体を動かすことが大切だね」と高齢者が口にするのを筆者はたびたび耳にしたが、この点は津波防災とも実は大いに関連してくる。Ｂさんは、興津地区で行われる地域一斉避難訓練や炊き出し訓練、防災学習会などにも熱心に参加している。さらに、メンバーに「みんなのためのイベントじゃないか」と呼びかけて、地域の防災・減災活動に興味をもってくれるように働きかけもしている。

Bさん自身の「タイムトライアル」では、興津小学校の子どもたちが支援者役を担った。防災学習に真剣に取り組んでいる子どもたちに囲まれ、Bさんはふだんの避難訓練より3分も早く避難場所に到着した。「子どもたちの前で張り切ったから」と楽しそうに語っていた。自身の訓練参加をきっかけに、その後、Bさんは、他の住民を訓練の参加候補者として筆者らに推薦してくれるようになった。Bさん以外のケースでも、訓練参加者が周囲の人を次回の参加者として推薦してくれるケースもあったが、ほとんどの場合単発的なものだった。しかし、Bさんは継続的かつ組織的に参加者の推薦を行ってくれたほか、さらに、自分が推薦した参加者の避難訓練をサポートし、訓練中に参加者に励ましの言葉をかけてくれることもあった。

　Bさんが、集落の住民が行っていた井戸端会議に、筆者の研究チームの一員（大学院生）を呼び出したことがある。「数人が今ここに集まっている。何人かは（訓練に）参加してくれるだろう」と電話で状況を説明してくれた。大学院生が指定された場所に行くと、80歳以上の高齢者たちが数人雑談している。中にはシルバーカーを押してきた人もいる。「シルバーカーを押している人でもかまわんの？」と問われて、その学生は、「もしお時間あったら、一緒に訓練をしましょうか。『タイムトライアル』というものは、みなさんが安全だと思っている避難場所まで、私たちと一緒に逃げてみるものです……」と、型通りの説明文句で参加を呼びかけた。しかし残念なことに、お年寄りたちは「訓練ねえ……」と、だれ一人として参加の意思を表明してくれなかった。「もう年で、足腰が痛い」、「この間、（地域一斉避難訓練で）行ってきたよ」といった声が上がり、身体を動かすことに対しては消極的な態度を示す人が多かった。このとき、Bさんは「一緒に歩くだけだよ」、「ほら、毎日の散歩と同じように」と、「タイムトライアル」を「歩くだけ」や「散歩」と呼び変えて住民を勧誘してくれた。すると、何人かの高齢者が、「行ってみようか」と重い腰を上げてくれたのだった。

　当時、アクションリサーチを標榜しながらも、筆者らは、「タイムトライアル」の実施主体は自分たちだと思い込んでいた。よって、筆者らは、訓練参加者を募集する役割は自分たちにあると信じていたし、だからこそ、当該の大学院生も、高齢者たちに「避難訓練に参加しましょう」と自らが呼びかけるのが当然だと考えたのだろう。しかし、振り返ってみると、筆者らは、地域の慣習や言葉に不慣れなうえ、初対面の住民を相手にそれぞれの個別の

事情も知らないままに、型通りの勧誘を繰り返しては失敗していたのだった。

　これに対して、Bさんは、「歩くだけ」や「散歩」など、当事者の目から見た避難訓練、地域住民の日々の暮らしにおける避難訓練のありようを適確に描き出す言葉で、「タイムトライアル」への参加を呼びかけてくれたのだった。津波減災を「わがこと、われらのこと」として考えるBさんが、「タイムトライアル」を町役場や研究者が主体となって行う活動ではなく、自分たちが日頃楽しんでいる散歩に準じる活動としてとらえ返してくれたことで、筆者らは、この「散歩」という名の「タイムトライアル」をより広範に拡大させることができるようになった。

　また、Bさんは訓練参加者の健康状態などを詳しく知っているため、訓練途中で訓練参加者の一人ひとりに対して適切な応援の言葉をかけてくれた。たとえば、「足が痛い？　痛くないでしょう？　シュッキシュッキと歩いて！」、「○○ちゃんに負けないように！」といった調子である。仮に筆者がこうした個別的事情を知っていて、同じような言葉をかけることができたとしても、それを旧知のBさんから聞くのと外部者（筆者）から聞くのとでは、その意味合いは大きく異なったであろう。後者の場合、不必要に急がせて訓練中の怪我を招いたり、訓練そのものに対する評価を下げたりする危険もより大きかったと思われる。

　以上のことは、Bさんは、避難訓練の推進役を担うことを通して、避難の当事者としての主体性を回復していったことを示すものと考えられる。先述した通り、興津地区では全人口の半分程度を高齢者が占め、他地域からの避難支援は困難である。こうした状況下では、まず、高齢者一人ひとりが自力で避難できるだけの身体状況にあることが、素朴なように見えても、最も重要な避難対策にもなる。この点で、Bさんが中心になって運営してきた老人会が、高齢者の健康づくりをメインに活動している点が重要となってくる。Bさんは、「私らのような若い人より、やはり年配の人のほうが訓練に参加したらいいだろう」と、意識的に75歳以上の高齢者を中心に訓練参加の呼びかけを行ってくれた（60歳代のBさんは、もちろん「若手」である）。Bさんは、地域の高齢者の健康づくりの活動の推進のために発揮していた主体性を、「タイムトライアル」ひいては地域防災全般の推進のための主体性へと結びつけてくれたわけである。

5-4　Cさんの事例 ── 訓練の意味の問い直しにおける主体性

　Cさんの特徴は、先述の二つの事例とは異なり、その主体性が、避難訓練そのものや防災・減災活動という狭い領域ではなく、こうした活動が地域社会やそこに暮らす人びとに対してもつ意味について根底から問い直す点において回復されている点にある。

　80歳代のCさん（女性）は、漁港の近くで一人暮らしをしている。Cさんの趣味は「小室の浜」で貝殻を拾い、それを用いた貝画を制作すること、また詩や短歌を詠むことである。半世紀にもわたる貝殻拾いの成果として、自宅には美しい貝殻がうず高く積み上げられている。「ひとり来て夜の明けゆくをじっと待つただうちかえす波の音のみ」という自作の短歌には、Cさんが何十年も毎朝早く浜へ通い、おびただしい数の貝殻を集めてきた情景が浮かび上がる。今は高齢になって浜に出かけることはほとんどないが、詩や短歌の創作活動には変わらず励んでいる。月に数句の作品を地元の地方紙に投稿し続け、2013年度には、「母と来て拾ひし貝殻振り向けば母と我との足跡ばかり」が、「最も心に響く4句」に選ばれた。

　津波浸水シミュレーションによると、Cさんの自宅は、最悪の場合、地震発生後、17分程度で津波に襲われる。この家にCさんの姪と姪の娘のDちゃんが毎日訪れてくる。姪は津波被害の心配がない別の地区に住んでおり、日中は興津地区の園芸ハウスで働いている。Dちゃんは興津小学校に通っていた（Cさん自身の「タイムトライアル」を実施した2012年時点）。Cさんは1946年の昭和南海地震を興津地区で経験した。また、東日本大震災の際には、興津地区でも大津波警報と避難勧告が出され、姪はCさんを連れて近くの避難場所へ避難した。

　さて、Cさん自身の「タイムトライアル」は梅雨時期と重なったため、雨にたたられた。そのため、訓練支援者の児童たち、取材に来ていたテレビ記者など、合計13人もがCさんの居室で雨が止むのを待った。居室には、例の貝画が並べてある。貝殻で花や鳥が表現されている。このとき、Cさんは、枕元に置かれていた貝殻を手元に引き寄せ、子どもたちに語り始めた。児童たちがCさんのもとに集まる。「これがホタテ貝。これが桜貝」などを説明するCさんに、児童が「えー、こっちが桜貝だと思ってた」などと叫んでい

る。周囲でにぎやかに遊ぶ児童の笑顔を見て、「いいねぇ、楽しいね」とC
さんは微笑んだ。後日、Cさんはこの日のハプニングを、「避難する様をカ
メラにおさめると遠地より来て今日も土砂降り」との短歌に詠んだ。

　雨が止むのを待って「タイムトライアル」が始まった。降雨後の道路は滑
りやすく、足が不自由なCさんは足元に気を遣いながら一歩一歩、避難場所
をめざして歩き出した。避難場所まで、100メートル程度にわたって急な坂
道が続いているので、Cさんのペースはさらにダウンした。自宅から避難場
所までは約200メートルの距離しかないが、このときの所要時間は9分52秒
にもなった。Cさんは「えらかったね（大変だったね）。津波が来たら、家
と流されるわ」と嘆息をついた。

　この日の訓練をきっかけに、筆者らはCさん宅を頻繁に訪ねるようになっ
た。避難訓練に関する応援の言葉をかけるほか、貝画や短歌に関することな
ど、いろいろな世間話をした。姪やDちゃんも、「いろいろと昔の話だって
聞けるし、一緒にいるだけでもとても楽しい」、「絶対にあきらめないで、最
後まで避難してほしい」、「逃げないといかん」など、折に触れてCさんを激
励していた。

　そんな中、Cさんの「タイムトライアル」の取材にやって来ていたテレビ
局の記者が、貝画の美しさに感銘を受け、また子どもたちが貝殻や貝画に強
く惹かれる様子にも強い関心をもった。この記者は「貝画展示会をやっては
どうか」と提案した。貝画展示会を開くことはCさんの長年の夢であったが、
個人の力だけで実現することは困難であった。しかし、記者の援助と協力を
得たことで道が開け、Cさんは体力の限界を感じつつも、姪やDちゃんに励
まされながら展示会の準備作業に熱心に取り組んだ。こうして、個別訓練の
実施から約9ヵ月経った2013年4月、高知市内で1週間にわたって展示会が
開催された（図2-6）。小さな個人展ではあったが、来場者は200人を上回っ
た。会場で、この記者が津波避難について尋ねると、Cさんは「そうやね、
もうこんな年になっちょって、津波が来たら、流されたほうがよいと思って
たんや。でも、この子ら（姪やDちゃん）には何回も怒られたし、この子ら
に守られていると思うと、やっぱ、死んだら、この子らが悲しんだなぁと
……、一緒に訓練をやってよかったなぁ」と話した。

　この事例では、Cさんの言葉や行動によって、避難訓練を含む地域社会に
おける防災・減災の取り組みの意味自体が根底から問い返されている。逆に

図2-6　Cさんの貝画

言えば、避難訓練の計画立案における主体性（Aさんの事例）ではなく、また、避難訓練の推進における主体性（Bさんの事例）でもなく、「タイムトライアル」を含む避難訓練（地域社会における防災・減災活動一般）が、地域社会やそこに暮らす人びとに対してもつ意味を根底から問い返す点において、Cさんは主体性を発揮したのである。どういう意味か。

　当初、筆者を含む研究者や子どもたちは、もちろんCさんの「タイムトライアル」の様子を撮影する目的でCさん宅を訪問した。実際に避難するのはCさんであったが、撮影する（観察する）のは筆者らで、Cさんは撮影対象（観察対象）である。この点に、筆者ら研究者が訓練の主体でCさんは客体という構図が依然として色濃く残っていたと言える。

　しかし、雨待ちのハプニングによって、この構図に変化がもたらされる。特に、貝殻をめぐる会話を通して、Cさんが海の魅力をみなに強調した点が重要である。「波静かに水澄む」興津の海も、防災・減災の視点に立ったときには「怖いもの」や「余計なもの」でしかない。しかし、海は、Cさんの80年以上にわたる人生の楽しみを支えてきた重要な存在なのだ。Cさんは、けっしてプロではないが、歌人であり芸術家でもある。80歳代になった今も優れた詩や短歌が日々創作され、その貝画は全国でもおそらくCさん一人しか作っていない。そうした生活の知恵と楽しみを目のあたりにした筆者ら

は、Ｃさんを「津波避難が困難な老人」、あるいは「災害時要援護者」としてのみ見ること、言いかえれば、Ｃさんを自分たちが主体となって実行する避難訓練（防災・減災の取り組み）の客体的対象者としてのみ見ることの愚を悟ったのであった。自分たちが企画・実行してきた避難訓練は、そもそも何のためにあるのか。訓練が地域住民の生命を津波災害から守るための活動だとして、住民は何を大切にして暮らしているのか。こういった事がらについて、筆者ら研究者が根底から問い直すきっかけをＣさんは与えてくれたわけである。なお、この点については、〈インストゥルメンタル〉と〈コンサマトリー〉を鍵概念として、「タイムトライアル」について時間論の観点から論じた第6章5-2項の記述も参照されたい。

　こうして、筆者や子どもたちを含む訓練支援者は、防災・減災という限定された領域からいったん離れ、Ｃさんの生活全般や人生全体に関わる事がらにも光を当て、こぞってＣさんを支援した。そして、こうした姿勢の変化は、防災・減災そのものにもプラスの効果をもたらし始めた。より大きな視点に立ってＣさんと向き合い始めた筆者や支援者に対して、Ｃさん自身も生活者としての誇りを主体的に主張することができ、それが次第に津波防災に対する意識の変化としても現れ始めたのである。

　たとえば、貝画展示会の後、Ｃさんは津波から貝画を守るため、それまで自宅に保管していた貝画の多くを津波被害の心配がない姪の家に預けた。「まぁ、それなりに逃げようかという気になってきた。貝殻を持って逃げられんから預けた」。これが、その際のＣさんのコメントである。また、地域の一斉訓練や小学校の避難訓練のときにも、Ｃさんは周りの友達に呼びかけて、自分自身も自発的に避難した。姪に自分の訓練の様子をスマートフォンで記録してもらい、家族が一緒に避難訓練を楽しんでいる様子を筆者にアピールしてくれたこともある。いずれも、「タイムトライアル」の以前には想像もできなかったことである。

　Ｃさんは高齢でもあり、避難訓練そのものの計画立案、あるいは、その推進や拡大といった場面に常に積極的に関与してくれるわけではない。著しい体力の向上が見られたわけでもなく、また興津地区全体の津波防災をリードする役割を果たしてくれているわけでもない。こうした意味においては、Ｃさんの主体性は必ずしも回復されているとは言えないかもしれない。しかし、Ｃさんは、まったく別の次元で主体性を発揮してくれたのだ。繰り返しにな

るが、それが、避難訓練が、地域社会やそこに暮らす人びとに対してもつ意味を根底から問い返す作業である。この最も原理的な次元で、Cさんは、地域住民としての主体性を発揮してくれたのである。

5-5　当事者性と第三者性の反転・交替

　以上に紹介した三つの事例において、地域住民（避難の当事者）の主体性の回復が、行政や研究者の側の主体性のポジティヴな意味での喪失（言いかえれば、自治体職員や研究者の客体化）を伴っている点が死活的に重要である。言いかえれば、主体化した当事者（地域住民）によって、第三者たる自治体職員や研究者のほうが客体化され、第三者のほうが主体的にもちこんだ活動（地域防災という社会実践を「見る」研究）に関して何かが問い直されているのだ。

　この点について、具体的に整理しておこう。Aさんの事例では、避難訓練の内容や要素という次元で、研究者や自治体の側が問い返されている。行政や専門家の側が計画立案した訓練について、「このような内容でいいのか」、「他にもっとチェックすべきことがあるのではないか」と地域住民が問いかけているからである。Bさんの事例では、避難訓練における役割や立場という次元で、研究者や自治体の側が問い返されている。それまで行政や専門家の側が推進・展開してきた訓練について、「散歩と同じだと思ってやってみて」、「日々の体操のようなものだ」などと地域住民のほうが推進のイニシアチブをとって、それによって両者の役割関係が問い直されているからである。第三の事例では、避難訓練の意味・大義という次元で、研究者や自治体の側が問い返されている。行政や専門家の側が、無条件・無前提に重視してきた避難訓練（防災・減災活動）について、「それはそもそも何のためにあるのか」、「何を守るためにそれが必要なのか」と地域住民が根底から問い直しているからである。

　以上に見た問い直しとは、要するに、それまで、当事者（被観察者）たる地域住民に対して第三者（観察者）として君臨していた筆者ら研究者が、逆に、観察される対象者として問い直されているということである。だから、こうした関係性の反転・交替は、第1章3節で重視したリフレクティヴな営み、すなわち、観察対象となっている社会実践（興津地区の津波避難訓練）

を単に「見る」だけでなく、自分が「見る」ための研究活動という実践がすでにその内部に入り込んでいる社会実践を、研究という実践を通して自分たちは見ている —— そのような構造をよく見ること、この目標をはからずも実現させてくれたものと言える。

同様のことは、同じく第1章3節で指摘した観察に関する新たな視座とも関連する。すなわち、アクションリサーチにおいては、客観的観察という幻想に固執することを放棄し、観察が生み出す（かもしれない）新しい関係性を積極的かつ意図的に活用した社会実践を展開しうる可能性を重視すべきとの視座である。この点、「タイムトライアル」では、たしかに、第一義的には、研究者や支援者がビデオカメラを通じて訓練参加者を観察している。しかし、たとえば、「子どもたちの前で張り切ったから」というBさんの言葉にみられるように、「タイムトライアル」では、訓練参加者が観察されていることを意識していること自体を積極的に活用しようとしている。

また、「動画カルテ」は、多くの医学上のカルテとは異なり、研究者だけが見るわけではない。訓練に参加した本人やその家族、あるいは、防災学習会の機会を通じて多くの地域住民が共同視聴する。その共同視聴の場が、また次の観察の機会（「タイムトライアル」）を生み出すきっかけとなる。さらに、そうした観察の場を第三者として仕切っていたはずの筆者らは、実は、いろいろな側面で逆に問い返された（地域住民によって観察された）のだ —— 第1章で触れたフォルケとイザックの関係のようである。

しかも、上で記した通り、その経験も、けっしてマイナスに（だけ）作用するわけではない。筆者ら研究者も一緒に観察したこと、さらに進んで観察されたことは、むしろ、「タイムトライアル」自体のベターメントや地域住民の「主体性」の回復に寄与した。なぜなら、2節で指摘したように、避難の当事者たる地域住民の主体性の喪失は、行政や専門家の過度の主体性の過剰と裏腹だからである。要するに、「タイムトライアル」を中核とするアクションリサーチは、自治体職員や研究者の指導のもとで計画立案された防災・減災活動に地域住民が受動的に従う構図、および、防災・減災の視点からのみ地域住民を研究（観察）する構図 —— 本書で「自然科学」の研究スタンスと呼んでいるもの —— に対するアンチテーゼであり、筆者なりの代替案なのである。

現時点で想定される災害（たとえば、南海トラフ巨大地震・津波）を見据

えた防災・減災活動は、地域社会の長い歴史の全体の中に位置づけた場合、そして地域社会における暮らしの全貌の中に位置づけた場合、非常に重要な要素の一つであることは疑いない。しかし、そうだとしても、あくまでそれはそのごく一部に過ぎない。興津地区は、そこで生活を営む住民から見ると、美しい自然に恵まれ、「遊覧に遊魚に四時の趣ある好地なり」と謳われる豊穣な生活の場である。しかし、研究者が防災・減災の視点だけから地区を見つめるとき、「きびしい津波想定、超高齢化、避難困難者」など、そこはまったく将来に希望のもてない土地と化してしまう。その結果、客体的対象としての地域住民は絶望的な状況だとの評価を客観的に付与されたまま、本来自らの手で変更可能であるはずのその評価を変化させようとする主体性を喪失していく。

　こうした構図に起因する社会問題は、防災・減災に限らず、先端的な科学技術に関わる諸問題、過疎・過密問題、教育・福祉問題などにも多々見られる。研究する者と研究される者との共同実践としてのアクションリサーチは、この現代社会全体を通底する隘路から私たちを救い出すための起爆剤になるように思われる。

第3章　アクションリサーチとしての 「アイヒマン実験」

1　実験室実験の古典？

　スタンレー・ミルグラム著『服従の心理：アイヒマン実験』（ミルグラム，1975/1974）。わずかなりとも心理学について聞きかじったことのある人なら、知らない人はないであろう古典的名著である。しかし、東西の古典にしばしば見られるように、多くの人が、内容の一部を紹介しているに過ぎない概論書などの解説で「事足れり」として、原書（原書の翻訳書）そのものへはアクセスしていないのではないか。あるいは、遠い昔に斜め読みしたまま放置している研究者も多いのではないか。かく言う筆者も、そうであった。

　しかし、数十年ぶりにこの古典を新訳書（ミルグラム，2012/1974）で再訪し、折から翻訳された著者ミルグラムの評伝（ブラス，2008/2004）を併読した筆者は、見逃してはならない重要な事実に気づかされた。それは、服従に関する実験的研究として名高く、かつ、心理学実験に伴う倫理的問題をめぐる議論のルーツとしても知られる「アイヒマン実験」が、けっして、典型的な意味における実験的研究などではなく、むしろ、本書のテーマであるアクションリサーチのお手本として位置づけうる、という点である。

　少し補足しておこう。典型的な意味での実験的研究とは、第1章の言葉を使えば、研究対象者（被験者）と研究者（実験者）を一線で画し、一線の向こう側に据えた研究対象者（被験者）のあるがままの姿を、一線のこちら側から実験者が「見る」（ことができると想定する）「自然科学」のスタイルに基づいた研究という意味である。実際、「アイヒマン実験」は、研究者（実験者）の研究意図（「本当のところ、何を調べているのか」）を、巧みなカバーストーリーで研究対象者から隠蔽し、被験者の「服従の心理」（残酷な行動）をそれとは気づかれずに華麗なお手並みで明るみに出した点で高く評

価されているからである。

こうした構造や特徴をもつ「アイヒマン実験」には、再び第1章の用語を援用すれば、当事者（この場合、被験者）に研究者も加わった「共同当事者」による新たな「共同実践」として定義されるアクションリサーチのかけらもないように見える。第三者として客観的に「見る」ことは、「一時的、局所的」には可能でも、ロングランで見たときには、「究極的」には成り立たない。第1章2節でこのように位置づけた「人間科学」のスタイルとは180度対照的に、絶妙な実験手続き —— むしろ、絶妙すぎた点が「倫理的問題」を引き起こしたわけだが —— によって、当事者（被験者）をまさに客観的に「見る」という心理学の夢を実現した研究であるように思われてきた。

しかし、本当にそうか。これが、本章で筆者が問いたいことである。

2 実験者と被験者 —— その生々しいプレゼンス

2-1 「舞台裏」こそが「表舞台」

1963年、アイヒマン実験として名高い、スタンレー・ミルグラムによる服従実験に関する雑誌論文が初めて公刊された。このとき、ミルグラムは大学院を卒業してわずか数年あまりの駆け出しの研究者で、弱冠30歳であった。ちなみに、この年は、筆者自身の生年である。筆者の記憶が正しければ、それからちょうど20年後の1983年頃、大学で社会心理学の研究室に所属することになった筆者は、初めて、『服従の心理』を読むことになる。その研究室は、日本におけるアクションリサーチのパイオニアでもある三隅二不二教授（故人）の研究室である。その研究内容の一端については、第7章3-3項で触れる。

さて、ミルグラムが初期の実験計画を立案し、その衝撃的な実験が実行に移されていた1960年から62年にかけては、他ならぬアドルフ・アイヒマンが逃亡中のアルゼンチンで捕らえられ、収監先のイスラエルで裁判を受けていた時期と完全に重なる。驚くべきことに、ミルグラムが当時所属していたイェール大学の学科長宛に実験完了を報告する手紙を送ったのが、1962年6月1日。アイヒマンの死刑が執行されたのは、その前日5月31日のことで

あった（ブラス，2008/2004，p.144）。

　ここで、ことさらに細かい年月日（時間）にこだわったのには、理由がある。実験という手法が醸し出す普遍性、一般性のイメージを相対化するためである。つまり、実験とて、良いも悪いも、だれかがどこかで特定の時期に一定の時間を費やして行われる人間的な営みに変わりはない。被験者が生身の人間なら、実験者も生身の人間である。ミルグラム自身も例外ではない。このあと述べるように、アイヒマン実験は、むしろ、実験に直接関わる人たちの人間的な営みが前面に出ていることにおいて、また、ミルグラムが生きた社会や時代の影響がそこに色濃く反映されている点において、心理学実験の金字塔たりえていると見なすべきだ。

　他方で、──優れた実験研究もむろん多数存在するが──凡百の心理学実験は、今もなお、研究者と研究対象（者）の間に一線を画す「自然科学」の流儀に従おうと無理の上に無理を重ねている。その結果についてレポートする報告書や研究論文には、通常、研究者が抱える個人的な事情も、研究対象者の人柄も、また、実験室の様子や場所もまったく登場しない。それらは客観性の屋台骨を揺るがす邪魔者だからだ。つまり、研究者はそこにいないはずの透明人間として、研究対象者はだれでもない人間一般の標本として扱われる。しかし、もちろん生身の人間や現実の空間がそこに存在しないわけではない。「いなかったこと」、「どうでもいいこと」、つまり、「舞台裏」にされているだけである。

　この点、アイヒマン実験は大きく異なる。研究者（実験者）にも被験者にも、もっと生々しい具体的なプレゼンスがある。まるで、「舞台裏」が「表舞台」になったかのようである。具体的に例示していこう。まず、新米研究者であるミルグラム本人と先輩研究者を含む大学や学界の面々が手応えのある形で登場する。実験者役は「実験の間ずっと、かれの態度は無感情で、いささか堅苦しいが外見……灰色の実験着を着用していた……三十一歳の生物学教師が演じた」（ミルグラム，2012/1974，p.34）と、年齢も性別も職業も含めて具体的に紹介される。加えて、心理学史上最も有名なサクラ（学習者役）である「温厚で人好きのする……四十七歳の会計士……アイルランド系アメリカ人」にいたっては、個人情報だけでなく全身写真付き（！）で登場する（同 p.35）。

　このように、『服従の心理』は、研究者、実験者、実験協力者（サクラ）

の強い存在感を詳細に、かつ力強く描いていく。他方で、最近の心理学実験レポートをいくつか手にとれば、こうした記述が非常に特殊・例外であること、言いかえれば、こうしたことは完全に「舞台裏」（実験や研究とは関係のないこと）として排除されていることが、たちどころにわかるだろう。『服従の心理』における「舞台裏」のプレゼンスの象徴とも言えるのが、同書に収録された多数の写真、図表の劈頭を飾る被験者募集広告である（同p.33）。いかなる経過を経て被験者が実験室にやってきたか。この点もまた、「自然科学」を標榜する心理学実験にとっては、どうでもいい楽屋話に過ぎないと通常思われている。しかし、同書における募集広告の大きな扱いはこういう思い込みを粉砕するに十分である。

　この募集広告を見て、実にさまざまな被験者が「イェール大学の瀟洒な相互作用研究所」を訪ねてくる。「顔立ちは荒削りで、奇妙にぼんやりしているような印象を与える」（同 p.73）37歳の溶接工は、学習者役に苛立ちを示し、1時間の実験中に彼が学習者役にかけた言葉は、「答えてさっさと終えるんだ、一晩中ここにいるわけにはいかないだろう」（同 p.75）だけだった。また、「ちょっとやせ気味で苦行僧じみた……実は大手神学校で、旧約聖書の文献学を教えている」（同 p.77）被験者は、「電撃を加えるたびに、唇がめくれ、歯がむき出しになる。この被験者のふるまいはすべて、わざとらしいほどの入念さが特徴である」（同 p.77）。このように微細に分け入った個人描写付きで続々登場する個性豊かな被験者たち —— 。

　もちろん、実験室についても同様である。いや、実験条件の一つでもある実験室（それが設置された場所）は、「実験者の命令の有効性は、それが発せられる機関の文脈にも依存するかもしれない」（同 p.105）との観点から、実験を構成する重要な要素として詳細な記述の対象になっている。特に、上述の「瀟洒なイェール大学」と対比される目的で設定された工業都市ブリッジポート市内の「いささか古びた商業ビルにある、三室構成のオフィス」については、再び、写真付きでその様子が詳細に紹介されている。

2-2　心理学実験仮想報告書

『服従の心理』に実際に収録されている記述をこのように引用しているだけでは、筆者の意図が伝わりにくいかもしれない。「なるほど、たしかにそ

うですね」程度にしか受けとってもらえないかもしれない。そこで、以下のような心理学実験に関する仮想報告書（とは言え、90パーセント、筆者自身の実体験に基づいている）を作成してみた。そうすると、「アイヒマン実験」、および、そのレポートたる『服従の心理』が、目下スタンダードな様式を自認している心理学実験やその報告書群とどれほど違った方向をめざしているかが理解できるだろう。

　××大学××キャンパス。木曜2限、昼休み前の講義。14回にわたる「心理学概論」も最終回を迎え、残すは翌週の試験ばかりであった。この日の講義の冒頭、実験者（筆者自身）は、「今日は、講義の最後の時間を使って、みなさんに、簡単な心理実験、そう、クイズのようなものに協力してもらいます。しっかり取り組んでくれたかどうかは、来週の試験の成績とともに単位認定の資料とします」と、実験前のインストラクションを述べた。

　すると、300人収容の大講義室を埋めた学生がどよめき、やがて信じられないくらい静かになった。教室後方に陣取って毎回私語ばかりしている、ときにはスナック菓子をつまんだりしている、あの「問題学生」（実験者の個人的な命名）まで教壇の方に熱い視線を寄越してきた。「7月の暑い盛りでもこんな大きな効果があるなら、もっと早めに、もう2、3回同じような手を使っておくべきだった。データ数も増えるし……」。これは、その時点で実験者がもった感想をメモした記録である。

　実験素材とした質問用紙には、「今100万円もらえるのと、1年後に200万円もらえるのとでは、どちらを選びますか」、「今の100万円と、10年後の200万円とならどうですか」といった質問が含まれていた。主観的な効用の評価に関する研究のための実験だった（詳細は、「方法」の項を参照）。講義終了の15分前には通常の授業が完了し、質問用紙が配付された。その上で、「回答し終わった人から、教卓の上に用紙を提出して退出していいです」とのインストラクションを与えた。データは非常に順調に得られた。

　しかしながら、この実験が学生被験者たちを惹きつける効果は、残念ながらそれほど絶大だとは言えないと考察された。用紙の末尾につけていた自由回答欄には、「実験を体験して感じたことを何でも自由に書いてください」と記してあったが、回答開始から5分も経たないうちに真っ先に席を立って教卓上に用紙を置いて出て行った「問題学生」は、こう記していた。「空想の100万円より、

現実の昼飯のほうが大事です。それから、先生、お願いです。単位ください。」

心理学実験の報告文としては、これは悪い冗談にしか見えないだろう。しかし、そうではない。『服従の心理』における被験者を含む実験状況に関する記述には、この種の描写が、——あまり知られていないが——上記のように満載だからだ。後述の研究倫理（実験倫理）には間違いなく抵触しそうな、プライバシーに関わる記述も多数見受けられる。

被験者の年齢、性別、職業や、その日の様子（身なり等）に関して、『服従の心理』が事細かに記載しているのは、ミルグラムが、被験者たちが実験室の中で何をしたのかだけではなく、そこにやって来るまでどのような暮らしをしていたのかについても関心を払っていたからだろう。勤め先や学校から、あるいは自宅から、それまでの人生と現実の生活を背景にもつ被験者が集まってくる。ある人は「1時間4ドル」の報酬に惹かれながらも内心気乗りしないままに、また別のある人は心理学の実験や大学の研究に対する過度な好奇心を携えて、イェール大学や町中の商業ビルの実験室に入ってくる。そして、例の手順に巻き込まれていく。この間のなりゆきの全体がアイヒマン実験なのであり、ひいては、実験室実験をその一コマとして含む「アクションリサーチのスパイラル」（第1章5節）を構成している。だからこそ、こうした「舞台裏」が「表舞台」として堂々と、かつ綿密に記述される必要があるのだ。

3 実験者と被験者との間の深い関係

3-1 実験における支配的関係

アイヒマン実験の根幹をなすアイデアが固まった「光り輝く瞬間」は、1960年の初夏の頃だったらしい（ブラス，2008/2004，p.84）。「私が考えていたのは、アッシュの同調実験を人にとって意味のあるものにするための方法だった。（中略）集団がある個人に圧力を加えて、その人に対する何らかのはっきりとわかる行動をすることにしたらどうだろうと考えた。（中略）しかし、集団圧力を研究するには……。（中略）まさにそのとき、私の考え

は、この実験における支配関係そのものにターゲットをしぼったのである。いったい、人は実験者の命令にどこまで従うのだろうか」（同 pp.83-84；傍点は引用者）。

　これは、きわめて重要な記述である。例の〈記憶と罰の実験〉への参加という本実験の根底をなす設えについて、ミルグラム自身が「実験における支配関係」と記しているからだ。つまり、心理学史上最も著名な実験は、自然科学のスタイル、すなわち研究者と対象者との間の一線を前提にするどころか、両者の間に（支配）関係が成立するかしないかという点にこそ光を当てているのだ。研究者と当事者（被験者）との分断が前提にされるのではなく、心理学実験という場が不可避に含意してしまう両者の間の（支配）関係そのものを、実験の中核的素材にすればいい ── この卓袱台をひっくり返すようなアイデアがアイヒマン実験の核心にはある。

　この点は、『服従の心理』におさめられた逐語録、特に、被験者の言葉だけでなく、実験者（研究者）のそれをみるとよくわかる。「実験を中止しなくてはなりません」、「あなたがこの実験を続けることが必要です」、「あなたが続けないなら、この実験全部を中止します」。これらの言葉を、被験者たちがイェール大学にやって来るまでの過程や、実験室に入ってからのやりとりとともに逐一フォローすると、ここで要求されているのは、目を引きがちな電気ショック（残酷な行為）のレベルをエスカレートさせること自体というより、「実験」という名の共同実践 ── 被験者と実験者とのコラボレーション ── を続けること、言いかえれば、アクションリサーチとしてのこの実験を仲間として続けることだとわかる。むろん、「実験における支配関係」、すなわち、心理学に関する学術的研究やイェール大学といった権威（お題目）が、この共同的な実践の続行を強力に被験者に要求しているわけである。

　なお、概論書の紹介だけに頼るからか、例の電気ショックのエスカレーションの結果一覧表（ミルグラム，2012/1974，p.51）ばかりが注目されるようであるが、先述の通り、『服従の心理』の記述の相当量は、通常、実験室実験とは対極的な研究アプローチだと考えられているタイプの研究、たとえば、何らかの社会実践を現場で参与観察し、その結果について細かに記録したエスノグラフィーを基本にした研究でよく見られるような逐語録で占められている。

　しかも、被験者の言葉だけでなく、実験者（役）の言葉、そして、ミルグ

ラム自身の言葉も多数収録されている点が特徴的である。これは、ミルグラムが、「観察対象となっている社会実践を単に『見る』だけでなく、『見る』ための研究活動という実践がすでにその内部に入り込んでいる社会実践を、研究という実践を通して自分たちは見ている —— そのような構造（第1章3節）を、実によく見ていることを示している。実験における支配関係をターゲットにしたアイヒマン実験は、「そのような構造」、つまり、被験者が研究者の求めに応じ両者が実験室内で関係をもっていること自体を（中心的な）実験刺激とした実験なのである。

　要するに、

　　権威システムというのは……（中略）実験者個人を越えて広がるシステムの一部として機能している。このシステムは、実験の設定、立派な実験機器、被験者に義務感を植えつける各種の装置、実験が属する科学のご威光、そしてこうした活動が継続することを許す、全般的な制度上の合意 —— つまりこんな実験が文明都市で実施されて許容されているということ自体が暗黙に示す、漠然とした社会の支持 —— を含む。（ミルグラム，2012/1974，p.215）

　このように記述されている活動全体が重要なのであって、実験室内でのやりとり（電気ショックの罰を与え云々）は、この活動全体にとってはあくまで一パーツであり、副次的存在に過ぎない。そして、アイヒマン実験の被験者が研究者の要求に服従するのは、まさに、このため —— 実験という活動全体の成功のために眼前の具体的やりとりの意味が矮小化するため —— なのである。

3-2　実験室本体よりもフォローアップ

　実験後の顛末が、別の角度から上記の主張を裏づけてくれる。実験室で起こった出来事だけが注目されがちなアイヒマン実験であるが、その真価はむしろ、実験室を離れた後に研究者（ミルグラムら）と研究対象者（被験者）とが継続したやりとりのほうにある。実験室での活動が完了した1962年の夏、ミルグラムはすべての被験者にアンケートを送る。その回答率は、なんと92パーセントである。この数字は、〈記憶と罰の実験〉という共同実践に対

しては「NO」の意思表示をした人（電気ショックを中途で停止した人）も含めて、〈服従の実験〉という共同実践 —— アクションリサーチ —— の一員になることに対しては「YES」のシグナルを送ってきたことを示している。

　さらに、翌1963年2月から5月にかけて、ミルグラムは、実験に参加した40人の被験者と臨床精神科医との面談も実施している。その主たるねらいは、実験が被験者にもたらした心理的な悪影響について調査することであった。これは実験が引き起こした倫理的問題に対応するという側面ももっていたが、後述する通り、ミルグラムが当初から目論んでいたことでもあった。その結果は、「確かに一部の被験者は強い緊張を体験したものの、このインタビューアーの見る限り、だれもこの実験によって被害を受けた兆候は見られない」（ミルグラム，2012/1974，p.285）というものであった。もちろん当時の、そしてそれ以後の論争を知らないわけではないが、ここでは、その中身に立ち入るよりも、こうしたアンケートや自分とは別の専門家とのインタビューなど、ミルグラムと被験者とのやりとりがこれだけ大規模に長期にわたって継続している点のほうを評価したい。

　実際、ブラス（2008/2004）も、「仮にミルグラムが実験場面で被験者を冷酷に取り扱ったとしても、被験者がどう実験を受け止めたかとか、精神的な健康などのフォローアップ調査をするということ自体が、非常にユニークであるということは認識しておく必要がある」（p.165）と明言している。また、当時、著名な社会心理学者であったケルマンも、同僚たちに、今回ミルグラムが実行しているような綿密でていねいなフォローアップを自分たちはなしえているかと問いかけ、答えは「ノー」だと結論づけている（同 p.165）。この問いかけは、筆者自身を含む私たちに対する問いかけでもある。2節の仮想報告書の例で言えば、「問題学生」の機知と皮肉に富んだ問いかけに、その後、実験者（筆者）が真摯に応えたかどうかが問われているわけだ。

4　実験室の前と後

4-1　倫理的問題 —— ハプニングへの対応だったのか

　よく知られている通り、アイヒマン実験は、その後、実験や研究遂行上の

倫理に関する論争を引き起こす。もちろん、ミルグラム本人もその渦中に巻き込まれていく。しかし、それは、ミルグラムにとって予想もしなかったハプニングだったのだろうか。一般には、倫理的問題をめぐる実験後のやりとりは、噴出した批判を受けて仕方なく生じた実験の後始末のようなものとして、すなわち、アイヒマン実験の本筋とは別の、研究倫理（実験倫理）をめぐるやりとりだと見なされていることが多い。

　しかし、それは違う。上記のように、ミルグラムは、「実験における支配関係」自体を、すなわち、研究者と研究対象者（被験者）が取り結んでしまう関係自体を実験の中心素材として活用するというアイデアを「天啓だった」と振り返っているのだ。また、ミルグラムは、実験の実施前に資金を得るために書いた助成金の申請書に、被験者の精神的安定のための働きかけなど「実験に参加してくれる人たちに対して研究者が負うべき責任」についてすでに記している。

　　最後に、実験に参加してくれる人たちに対して研究者が負うべき責任に関して、重要なことに触れておく必要がある。被験者が苦しい立場に置かれ、そこで強い感情が喚起されることは間違いない。このような環境のもとでは、被験者が実験室から解放される前に、彼が精神的に健全であることを保証する仕組みが必要である。被験者を気楽にさせ、自分が行ったことが適切なことであったということを保証するために必要なことはなんでもする必要がある。（ブラス，2008／2004，p.94）。

　このように、ミルグラムにとって、実験後のことは折り込み済みだったのだ。さらにいえば、「ディブリーフィング」という言葉を、この種の脈絡、すなわち、心理学実験の最中に被験者に与えた誤った情報等を訂正し、安心感を与えることを目的とした手続きを指すものとして初めて印刷物の中で使ったのも、他ならぬミルグラムであるとされている（ブラス，2008／2004）。

　いずれにしても、ミルグラムが実験の基本着想を得て、助成金の申請書をしたためていたのが1960年、その後、61年から62年にかけて一連の実験が実施され、フォローアップに従事していたのが63年。これだけで4年もの歳月が流れている。この間、ミルグラムは、学界内外の毀誉褒貶にさらされな

がら（たとえば、最初に投稿した論文はrejectの憂き目に遭っている）、一方で被験者との関わりを続け、他方で心理学実験（大学や学界の権威）の名のもとに何が許され何は許されないのかについて各方面とのやりとりを繰り返している。「仮想報告」として引き合いに出した、わずか十数分で完了すると思われる「お手軽実験」とはまるで異なる一大事業、長期にわたる共同実践である。特に、当時彼が30歳そこそこの若手研究者であったことを想起すると、それがどれほど大変なことかがよくわかる。

　しかも、この実験は、実験をベースにした映画作品の登場など、その後、さらに何十年にもわたって、おそらくミルグラム自身も予想していなかったであろう種類の営みをも誘発し続けた。ここで言う誘発とは、〈記憶と罰の実験〉において教師役と生徒役（被験者）が別室ではなく同室にいたらどうか、米国と日本とでは服従の程度に差があるかなど、単純な意味での追試実験が盛んに行われたという意味ではない。倫理的問題の噴出とその後の展開があったという意味でもない。もっと大きな意味での誘発効果である。第1章で以下のように強調した。多くの場合、アクションリサーチは単発の出来事（1回の実験室実験）で完了することはありえず、「アクションリサーチのスパイラル」となる。だから、アクションリサーチにとっては、それぞれの単独の効果や成果よりも当該の実践が次にどのような実践を誘発しうるのか、そうした実践の継起・連続を促すポテンシャルの大小が重要だ。この意味での誘発ポテンシャルがずば抜けて大きかった点においてもアイヒマン実験は特筆されるべきであるし、かつ、このことは、それが卓抜なアクションリサーチであったことを示唆している。

　実験後、ある被験者はミルグラムと長期間文通を重ねている。その人物が、1970年にミルグラムに寄せた手紙には、「『電撃実験』への参加は（中略）ぼくの人生に大きな影響を与えました。（中略）1964年に被験者だったとき、自分がだれかに危害を加えているとは思っていましたが、なぜ自分がそうしているのかはさっぱりわかりませんでした」と記されている（ミルグラム, 2012/1974, pp.293-294）。この後、「かれは、他の参加者で似たような反応を見せた人がいるのかどうかを知りたがり」（同 p.294）、ミルグラムはその疑問に対してていねいに返信を書いている。こうしたやりとりが、実験室実験が実施されてから5年以上経った時点で、ミルグラムと被験者の一人との間でなされていることに私たちはもっと驚き、またわが身を振り返らねば

なるまい。

　この被験者は、ミルグラムからの回答に対してさらに返信を出し、その末尾を「わたしの人生に対するあなたの影響への心からの感謝をもって」という言葉で結んでいる。「単位ください」との落差は悲しいくらいに大きい。こうした言葉を研究対象者（被験者）からかけてもらえるだけの関係を、「実験における支配関係」を出発点として、また長期間かけて、ミルグラムは作り上げた。これは、まさに研究者と対象者との間で繰り広げられた共同実践 ── アクションリサーチ ── と呼ぶにふさわしい活動ではないだろうか。

4-2　問われていたのは研究（者）のほう

　見方を変えれば、「服従の実験」の研究対象になっていたのは、被験者（だけ）ではなくミルグラム自身を含む研究者（学界）のほうなのだ。それは「新訳」に付された訳者山形浩生氏の名解説の一節からもよくわかる。山形氏は次のように指摘している。「本書での権威は、いきなり空から降ってくる。だが権威は権威として信頼を得るためのプロセスがある」（ミルグラム，2012／1974，p.348）、「『権威への服従』が問題なら、『服従』にばかり目を向けず、『権威』の方をなんとかする手もある」（p.352）。電気ショックやそれに戸惑う被験者ばかりでなく、権威のほう（直接的にはあの教師役、そして、その背後にいる研究者ミルグラムやイェール大学という権威）にも目を向けよというわけだ。

　筆者の考えが正当であれば、今や文通を通して、あの実験の意味について共に考える「共同当事者」（第1章4節）となったミルグラムは、当事者研究やナラティヴセラピーにおけるリフレクティング・チーム（第1章3-4項）における研究者と同様、第三者性から当事者性へと、言いかえれば、「見る」側から「見られる」側へと重心を移したと言える。これはまた、第2章で紹介した「タイムトライアル」を中核とする津波避難訓練をめぐるアクションリサーチで、筆者自身が体験したことでもある。もちろん、これらの研究と「アイヒマン実験」とでは、第三者性と当事者性のダイナミックな逆転・交替運動がどの程度高密度、短期間に生じているかという観点、あるいは、それがどの程度計画的、意図的なものであったのかという観点で違いはある。しかし、共同当事者として共同実践を担うというアクションリサーチの根本

スタイルは共有している。

　実験室内の出来事を一部として含む一連の研究の全体を、人間科学のスタイルに基づくアクションリサーチとして見る視点をもち込めば、倫理的問題もまた異なる様相を呈してくる。研究者と対象者という二分構造を前提にした自然科学のスタイルを墨守している限り、研究倫理の問題は、いかにして研究対象者（被験者）に「不愉快な思いをさせずに研究の場からお帰りいただくか」といったことに矮小化されてしまうように思われる。つまり、「アイヒマン実験」に端を発した研究倫理（実験倫理）の問題に対するその後の対応と今日の状況は、ミルグラム本人が本来チャレンジしようとしたものとは正反対の方向に進んでいるように見える。

　それは、研究者と対象者とがすっきり分離された「自然科学」の研究スタイルを理想形として保持しつつ、それでも人間を相手にする以上、避けがたく生じてしまう両者の間のコンタクト（葛藤）については、次のように処遇しようという方向性である。これは、言葉を選ばず率直に書けば、腫れ物に触るように研究対象者（被験者）を扱って「事なかれ」と願う一方で、学界として合意した遵守すべきルールを守っている限りお互いに「むずかしいことは問わないことにしよう」。こういう姿勢である。

　しかし、よく考えると、被験者が不愉快な思いをすることが絶対にないような程度の関係しかもちえていないことのほうが倫理的により深刻な問題を秘めているとも言えるのではないだろうか。なぜなら、それは被験者を端から人間扱いしていないことを示唆してもいるからである（客観的な観察対象とは本来そういうものだから、仕方ないのだが）。そこには、仮に不愉快な思いをさせたりさせられたりしても、両者がエネルギーと時間をかけて関係を修復すればいい、いや、むしろその修復プロセスからこそ、人間に関する知は生まれるという発想がない。被験者（研究対象者）との「ラポール」（信頼関係）の形成も、第4章5節で論じているように、研究をスムーズに進めるための「手段」（方便）と見なされているのでは本末転倒である。「人間科学」においては、むしろ、それ自体が研究の「目的」── アクションリサーチの一部 ── であるべきだ。

　実際、ミルグラムが挑戦し格闘したことは、けっしてこのような小手先のことではなかった。彼は、実験実施の前から、「実験に参加してくれる人たちに対して研究者が負うべき責任」について言及し、ディブリーフィングに

ついて考えていたのだから。つまり、心理学研究（実験）という場において自分たち研究者がどのような意味で権威として立ち現れてしまうかを自省し、しかもそれを直視したのだ。人間を相手にした学問に取り組んでいる以上、研究者はその対象者と関係をもってしまうのは必然である。その事実からミルグラムは目を逸らさなかった。その上で、自分たち研究者と研究対象者（被験者）とが共同当事者として何ごとかを成し遂げる関係を構築するための鍵を、服従実験における服従（被験者）の方向からのみならず、権威（研究者）の方向からも探っていたと考えるべきであろう。

4-3　実験室実験 ── 無条件批判でも礼賛でもなく

　本節の最後に蛇足的なコメントを一つ追加しておきたい。ここまでの議論は、実験室実験に関する方法論批判ではない。特に、実験室と現実の社会とを素朴に対照させた上での批判ではない。むしろ逆である。実験室が本物の職場や教室と違うことは、今さら指摘するまでもなく自明なことである。大切なことは、たとえそうであっても、そこで人と人とが関わりをもつ以上、実験室という場にも研究者と研究対象者による共同実践を育むためのリソースが豊富に存在することに気づくことである。したがって、アクションリサーチ論として述べれば、実験室実験を行わないこと、数値データを使わないこと、あるいは現実の社会で活動すること ── これらのことがそのまま、共同実践やアクションリサーチにつながるわけでは、まったくない。
　むしろ、たとえ参与観察に専心しようとも、現場の人の言葉に耳を傾けようとも、「ビデオカメラはできるだけ置物化しましょう」（撮影される対象に影響を及ぼさないように）、「語りのデータは、まずテキストマイニングにかけて大ざっぱな特徴をつかみましょう」（できるだけ客観的な分析を行うために）といったもっともらしい指南を、無条件・無反省に受け入れているとすれば、そうした研究は、その基本的な構えにおいて、研究者と研究対象者がきれいさっぱり分断された状態を理想形とする定番的心理学実験と何ら変わらない。それは、ミルグラムがチャレンジしたこととは遠く離れていると言わねばなるまい（第9章5節にも関連する分析があるので、参照されたい）。

5 「時代の子」 ── 「アイヒマン実験」の限界

　新訳版の解説「蛇足：服従実験批判」の中で、山形氏は、ミルグラム（とその実験）は「ぬぐいようもなく時代の子」（ミルグラム，2012/1974，p.355）だと指摘している。1960年代という時代性 ── たとえば、先述したアイヒマン本人の動静に加えて、学生運動やベトナム反戦運動の盛り上がりなど ── が、アイヒマン実験で扱われる権威やそれへの服従がもつ意味自体への踏み込んだ考察を阻んでいるというわけである。とりわけ、「権威をもつ組織」対「それに抗う（べき）個人」（個人の道徳律）という構図が自明視されていることに、山形氏は疑念を呈している。
　鍵になるのは、『服従の心理』の記述全般で暗黙自明の前提にされている感のある「理由なく他人を傷つけない」という道徳律である。この道徳律をいわば生得的に備えた「個人」が、それとは反することを命令してくる「権威をもつ組織」との間で感じる葛藤、これがアイヒマン実験で問われている（ように見える）。
　しかし、この道徳律はそれほど自明なことだろうか。山形氏はこう問いかけ、次のように議論を進める。たとえば、近代以前の軍では、兵士たちは、近代的な軍隊（組織）よりもむしろ残虐の限りを尽くしていた（理由なく他人を傷つけていた）。近代の組織的な戦争は、「個々の兵のそうした暴走を避けるべく、非戦闘員には手出しをせず、正規兵同士だけの戦いでおさめましょうというお約束ごととして成立」（pp.345-346）したわけで、むしろ、道徳律を欠いた個人のふるまいを、組織が抑制している一面もあるというのである。
　そうだとすると、アイヒマン実験の意味も変わってくる。つまり、そこでは、「権威をもつ組織」と「それに抗う（べき）個人」（個人の道徳律）との葛藤ではなく、ある権威（大学の科学研究）、つまり、「研究のためなら理由なく他人を傷つける事態もやむを得ない」という権威的命令と、別の権威（社会全体）、つまり、「理由なく他人を傷つけてはならない」という権威的命令との間の葛藤が問われていたことになる。山形氏は、さらに、後者の考えを検証するための具体的な実験設定 ── 衆目監視の中、つまり、社会とい

う権威の無言の圧力の中で被験者がどこまで実験者の要求に応じるかを検証する実験 ── まで提案している。

　筆者は、山形氏のこうした指摘を実にもっともだと感じる。アイヒマン実験そのものが、より大きな社会的コンテクストの影響下にあって、良いも悪いもその制約下にある。つまり「時代の子」だというわけである。こうした短所がアイヒマン実験にあるのは、一つには、「理論家としてのミルグラムには、実験家としてのミルグラムほどの輝きはない」（同 pp.354-355）からであろう。ミルグラム贔屓の筆者も、この見立てには残念ながら首肯せざるを得ない。しかし、見方を変えれば、アイヒマン実験が、研究者不在の「似非自然科学実験」（杉万，2013）を装うのではなく、これまで見てきたように、研究者自身が生身をさらし、実験室での出来事が特定の具体的な時間と空間の中で行われたことを包み隠さず示した共同実践として構成され提示されているからこそ、後年、こうした建設的な批判を可能にしたとも言える。ミルグラムの業績と限界を共にしっかり受けとめ、その先へ進む責務は、私たち後進のアクションリサーチャーの肩にかかっている。

第Ⅱ部　時間

第4章 アクションリサーチの〈時間〉

1 〈時間〉から見たアクションリサーチ

1-1 よき未来へ向けたベターメント

　第Ⅱ部を構成する本章、そして、後続の二つの章では、アクションリサーチと時間の関係について論じる。時間の問題は、これまで、アクションリサーチに関する議論の中で明示的に議論されることはあまりなかった。「まえがき」でも述べたように、本書の姉妹編である前著（矢守，2010）でも、時間に関する取り扱いは必ずしも十分ではなかった。しかし、この後、順に明らかにしていくように、時間はアクションリサーチにとって非常に重要な要素の一つである。

　まず、アクションリサーチとは何か。時間に関する議論に入る前に、今一度復習しておこう。アクションリサーチの提唱者であり、グループ・ダイナミックスの祖でもあるクルト・レヴィンがそこに込めた真意をていねいに読み解いた上で、八ッ塚（2013）は次のように集約している。「科学的であるためには、個別の事例にしっかりと関与し、その全体を理解しなくてはならない。事例の全体を理解するためには、研究者がアクションを起こし、条件を変化させ続けなくてはならない。……（中略）つまりレヴィンにとっては、研究すること自体が、本質的にアクションリサーチだった」（p.350）。また、杉万（2006）は、「通常アクションリサーチという言葉が用いられるのは、研究者が、ある集合体や社会のベターメント（改善、改革）に直結した研究活動を、自覚的に行っている場合」（p.551）であるとする。

　以上を踏まえて、筆者は、前著（矢守，2010）において、アクションリサーチについて論じた数多くの先行研究を総覧し、以下の二点をアクション

リサーチのミニマムな基本特性として指摘した。第一に、目標とする社会的状態の実現へ向けた変化を志向した広義の工学的・価値懐胎的な研究であること、第二に、上記に言う目標状態を共有する研究対象者と研究者（双方含めて「共同当事者」）による共同実践であること。この二点がアクションリサーチの根幹的な特徴であることについては「まえがき」でも確認した。

　この基本特性を構成するいくつかの要素のうち、これまでアクションリサーチをめぐる方法論的議論の焦点となってきたのは、次の諸点であった。すなわち、価値を懐胎した研究としてのアクションリサーチと、価値中立を標榜する研究スタイルとの関係、および、共同実践としてのアクションリサーチと、研究する者とされる者（される対象）との完全遮断を理想状態とする自然科学の研究スタイルとの関係、以上二点をどのように位置づけるかである（矢守，2010）。「共同当事者」をメインテーマとして掲げた本書の第Ⅰ部でも、主にこの主題について検討した。

　これに対して、本章で注目するのは、上記の規定に見いだされる「変化」、「目標状態」、「ベターメント」といった特性である。これらの特性が共通して前提にしているものこそ、時間である。すなわち、目標状態の実現に向けたベターメントのために変化をもちこむこと —— このアクションリサーチの根幹には、**よき未来**という展望的準拠点と、それに対置される形で置かれた**問題含みの現在**、さらにはそのような現在へと至る**過去からの経緯**という、一連の時間的な推移が仮定されている。アクションリサーチに関する考察においては時間が重要な位置を占める —— このように主張するゆえんである。

1-2　「時間」と〈時間〉

　ただし、ここできわめて重要なことは、二つの時間系列 ——「時間」と〈時間〉 —— の違いを区別することである。本章で留目する時間とは、「3年前、この会社の従業員のワークモチベーション指数は平均60点であったが、現在では平均75点へと改善されている」とか、「10年後、ソーシャルメディアはどうなっているだろう」などと言うときに前提にされている、「人間的な実践の外的な枠組みとして、その『普遍的な容器』として存在する」（真木，1971，p.38）時間 —— 本稿では、以降、この意味での「客観的な時間」、あるいは、木村（1982）の言う「ものとしての時間」のことを、**「時間」**と

記す―ではない。それだけのことなら、これまでのアクションリサーチや心理学研究一般において、「縦断的な研究」、「時系列的な分析」といった看板のもとで問題にされてきた時間、つまり「時間」と何ら変わらない。

　たとえば、「楽しい時間を人はより長く感じる傾向がある」など、主観的に認知された客観的時間に関する研究も、ここで言う「時間」への留目の枠内にある。また、他ならぬクルト・レヴィン（1956/1951）自身が提唱した概念に「時間的展望」がある。「ある一定の時点における個人の心理学的過去と未来についての見解の総体」との定義には、生活空間の総体が、この後詳述する〈時間〉的性質を帯びた相であらわれるとの理解が萌芽的な形で提起されている。しかし、「時間的展望」に関する後続の心理学的研究の多くは、「過去・現在・未来に対する精神的な姿勢や身構え」（都筑・白井, 2007, p.25）、「過去・現在・未来についての信念体系によるところの過去・現在・未来の相互関係の重要性の順序づけ」（同 p.26）といったフレーズに表れているように、「客観的な時間に対する主観的な姿勢や態度」という主客二項対立の発想内にとどまることが多く、「時間」とは別次元の〈時間〉の存在や、「時間」そのものの成立過程にまで論究の矛先を向けるには依然至っていないように思われる。また、この点については、前著（矢守, 2010）における筆者の議論もけっして例外ではないことについては「まえがき」で自省した通りである。

　これに対して本章で検討するのは、「時間」ならざる〈時間〉であり、真木（1971）の言う「主体的な時間」、木村（1982）の言う「こととしての時間」である。では、〈時間〉とは何か。ここでは、木村（1982）が紹介しているわかりやすい例解を参照しながら、簡単に説明しておこう。木村（1982）は、社会にデジタル表示の時計が登場して以降も、予想に反して、アナログ表示の時計が根強いシェアを確保している理由を次の点に求めている。私たちが時計を見るとき（時間に向き合うとき）、自分自身の営みや活動とは独立に、「正確な時刻」（デジタル表示の時計に象徴される）を知りたいと思ってそうするわけではない。むしろ、「東日本大震災を引き起こした地震・津波の発生からもう5年以上が経った」、「まだ試験終了まで10分以上ある」など、「今はもう」、あるいは「今はまだ」という、自分自身の営みにおける主体的な構えとともに時間はある。

　言いかえれば、人間にとって、時間とは、第一義的には、常に何かをする

ための時間、すなわち、〈時間〉であり、したがって、いまは、私自身の営みと独立して外部に存在するような、「なにかあるものではない。それはむしろ、そのつどの私自身のことである」（木村, 1982, p.52)。「時間」ならぬ〈時間〉は、常に何かをなしつつ生を営んでいる主体（私自身）と表裏一体なのである。「時間」が、人びとがそれに追われそれに管理される現代社会において特に重要な存在であること自体はむろん疑いがない。しかし、多くの比較社会学的な研究（たとえば、真木, 2003）が説得的に示してきたように、「時間」は、人間にとって原基的な〈時間〉から派生した、あくまでも副次的かつ二次的な産物 ── 前著（矢守, 2010）で光を当てた社会的構成の産物 ── に過ぎないことには、十分な注意が必要である。

　さらに、木村（1982）は、その壮大な理論体系の鍵をなす独特の概念「あいだ」を用いて、過去・現在・未来について、本章にとってもきわめて重要な、次の提起を行っている。「いまは、未来と過去、いまから（未定性；引用者挿入）といままで（既定性；引用者挿入）とをそれ自身から分泌するような、未来と過去とのあいだなのである。未来と過去とがあって、そのあいだにいまがはさみ込まれるのではない。あいだとしてのいまが未来（未定性；引用者挿入）と過去（既定性；引用者挿入）を創り出す」(pp.29-30)。ここで、「のではない」と否定されているのが、「時間」における「未来」、「過去」、「いま（現在）」であり、より本質的な事態として位置づけられているのが、〈時間〉におけるいま（そのつどの私自身）が生み出すもう（未定性）とまだ（既定性）である。

1-3 〈時間〉の謎

　このように考えてくると、「変化・目標状態・ベターメント」を標榜するアクションリサーチにおける〈時間〉の重要性がわかる。アクションリサーチは、まさに、何かをなすという主体的な構えとともに行われるからである。アクションリサーチは、目標状態を実現するために、過去から現在に至る私たちの現状を分析し、いままでに何がもう達成されてきたのか、ベターメントのためにはいまから何がまだなされるべきかを把握する。さらに、場合によっては、現時点で推定可能な未来を可能な限り客観的に予測しつつ、そうした分析と予測の成果に基づいて、現状に対して何らかのアクション（変

化）をもち込み、それをなすまでにまだどのくらいの時間があるかと気にかけながら、未来における目標状態の実現を企てる —— このような一連の〈時間〉が、アクションリサーチでは前提とされている。

　これは、先に述べたように、「時間」の容器の中で、ある時点では値aをとっていた変数xが別の時点では値bをとっていたという意味での「時間」を第三者の視点から問題にすることとは異なる。そうではなくて、何かを当事者として企てようとして推進されるアクションリサーチに関与する共同当事者たちの主体的な〈時間〉のあり方に注目すること、つまり、何が既定的なものとして、あるいは何が未定的なものとして現れているのかについて把握することが重要である。どのような〈時間〉的な構えがアクションリサーチの前提となってそれを成立させているのか。この点に注目する必要がある。

　しかも、少し考えてみれば直ちにわかるように、アクションリサーチにおける〈時間〉は、一筋縄ではいかない複雑な構造をもっている。たとえば、一口に、「未来における目標状態の実現」と言っても、未来を共同当事者たちが主体的に自由に創造（変革）しうると言う限りにおいて客観的予測は不可能である。逆に、未来を客観的に予測しうると言う限りにおいてそれを主体的に創造（変革）することは不可能である（真木, 1971）。「いや、未来は、部分的には予測しうる（部分的には「既定的」）であるが、部分的には創造しうる（部分的には「未定的」である）。このような〈時間〉的な構えのもとでアクションリサーチは実施されている」。こう主張することは容易いし、実際、旧来のアクションリサーチ（論）もこのような常識的な思考に安住し、換言すれば、この点に関する突き詰めた議論を回避する形で展開されてきた。

　しかし、「未来は未定的」（それに対応する形で「過去は既定的」）といった至極当然に見える主張すら、実際には、〈時間〉の観点から十分周到な考察を要する、謎めいた一面をもっている点を無視することはできない。なぜなら、上述のように、未来の、少なくとも一部を、—— 通常そう考えられているように、未定的なのではなく —— 既定的だと見なしているからこそ、客観的予測、想定といった営みが有意味な作業として成立している（第6章で詳しく取り上げる）。対照的に、過去の、少なくとも一部を、—— 通常そう考えられているように、既定なのではなく —— 未定的だと見なしているからこそ、後悔やサバイバーズ・ギルトといった課題が深刻な課題として浮上してくる（第5章で詳しく取り上げる）。

2 〈時間〉における未定性と既定性

2-1 いくつかの重要な対概念

　アクションリサーチにおける〈時間〉を考察するにあたっては、何よりも、「時間」における未来と過去と、〈時間〉における未定性と既定性とは異なることを再確認しておく必要がある。すなわち、1節ですでに指摘したように、〈時間〉における未定性および既定性は、「時間」に客観的に備わった性質ではない。「未来」だから未定的であり「過去」だから既定的なのではない。逆である。主体におけるその都度のいま、言いかえれば、主体の営みとともにある〈時間〉が生成する未定性や既定性が、「時間」における「未来」や「過去」を二次的に創り出しているのだ。

　残念ながら、既存のアクションリサーチ論、あるいは心理学研究には、この件に関する理解や目配りが欠落している。先出の「楽しい時間」に関する主観的認知に関する研究も、筆者自身の前著（矢守，2010）における考察もそうである。しかし、過去の良質な知の営みは、すでにこの点に明晰で鋭いメスを入れてきた。前節で引用した真木（1971）（社会学）、木村（1982）（精神医学）などがそれにあたる。また、筆者自身（矢守，2009；2012）も、「災害ユートピア」、「防災意識」、「世直し・立て直し」といった防災に関する人間科学の基幹概念のいくつかを、〈時間〉論の観点から位置づけたことがある。そこで、本節では、主に真木（1971）に依拠しながら、〈時間〉における未定性と既定性について、この概念と密接に関連するいくつかの重要な対概念を紹介しながら理解を深めていくことにしよう。

　真木（1971）は、その未来構想論を基礎づける理論的作業において、〈時間〉における未定性と既定性に関して、類似の対概念をいくつも導入しながらていねいに説明している。たとえば、私たちは、「歴史を作る者」として世界に関わることもできるし、「歴史に作られる者」として関わることもできる。すなわち、私たちにとって、未来は、目的論的に形成していくものである。だからこそ、目標状態を設定したベターメントがめざされる。しかし同時に、それは過去からの因果連鎖によって既定済のものでもある。だから

こそ、上述のように、未来に関する客観的予測がアクションリサーチの一部として重要な位置づけをもつ。同じことは、次のようにも表現される。私たちは、一面で、未来の目的に向けて「現状を超越」していく者でもあり、他面では、「情況に内在」し現在にからめとられた者でもある。だから、私たちは、目標に向けて自由に「自己形成」していくこともできるし、反対に現状に合わせた制約的な「自己成形」を余儀なくされる場合もある。

2-2　緊張あるダイナミズムの失調

　こうした未定性と既定性に関わる対立・葛藤は、1-3項で示唆したように、通常は「そこそこ」のところで折り合っているために、あるいは、── より前向きに表現するならば ── 両者が緊張あるダイナミズムを保っている間は、そこに決定的な二項対立があることが露呈しない。言いかえれば、そうした相互妥協的ないし相互協調的事態においては、双方の特徴を明瞭な形で引き出すことは困難である。むしろ、両者の折り合いが何らかの理由で失調を来たし、未定性および既定性のいずれか一方が極端な形で突出し尖鋭化した場合に、両者の特徴、ひいては両者が本質的にはのっぴきならない葛藤関係にあることがだれの目にも明瞭になる（「平均化／極限化」に関する第7章2節の議論も参照）。

　まず、既定性が突出した場合について考えてみよう。木村（1982）がポスト・フェストゥム（「祭りのあと」）と命名し、その病理的な形態としてうつ病を対応づけた既定性優位の〈時間〉について、真木（1971）は次のような巧みな比喩でもって説明している。つまり、それは、「明晰な意識」の逆説として定式化できる比喩である。賢明で明晰な人間は未来をよく見る。これは一般には、そうした人の美質とされるが、それが極端な形で現れた場合、すべての未来がそうなるほかないもの、すなわち、既定性を帯びたものとして現れることになる。だから、極端に明晰な意識をもった人間は、勇気ある恋をすることができない（それが高望みだとわかってしまうから）。あるいは、社会の大きな抑圧や不正にも対抗できない（それが敗北を運命づけられていることを見てしまうから）。主体の営みとしてのいまが既定性に偏するとき、人は、因果関係に既定され尽くした物としての自分という自己欺瞞に陥っている。これは、言いかえれば、「事実を価値にすりかえる」（p.57）自

己欺瞞であり、変革すべき現在を受容するほかない情況と見なす自己欺瞞でもある。こうして、既定性の突出は変革への道を閉ざし、アクションリサーチを沈滞化させる。

　なお、ここで論じている既定性の過剰という現象は、既定性の内実が当人にとって、さしあたって正負いずれの価値を帯びているかとは関係がない。たとえば、出世、合格、蓄財など、将来の成功が「完全に約束されたもの」として現れている人が、真の意味でいまを豊かで充実した形で生きることができるかどうかを考えてみればよい。プラスであれマイナスであれ、明日起こることがすべてトータルに確定した人生が、どれほど退屈なものかはだれにでもわかることである。ただし、この論点には、さらにもう一段階の転回・発展がある。すなわち、未来が徹底的に既定的なものとしてあらわれることにはポジティヴな一面もある。この点については、3-1項で触れた後、第6章で詳細に論じる。

　次に、未定性が突出した場合について考えてみよう。木村（1982）がアンテ・フェストゥム（「祭りのまえ」）と命名し、その病理的な形態として統合失調症を対応づけた未定性優位の〈時間〉について、真木（1971）は、平板なユートピズム思想や過激なマキャベリズムを生む温床だと指摘している。いま現実に生きている人びとを、「輝かしい未来の理想」を実現するための物的な道具とか障害物のように扱い、「歴史を作る」ためには、現実を蹂躙することもいとわない。このような形で、主体の営みとしてのいまが未定性に偏するとき、人は、すべてを自由に創造・変革し尽くせる神としての自分という自己欺瞞に陥っている。これは、言いかえれば、「価値を事実にすりかえる」（p.58）自己欺瞞であり、前提とし受容すべき現在を抜本的に更新すべき、また容易に抹消可能な対象として見なす自己欺瞞でもある。こうして、未定性の突出も変革への足場を破壊し、アクションリサーチを暴力化する。

　要するに、私たちは、「たんなる存在としての『物』（**既定性の極致**；引用者注）にも、たんなる自由としての『神』（**未定性の極致**；引用者注）にも」（p.59）なりえないのであって、人間が、この両者の間の「矛盾を明晰に引き受けて生きることに耐えずに、自己を『物』として、もしくは自己を『神』として、自己欺瞞的に無矛盾化しようとする」（p.59）とき、それらの傾向性が上に見てきた二つの過激で非生産的な反応となって現れるのである。こ

の意味で未来構想および現状変革の営みとしてのアクションリサーチは、〈時間〉に見られる未定性と既定性の両極へと排他的に走ろうとする人間の傾向性を封じ込め、両者の間の緊張あるダイナミズムを確保しつつ推進されなければならない。「変化・目標状態・ベターメント」を看板に掲げるアクションリサーチは、この根源的矛盾を引き受けた〈時間〉とともにあらねばならない。この点については、最終の5節でもう一度立ち返ることにしたい。

3 未定性と既定性の逆説的関係

　前節まで、アクションリサーチでは、〈時間〉における未定性と既定性の間の根源的矛盾を引き受けること、すなわち、その両極に偏することのないいまを根拠として共同実践をなすことが必要だということを見てきた。これは、比喩的に言えば、未定性と既定性、この両者の間の舵取り（バランシング）が重要だということである。

　しかし、ここで言う舵取りは、未定性に偏すれば既定性の要素を注ぎ込み、逆に既定性に偏すれば未定性の要素を注ぎ込むことによって、両者の均衡を図るような単純な操作によってのみ実現するわけではない。言いかえれば、両者は、単なる中庸や折衷という意味での均衡策によってバランスされるような平板な関係にはなく、より複雑な逆説的関係にある。この点が、〈時間〉における未定性と既定性に関して、理論的にも興味深い点であるし、アクションリサーチを実際に推進する上でも鍵になる重要なポイントとなる。この点について、「時間」における「未来」が〈時間〉の上では既定化している事例、および、それとは対極的に、「時間」における「過去」が〈時間〉の上では未定化している事例を通して見ておこう。

3-1 「未来」の既定化

　「未来」が既定化していることに由来する苦しみや課題がある。たとえば、木村（1982）が、〈ポスト・フェストゥム〉と親和性があると位置づけたうつ病とは、本来、今からの自由で主体的な選択にかかると思われる事象を、軒並み「もうとりかえしがつかない」、「あとの祭り」としてしか位置づけら

れないこと、つまり、既定性を帯びた相でしか認識できないことがもたらす苦しみである。

より社会的な事例もある。私たちは、今、「今後30年間に70パーセント程度の確率で破局的な地震災害が起こる」といった類いの言葉を洪水のように浴びて生活している。なかでも、非常にきびしい災害想定が発表された地域では、「もうダメだ」、「あきらめた」といった反応が無視できない程度に生じている（第2章を参照）。こうしたことも、明らかに**未来の既定化**を軸とする社会的課題である。

それならば、「未来」（まだ起きていない災害）に、それが本来帯びるはずの未定性を再導入して事態の改善を図ればよいのではないか。これがさしあたって多くの人が思いつく処方箋である。「宿命」に見えている事象を「選択」可能な事象へと変換する努力を中核とするこの種のアプローチは、実際、各所で試みられている（「宿命」と「選択」については、矢守，2013も参照されたい）。筆者自身、たとえば、こうした想定が発表された地域社会で、「このような避難方法もあります。そうすれば被害を軽減できます」といった言明に集約可能なアクションリサーチを多数試みている（たとえば、第2章の記述、および、畑山・中居・矢守，2014）。これは、要するに、既定性に支配された「未来」に未定性を再導入し、それによってベターメントを図ろうとする営みである。

こうした営みは広く社会に認められるし、実践的な意義もある。しかし、既定性に未定性を対置することで、〈時間〉の均衡を回復しようとする単純な方策がうまく運ばない場合もある。むしろ逆に、すでに既定性が蔓延している「未来」に、**より徹底した既定性**を導入することが、逆説的に未定性（本来の「未来」）を呼び戻し、結果として、より本質的なベターメントを実現する場合がある。そのことのほうが理論的には興味深く、かつ最終的には実践的にもより本質的な変革へとつながる場合があることが大切だ。

本書の第6章では、〈Days-After〉という鍵概念を導入して、この点について主題的に論じている。具体的には、何らかの破局的な出来事が起きる前に、その破局がすでに起きてしまったかのように、言いかえれば、「まだ」を「もう」としてという独特の構造を伴って語る（ないし、生きる）ことの意味と効果について検討している。もっとも、〈Days-After〉は、人間にとってけっして例外的で異常な経験ではなく、むしろ日常的に観察できる経

験であることに、ここでは留意を促しておこう。たとえば、私たちにとって非常に身近な存在である占いやくじは、自分や身近な人の未来、とりわけ、重要な未来について予見的に先どりするためのツールである。しかも、こうして導入された未来の既定性は、現状のベターメントに対して肯定的に機能する場合も多い（だからこそ、占いやくじが廃れることはないのだろう）。

　言いかえれば、選択という行為（未来へ向けた前向きのアクション）を実現させるのは、単に自由な選択の余地が未定性をもって大きく広がっているという条件ではない。そうではなく、人をして決然と選択・行為せしめるためには、むしろ、「未来は必ずやそうなる」という確信を当事者に与えるような既定性の論理による媒介が不可欠なのである（前出の2-2項における「もう一段階の転回・発展」とはこの点を指している）。

3-2　「過去」の未定化

　次に、「過去」が未定化していることから来る苦しみや課題について考えよう。たとえば、木村（1982）が、〈アンテ・フェストゥム〉と親和性があると位置づけた統合失調症とは、本来、過去から現在までの蓄積の上に立って理解し、自己実現のための根拠として引き受けるべき現在の事象 ── 自分自身が自分であることをも含めて ── を、軒並み「抜本的に更新可能な」こと、つまり、未定性を帯びた相で認識してしまうことがもたらす苦しみである。

　より社会的な事例もある。いくつもの突発的な災害や事故が発生する社会の中で、私たちは、今、**サバイバーズ・ギルト**（生存者の罪責感）という言葉を頻繁に耳にしている。「あのとき、私がこうしていたら、子どもは（親は、あの人は）死なずに済んだかもしれない」 ── 被災者や被害者がこういった苦しみに苛まれる事態がありうることは、だれにでも容易に認識できる。これらも、明らかに、**過去の未定化**（「そうでないあり方があったはずだし、今からでも遅くない」）を中心的な症状とする社会的課題である。

　それならば、「過去」（起こってしまった被害）に、それが本来帯びているはずの既定性を再導入して、事態の改善を図ればよいのではないか。これもさしあたって多くの人が思いつく処方箋である。「選択」に見えている事象を「宿命」（仕方のなかったこと）として受容可能な事象へと変換する努力

を中核とするこの種のアプローチは、実際、各所で試みられている。矢守（2013）ですでに論じたように、たとえば、古来営まれてきた喪の作業、あるいは、グリーフケアと称される活動の多くは、煎じ詰めれば、未定性に支配された「過去」に既定性を再導入し、それによってベターメントを図ろうとする営みである。

　こうした営みも広く社会に認められるし、実践的な意義もある。しかし、未定性に既定性を対置することで、〈時間〉の均衡を回復しようとする単純な方策がうまく運ばない場合もある。前項と同様、むしろ逆に、すでに未定性が浸潤している「過去」に、**より徹底した未定性**を注入することが、逆説的に既定性（本来の「過去」）を呼び戻し、結果として、より本質的なベターメントを実現する場合がある。そのことのほうが理論的には興味深く、かつ最終的には実践的にもより本質的な変革へとつながる場合があることが大切だ。

　本書の第5章では、〈Days-Before〉という鍵概念を導入して、この点について主題的に論じている。具体的には、何らかの破局的な出来事が起きた後の時間を、その破局が未だ起きていないかのように、言いかえれば、「もう」を「まだ」としてという独特の構造を伴って語る（ないし、生きる）ことの意味と効果について検討している。もっとも、〈Days-Before〉は、人間にとってけっして例外的で異常な経験ではなく、むしろ日常的に観察できる経験であることに、ここでも留意を促しておこう。たとえば、「架空戦記もの」——一般化すれば、年表の「欄外の歴史」（真木，1971）——と呼ばれる小説ジャンルが存在して、広範な読者を獲得している事実は、過去の未定性という感覚が広く人びとに共有されていることを示している。しかも、未来の既定性と同様、こうした過去の未定性も、たとえば、「あのとき、こうしていたら」という回顧的な振り返りが過去の失策の真因を探り当てるのに有効である場合があるように（**後知恵**）、現状のベターメントに対して肯定的に機能するケースがある。

　「欄外の歴史」に、明示的かつ意図的に光を当てる作業は、さしあたって、「過去」の未定性に徹底してこだわる作業である。現在がけっして必然ではなく無数の選択の所産であったことに徹底的に向き合う作業である。しかし、だからこそ、そうした作業を通してのみ、それでもなおこうなるほかなかったことが腑に落ちる場合——「それでもこの生を生きていこう」との覚悟が

生じる場合 —— がある。過去の受容とは、選択可能性の単純な否定や抹消から生まれるのではない。そうではなく、選択可能性に関する念入りで透徹した検証作業が人をして泰然と過去を受けとめさせるような回路が、たしかに存在する。

4 〈インストゥルメンタル〉と〈コンサマトリー〉

4-1 〈コンサマトリー〉な現在

　以上の考察を踏まえたとき、アクションリサーチは、このいまにおいてどうあることが求められるのだろうか。アクションリサーチがいまここで展開される現在はどのようにあるべきなのか。もちろんここで言う現在とは、「時間」における「現在」ではない。アクションリサーチにおいて、いまから（未定性）といままで（既定性）とを常に生み出しつつあるいま、すなわち、〈時間〉における〈現在〉にはどのような性質を帯びることが求められているのか。本節では、この点に関する議論へと歩みを進めたい。
　ここで、アクションリサーチにおける〈現在〉について考察する上で重要な役割を果たすと思われる鍵概念を、もうひと組導入しよう。それが、〈インストゥルメンタル〉と〈コンサマトリー〉である。両方とも、言うまでもなく、「時間」ではなく〈時間〉がもつ性質なので —— 正確には、後者は〈時間〉そのものを根底から揺さぶる性質なのだが —— 、〈括弧〉付きで表記することにする。社会学者パーソンズにルーツをもつこの両語に関して、ここでは、大澤（2014）にならって、前者に「媒介・手段的」、後者に「直接・享受的」の訳語をあてることにする。
　基本となる命題は、〈現在〉は、本質的には、〈インストゥルメンタル〉な性質と〈コンサマトリー〉な性質、この二つの性質を保持しているというものである。現在がもつ〈インストゥルメンタル〉な性質とは、1-2項で詳述したように、〈現在〉それ自体が生成する二つの性質、すなわち、未定性と既定性とに常に引き裂かれつつも、これら両極が織りなすダイナミズムを展開させるような〈現在〉のことである。つまり、未定性が発揮されるにせよ既定性が発揮されるにせよ、そこには共通して、「変化・目標状態・ベター

メント」というアクションリサーチの根幹に総体として意味を与えるような〈現在〉の一性質がある。それは、「未来」のための大切な足場となったり逆に捨て石とされたりしながら未定性を発揮するための礎石としての〈現在〉であり、他方で、「過去」からの大切な実績となったり逆に重荷や制約となったりしながら既定性を生産する母体としての〈現在〉である。これは、つまり、「未来」や「過去」を生み出す土壌となる〈現在〉である。

　これが、〈現在〉が有する〈インストゥルメンタル〉な性質ということである。〈インストゥルメンタル〉な〈現在〉は、「変化・目標状態・ベターメント」を基調とするアクションリサーチと、——少なくとも表面的には——非常に強い親和性がある。さらに踏み込めば、こうした〈時間〉のもとでしか、アクションリサーチは成立しえないようにも思われる。しかし、この点については、後にもう少し立ち入った議論を行うことになる。

　さて、これとは対照的に、未定性や既定性の母胎、ひいては、「未来」や「過去」の母胎という働きとはまったく関係のないところに成り立つ〈現在〉、すなわち、この〈現在〉を、一切の媒介・手段的な枠組みから解き放ち、未定性と既定性の両極が形づくる複雑な逆説的関係——〈インストゥルメンタル〉という平面上における「水平的な逆説的関係」——それ自体を土台から突き崩してしまうような、まったく別箇の〈現在〉のあり方がありうる。それこそが、〈インストゥルメンタル〉と対置される〈コンサマトリー〉である。「今ここにある、ひとつひとつの関係や、ひとつひとつの瞬間が、いかなるものの仮象でもなく、過渡でもなく、手段でもなく、前史でもなく、ひとつの永劫におきかえ不可能な現実として、かぎりない意味の彩りを帯び」（真木，2003，p.211）て、それ自体として直接・享受されるべき対象としてあらわれるような〈現在〉のありよう、それが〈コンサマトリー〉である。

　〈コンサマトリー〉の原基も、木村（1982）の時間論の中にたしかな位置づけをもっている。それは、先に紹介した〈アンテ・フェストゥム〉（未定性の極致）、および、〈ポスト・フェストゥム〉（既定性の極致）の両者が織りなす平面を突き破る形で定位される〈イントラ・フェストゥム〉であり、その〈時間〉上の特徴は、木村自身によって、まさに「現在の優位」（p.148）として定義づけられている。その詳細に立ち入る紙幅はないので、ここでは、次の三点だけを明記し、木村（1982）の言う〈イントラ・フェストゥム〉（祭りのさなか）が、ここで提起している〈コンサマトリー〉の理念形の一

つとなっていることだけを述べておこう。

　第一に、木村（1982）はこう指摘する。「いまが以前と以後、いままでと
いまから、ひいては過去と未来という互いに交換不可能な二つの方向に分極
し、そのことによって絶えず走り去るものとして意識されるのは、いまを意
識しているわれわれの個別的生命の有限性のためである。なんらかの事情に
よってこの有限性が止揚され……（中略）いまはもはやそのような前後の方
向性を失って、なにものも到来せずなにものも過ぎ去ることのない瞬間とし
て、永遠の停止（逆に言えば、無時間の無際限の拡がり：引用者注）として
意識される」（pp.147-148）。第二に、このような永遠としての現在を象徴
する極限的な事例として、てんかんと軽い躁病患者が示す極端なまでの現在
への密着、代表的には、ドストエフスキー（その小説に登場する人物）が示
すアウラ体験を位置づけることができる。

　だがしかし、第三に、そのような体験は、けっして例外的な異常事態（日
常と隔絶した狂気・非理性）ではない。私たちはみな、こうした極限的な事
例が垣間見せる典型的あらわれを希薄化した形で、〈イントラ・フェストゥ
ム〉、すなわち、〈コンサマトリー〉な現在を生きていることがある。それは、
たとえば、躁病発症の誘発事象と考えられているものを念頭に置くとすぐに
わかる。一例をあげれば、火事その他の災害、祭り、デモ、戦争、選挙など
である。表面的な性質や規模の大小の違いはあっても、これらの事象におい
ては、人びとはだれしも、程度の差こそあれ、祝祭的な気分と〈イントラ・
フェストゥム〉で〈コンサマトリー〉な〈現在〉、つまり、「過去や未来が相
対的にその拘束力を弱め」（p.149）たいまを直接に生きる感覚を味わってい
るはずである。

4-2 〈インストゥルメンタル〉と〈コンサマトリー〉── その 逆説的関係

　〈インストゥルメンタル〉という平面上で、未定性と既定性とが複雑な逆
説的関係、しかし、言ってみれば水平的な逆説的関係にあったのと同様（3
節）、興味深いことに、〈インストゥルメンタル〉そのものが、〈コンサマト
リー〉との間で「垂直的な逆説的関係」を構成している。どういうことか、
順に見ていこう。

　まず、〈インストゥルメンタル〉の突出が、〈コンサマトリー〉の破壊につ

ながることはわかりやすい。たとえば、宮本（2015）は、「めざす」関係は、何ごとかをめざすこと自体が現状の不十分や否定を当事者に対して暗示することを媒介にしつつ、「すごす」関係を台無しにしがちだと指摘している。この指摘は、まさに〈インストゥルメンタル〉（「めざす」）の過度な強調は、それ自体の中に、〈コンサマトリー〉（「すごす」）を阻害するポテンシャルを有していることに注意を促したものである。また、真木（1971）の表現を借りれば、「未来のある『解放』（ベターメント；引用者挿入）を実現するためにという理由のもとに、いま現実に生きているこの人類に抑圧を強いるとすれば、そのような思想や行動は、その現実的意味においては、何ら解放の思想や行動ではなくて、まさしく抑圧の思想や行動以外の何ものでもないだろう」（p.26）。

　しかしながら、壮大な展望と強い意志に裏打ちされ、きびしく透徹した〈インストゥルメンタル〉ないまが、〈コンサマトリー〉を破壊するどころか、ときに、その大きな支えになりうることも私たちはよく知っている。「大きな目的の実現のためにたたかう人びとが、その実現を見ることなしにたおれてゆくことを少しもおそれないのは、その目的にむかう緊張の日々のさなかで（〈イントラ・フェストゥム〉！）、その生が現在において確固として充実しているから」（真木, 1971, p.26）であろう。そして、この論理は、過去の方向にも妥当する。つまり、現在の意味がトータルに過去からの既定性によって支配されているかに見える人びと、たとえば、一見したところ、過去の因習や旧弊に〈インストゥルメンタル〉な意味でとらわれているだけではと思いたくなる人びとの生が、それに対する誇りと確信とともに現在において確固として充実しているケースもあろう。

　他方で、〈コンサマトリー〉の突出が、〈インストゥルメンタル〉の障害になることもわかりやすい。〈コンサマトリー〉が、現在の絶対的巨大化とそれに随伴する過去や未来の空無化を帰結するとき、緊張感を欠いた現状の安逸な受容、底なしの享楽、現にあるものへの極端な耽溺、全面的甘受といった事態を帰結する。これが、「変化・目標状態・ベターメント」を基軸とするアクションリサーチを根底から破壊する側面をもっていることは明らかであろう。

　しかしながら、豊かで包容力のある〈コンサマトリー〉が、〈インストゥルメンタル〉を阻害するどころか、ときに、その大きな支えになりうること

も私たちはよく知っている。たとえば、「復興支援において、災害による被害からの回復を『めざす』という未来へ向けられた実践が重要であることはいうまでもない。しかし、未来に向けられた実践がより豊かなものとなるためには、『寄り添う』、『ただそばにいる』という言葉であらわされるような現在に向けられた『すごす』かかわりが肝要である」。このように宮本（2015, p.17）が主張するとき、念頭にあるのはこの種のロジックであろう。

「『新しい社会』に向かう実践そのものが、それ自体として、一つの新しい生き方の提示であり、よりいっそう解放された主体の実現でもあるという仕方において、すなわち、〈解放のための実践〉が、同時に〈実践のための解放〉でもあるものとして構想されなければならない」（p.73）。真木（1971）のこの言葉について、「新しい社会」を「目標状態」に、「向かう実践」を〈インストゥルメンタル〉に、そして、「新しい生き方の提示」を〈コンサマトリー〉に、それぞれ置き換えてみよう。すると、アクションリサーチについて次のようなフレーズを得ることができる。

すなわち、アクションリサーチにおける〈現在〉は、目標状態の実現に向けて歩みを進める〈インストゥルメンタル〉な意義をもつ〈現在〉でもあり、かつ同時に、それ自体が新しく充実した生き方の実現として〈コンサマトリー〉な意義をもつ〈現在〉でもあるものとして構想されねばならない。アクションリサーチにおける〈インストゥルメンタル〉と〈コンサマトリー〉との間に見られる、一見したところ単純な対立・葛藤と映る関係は、高い水準で止揚することが可能であるし、またその方向へとアクションリサーチを導いていくことが重要である。なお、本書の2章、5章、6章では、この目標へ向けた筆者なりの努力のあとを提示したつもりである。

5 総括 —— 〈時間〉を駆動する二つのダイナミズム

本章の総括として、「時間」と〈時間〉の二つの軸から成る〈インストゥルメンタル〉の平面と、そこから隔絶された形で〈コンサマトリー〉が独立した別次元を構成する全体構図を示した模式図（図4-1）を提示して、これまでの議論の整理に供するとともに、いくつか補足的な事項を追加しておきたい。

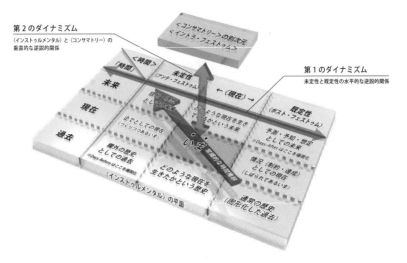

図4-1 〈時間〉を駆動する二つのダイナミズム

　図4-1の平面部分の縦軸には、「時間」、すなわち客観的時間における過去・現在・未来が位置づけられている。そして、横軸には、〈時間〉、すなわち人間の実践、私の主体性と別のものではないところの時間が位置づけられて、その両極性としての未定性と既定性が置かれている。

　この〈インストゥルメンタル〉な平面上で、右下から中央のいまを介して左上へと至る推移が、通常、「時間」において想定されている**常識的な時間推移**だと言える。すなわち、「過去」は、基本的に既定性を帯びて現れ（**通常の歴史**）、それが「しばられてあるいま」、すなわち情況（プラスにとらえれば達成、マイナスにとらえれば制約）としての現在へと繰り込まれてくる。もっとも、ここに、「あのときこうしておけば、こうなっていたはずなのに」という形で、**欄外の歴史**、すなわち未定性を帯びた過去がある程度介入してくる。同時に、「未来」は、基本的に未定性を帯びて現れ（**目的・理想としての未来**）、それが「つくりつつあるいま」、すなわち**企てとしての現在**を導いていく。もっとも、ここに、こうした自由な企てにもかかわらず改変不能なものとして想定される未来が、**予測・予知・想定**といった形で一定程度顔をのぞかせる。

　ここで、「常識的な時間推移」から外れたセル、すなわち、右上と左下の

セルにも、そうであるがゆえに理論的・実践的な重要性があることもおさえておこう。右上のセル、すなわち、既定性をもってあらわれる未来は、先述のように、通常も、予測・予知・想定という形で、私たちの生一般、そしてアクションリサーチを支えている。しかし、そうした働きを意図的に拡大化して活用することもできる点が重要である。第6章で詳細に論じるように、「まだ」起きていないことを、あえて「もう」起きてしまったことのようにとらえることには、独特の効能がある。つまり、すでにそうなることが決まっているからこそ、かえってそれに向けた自由な選択（現時点における努力）を人びとに促すという逆説的論理を通して、人びとの生活一般、ひいてはアクションリサーチを駆動する力が、そこにはある。そうでなければ、私たちは、未来予測や将来展望の活動、そして占いやおみくじにここまで傾倒しないだろう（3-1項）。

　他方で、左下のセル、すなわち、未定性をもってあらわれる過去は、先述のように、通常も、後悔や後知恵という形で、私たちの生一般、そしてアクションリサーチを支えている。しかし、上と同様、そうした働きを意図的に極限化して活用することもできる点が重要である。第5章で詳細に論じるように、「もう」起きてしまった破局的な出来事（たとえば、災害）を、あえて「まだ」起きていないことであるかのように語る実践によって、破局をすでに経験してその事後を生きる人びとに、そうではない語りとオルタナティヴな展望を準備して、生きる勇気と回復力を与える場合がある。

　さらに、以上に描出した平面全体に対して別次元に浮いた形で、〈コンサマトリー〉の次元を位置づけることができる。しかも、4-2項で詳述したように、〈コンサマトリー〉は、〈インストゥルメンタル〉に対して単に相反し対立しているのではなく、片方の徹底がもう片方へと裏側から反転して戻ってくるような複雑な逆説的関係でもって関係している点が大切であった。

　この点は、アクションリサーチの具体的な実践に対しても重要な示唆を与える。つまり、〈インストゥルメンタル〉〈コンサマトリー〉両次元が逆説的な関係にあるのだとすれば、両者の高い水準での止揚（4-2項）は、双方の折衷や中途半端な行き来を通して実現するのではなく、むしろ、いずれか一方に対する徹底したこだわりや集中的な取り組みによってこそ実現される可能性が高い。本書では、このことを示唆する事例として、「個別避難訓練タイムトライアル」（第2章）を取り上げ、この後、第6章5-2項で、この論点

について詳細に検討する。すなわち、ある特定の個人にだけ注目してその人の避難可能性を最大化するという非常に明確なミッションを掲げた本訓練を〈インストゥルメンタル〉な突き詰めの作業として位置づけ、それが〈コンサマトリー〉ないまと呼ぶにふさわしい現在を生成していくメカニズムについて検討する。

　もっとも、〈インストゥルメンタル〉〈コンサマトリー〉の間の逆説的な関係については、先に「両者の折衷や中途半端な行き来」と記した側、つまり、望ましくない状態の側から眺めると理解しやすいかもしれない。なぜなら、こうした状態が、〈インストゥルメンタル〉〈コンサマトリー〉の双方を、不誠実で、ときに醜悪なものにすら変えてしまう危険があることは明らかだからだ。たとえば、「調査前には調査対象者と『ラポール』を形成しておくとよい」といった趣旨のことが、調査上の心得としてその種の書物に記されていることがある。

　しかし、スムーズな調査遂行のために良好な関係構築が必要だという理屈、つまり、〈インストゥルメンタル〉のための〈コンサマトリー〉という理屈に、不誠実な態度が見え隠れしていることはだれもが認めるところだろう（第3章4節で研究倫理（実験倫理）について論じた箇所も参照）。あるいは、ある人との全人格的な関係（たとえば、愛）を、金銭や権力で、すなわち、何らかの限定的な目標状態を基準にしたときの「損得」をちらつかせて手に入れようとすることの浅ましさ、言いかえれば、〈コンサマトリー〉のための〈インストゥルメンタル〉の醜悪さも、容易に理解可能である。要するに、〈インストゥルメンタル〉と〈コンサマトリー〉の両次元を中途半端な近さに置いて双方を短絡させたとき、両者は共に低俗な水準へと堕落してしまうのである。

　以上を総合して、アクションリサーチの〈時間〉は、第一に、〈インストゥルメンタル〉の平面上における未定性と既定性が織りなす水平的な逆説的関係のダイナミズム、および、第二に、〈インストゥルメンタル〉の平面と、それとはまったく異次元から関係する〈コンサマトリー〉の次元との間に認められる垂直的な逆説的関係のダイナミズム —— これら二つの〈時間〉のダイナミズムから構成されていると言える。〈インストゥルメンタル〉の平面は、未定性と既定性という両極へと引き裂かれながらも、まさにその点において、未定性（未来）と既定性（過去）との連絡を絶対に手放すことは

できない。それが、「媒介・手段的」ということの意味だからである。この一事でもって、それは〈インストゥルメンタル〉という一つの次元（平面）を構成していると言える。これとは対照的に、〈コンサマトリー〉の次元は、未定性と既定性の双方との関係をトータルに脱落させ、それ自体として価値ある現在への強烈な密着を意味しているという点で、〈インストゥルメンタル〉の平面とは、まったく別次元をなしている。それが、「直接・享受的」ということの意味である。しかし同時に、4-2項および上で示したように、〈インストゥルメンタル〉と〈コンサマトリー〉の両者がまた、独特の逆説的関係で結びついてもいる。

　アクションリサーチの成否は、〈時間〉を駆動するこれら二つのダイナミズムを、研究者がどのように認識し、かつ自らがその中に巻き込まれつつ、それをいかに構想し運用していくか ── この点にかかっていると言えるだろう。4節末尾に記したように、本書の2章、5章、6章では、この目標へ向けて筆者なりにチャレンジした努力の成果を提示したつもりである。

　さて、現場での実践を重視する人の中には、研究者 ── 明晰な人 ── がもつ陥穽、すなわち、研究者がときに〈インストゥルメンタル〉の次元にのみ目を奪われ、〈コンサマトリー〉の次元の存在を忘れさってしまう傾向性をもつことを鋭く見抜き、それを批判する人もいる。「しかし彼らはあまりにも多くの場合、この陥穽が実は、その明晰の不徹底さに由来することを見抜かず、明晰さそのものの結果のごとくに、すなわち冷静な分析能力」（真木，1971，p.50）そのものの帰結のごとくに取り違えてしまう。このことにも注意を払う必要がある。

　言いかえれば、アクションリサーチを支える真の明晰は、上で指摘された限界を超えてさらに先に進まねばならない。アクションリサーチの中で、研究者が、自ら、〈コンサマトリー〉ないまを「共同当事者」として、他の共同当事者とともに「直接・享受」しながら生きる局面はありうるし、むろんそうあってよい。しかし、そうあること自体の意義と限界を自覚できないのならば、あるいは、そうあるために「みずからの明晰さに麻酔をかけるのだとしたら、それは悲惨な自己欺瞞以外の何ものでもないだろう。問題はただ、明晰さを真に徹底させること、分析理性の明晰さを止揚すること、すなわちこれを保有しつつのりこえること、実践的・総体的な論理の明晰さを獲得することにある」（真木，1971，p.51）。ここでも、第1章の末尾に掲げた精神、

すなわち、"Think practically, act theoretically"（実践的に思考し、理論的に行動せよ）の姿勢をあらためて思い起こす必要がある。

第5章 〈Days-Before〉
──「もう」を「まだ」として

あなたがドアを出て行くのを見るのが
最後だとわかっていたら
わたしは　あなたを抱きしめて　キスをして
そしてまたもう一度呼び寄せて
抱きしめただろう

『最後だとわかっていたなら』(Marek，2007 / 1989)
作・ノーマ コーネット マレック／訳・佐川 睦

1　失われた語り

1-1　被災体験のドミナントストーリー

　災害、事故など破局的な出来事によって人の命や大切なものが奪われたと
き、多くの語りが生まれる。その出来事が何であったのか、なぜそのような
ことが起こってしまったのか、どのようにして乗り越えていけばいいのか、
いや乗り越えを促すことが被災者や遺族には負担になっているのではないか。
こういった事がらが問われる中で、多くの語りが生まれる。
　一例として、東日本大震災や阪神・淡路大震災など、近年日本社会を襲っ
た巨大災害が生んだ語りについて考えてみよう。「マンションに引っ越して
いれば死なせずに済んだかもしれない」と訴える**喪失・悔恨の語り**（たとえ
ば、矢守，2010，p.100）、「私は大声で妻や孫の名前を呼び、叫び探し回る
も、あの妻の声も孫の声も聴こえず私の声だけがむなしく谷間に谺するだけ

であった……」と嘆く**苦闘・悲嘆の語り**（たとえば、金菱，2012，p.38）、自分を後まわしにして他人にわずかな食べ物を配っていた被災者のエピソードなど心打たれる**美談・献身の語り**（たとえば、成田，1996）、「子どもが成人して、きっちりするまでは死ねない」と子育てを亡くなった夫から付与された使命だと思って自分を元気づけたと述懐する**回復・克服の語り**（たとえば、樋川，2007，p.13）、次の災害を見据えて耐震化や津波避難体制の構築の重要性を説く**教訓・備えの語り**（たとえば、佐竹・堀，2012）—— こういったさまざまな語りが生まれている。

　しかし、このような語りに、共通して見逃されている「何か」があるのではないか。ただし、これは、「被災地にはまだ語られていない過酷な事実がある」、「言葉にならないことのうちにこそ被災者の本当の心情がある」といった、語り尽くされないことが残存しているとの指摘とは異なる。言いかえれば、出来事に対する言葉の原理的な不足、つまり、「表現の不可能性」や「物語の不可能性」を指摘するタイプの反省や批判（たとえば、鵜飼・高橋，1995）とは別のものである。こうした反省を携えて出来事そのものに迫っても、いやむしろ、破局的な出来事に迫れば迫るほど —— たとえば、「阪神・淡路大震災を忘れてはならない」といったかけ声のもと、ことさらにその出来事を意識すればするほど —— 遠ざかってしまうような何か、あるいは、失われてしまうような何かである。

　いわゆる**ドミナントストーリー**の概念（たとえば、野口，2009）を用いて、ここでの主張を位置づけると次のようになる。政治・経済的な、あるいは社会・文化的な資源の分布や権力関係に影響されて、私たちが出来事について語るときに依拠するフレームワークが特定のものに偏向したり、出来事の当事者が必ずしも望まないフレームワークが第三者によって公然とあるいは暗黙のうちに強制されたりといった事実があることは、これまで何度も指摘されてきた。実際、上掲の「〜の語り」という言いまわしは、災害をめぐる主要なドミナントストーリーを導く既存のフレームワークを例示するためにあえて繰り返し使ったものである。

　もちろん、野口（2009）が慎重かつ適切に指摘しているように、たとえば、「教訓・備えの語り」というドミナントストーリーがそのまま悪というわけではない。ドミナントストーリーにも多くの効用がある。しかし、本来個別具体的であるはずの多種多様な出来事が、少数の「〜の語り」に統括されて

物語化され、その結果として、それらの「～の語り」が何かを抑圧している
とすれば、アクションリサーチの観点からも、そうしたドミナントストー
リーは点検されオルタナティヴな語りが模索されてしかるべきであろう。

　これは重要なポイントなので、災害の語りを例に、この点に焦点を当てた
研究・実践を二、三例示しておこう。たとえば、上述の成田（1996）は、関
東大震災に関して、「哀話」や「美談」として整理できる語りが大量に誕生
した事実を指摘した上で、次のように指摘している。「彼・彼女の物語を語
る形式をとりながら、実際には『われわれ』の物語を記している。『哀話』
の語りは『われわれ』の価値観のもとに統一されており……（中略）彼・彼
女の固有の経験を『われわれ』の経験へと回収する役割を担った」（p.79）。
ここで告発されているのは、「哀話」や「美談」が、ナショナルなものを浮
き立たせるためのドミナントストーリーとして機能した事実であり、成田は
そこからの脱出が必要だと論じている。

　次に、災害復興研究において提起されてきた「物語復興」、「軸ずらし」、
「復興曲線」（宮本，2012；宮本・渥美，2009）を、こうした課題の解消を志
向した優れた研究・実践事例としてあげておくことができる。全国一律の復
興計画、あるいは標準的として提示される復興のタイムスケジュールとして
示されたドミナントストーリーに代えて、被災者自身がそれまでの歩みや自
ら求める復興のあり方を、「復興曲線」という形式で表現ないし可視化し、
それを支えるオルタナティヴストーリーを生み出し我がものとしていくこと
が、真の災害復興に結びつくとの主張である。こうしたオルタナティヴな語
りを既成のドミナントストーリーに対置しそれをベースにしたアクションを
おこしていくことは、理論的にも実践的にも非常に大切である。

　しかし、それでもなお、こうした試みを通しても、まさにそこからの回復
が語られ、そこからの復興がめざされる基点となる破局的な出来事の存在を
前提にし、かつそれを直接的に大きくクローズアップしている点で、これら
の新しいオルタナティヴな語り口さえも何かを抑圧しているのではないか。
つまり、こうした語りも依然として、災害をめぐるほとんどの語りがとらわ
れてしまっている、より大きなドミナントストーリーの影響下、すなわち出
来事の衝撃を踏まえた語りの影響下にあって、その陰で失われている何かが
まだ残存しているのではないだろうか。災害に関する語り（被災経験談）の
ほとんどすべてに共通して欠落している要素 ―― それは何か。

1-2 「Days-Before」と〈Days-Before〉

　その一つは、災害という出来事が起こる「前」の被災者の生活世界に関する語りである。その内容は多種多様ではあっても、また語り口はさまざまであっても、上掲の語り群の多くは、災害を起点として、その「後」について語った語り（story）であり、語り直し（re-storying）であり、あるいはまた共同の語り直し（joint re-storying）である。しかし、災害という出来事が大きな衝撃をもって人びとに迎えられるのは、単に、災害現象の物理的衝撃が巨大だからでも、その「後」の影響が深刻だからでもないはずだ。むしろ、災害がそれまでの平穏な生活や社会のありようを一変させるから、言いかえれば、災害の「前」と「後」との間の断絶が巨大だからである。

　そうだとすれば、被災について語り、また被災について聞くことの本質は、災害前後の断絶について語り、また聞くことであるはずで、そのためには、あの日の「前」について、より多くが語られ、またより多くを聞く必要がある。以下、本章では、破局的な出来事の事後において、それが起きる「前」について語った語りを、「Days-Before」の語りと呼ぶことにする。また、「前」について語ることを出来事の経験者に促すことを、「『Days-Before』のスタイルで語ってもらう」と表現することにする。

　さて、ここで非常に重要なことがある。それは、「Days-Before」の語りやスタイルが、「もう」起こった破局的な出来事を「まだ」起こっていないものとして、ないし、「まだ」変更可能なものとして語るという独特の構造を生む場合がある点である。この独特の構造は、ちょうど、4章3-2項で取り上げたこと、すなわち、「もう」起こってしまった過去の出来事が（「既定性」ではなく）「未定性」を帯びて現れるという事態に対応する。このように、単に出来事の「前」についての語りというだけでなく、それが、過去の未定化、言いかえれば、「もう」を「まだ」としてという構造を伴った語りとして現れている場合を、特に〈Days-Before〉の語りと呼ぶことにする。ここで、「Days-Before」と〈Days-Before〉の区別は、「時間」と〈時間〉の区別（第4章）と対応していることにも注意を促しておこう。

　なお、破局的な出来事の「前」についての語り、すなわち、「Days-Before」の語りが通常の被災経験談に欠落しがちであることは、実証的な

データからも明らかにされている。杉山・矢守（2015）は、市販の被災経験手記集に収録された体験談（語り）を大量に分析し、大半のエピソードが、災害が発生した「直後」から書き出されていることを明らかにしている。たとえば、阪神・淡路大震災についての経験談であれば、「5時46分」という地震発生の時間表現や「突き上げるような揺れ」という地震動の描写から書き起こしたものが多い。また、東日本大震災についての経験談であれば、「2時46分」という発災の時間や「映画のような波が襲ってきた」という津波の様子から書き始めるエピソードが多い。

2 「Days-Before」のサンプル

2-1 フィクション作品の意義

筆者が、「Days-Before」の重要性に気づかされたのは、一つには、長年にわたって共同当事者として関与してきた、阪神・淡路大震災の被災者が組織した語り部団体でのアクションリサーチ（2-3項、2-5項で後述）において、災害前後の断絶について語り聞くことの大切さに思い至ったためである。また、もう一つには、「Days-Before」のスタイルをとった、いくつかの優れたフィクション（ノンフィクション）作品 —— 冒頭に掲げた『最後だとわかっていたなら』もその一つ —— に触れたことであった。これらの作品はいずれも、「Days-Before」が、人が破局的な出来事について知る上で、つまり、それについて記憶したり伝えたりする上で重要な機能をもっている。このように感じた。しかも、斉しく「Days-Before」のスタイルをもちながら、それぞれの間にはいくつかの違いも認められた。

以下、これらの作品について順次紹介することを通して、「Days-Before」とは何かについて詳しく述べていくが、その前に、もう一つだけ準備作業をしておこう。それは、学校現場であれ福祉施設であれ、現実のフィールドで得られた語りではなく、フィクションやノンフィクション作品に登場する語りを利用して、こうした理論的考察を進めることの意義ないし正当性についての確認作業である。

まず、近年の質的研究論、テキスト論の主張を踏まえるならば（たとえば、

松島，2007；やまだ，2007a），語り（ナラティヴ）について考察するとき、フィクションとノンフィクションとの間、あるいは、文学作品や映画などを含む芸術作品と、「生の語り」や「現場の声」と称される現実の語りとの間に、架橋不能な断絶を見るのは生産的ではない。むしろ、次のような系列の中で多種多様な語りは連続体を成していて、互いに他に対して重要な示唆や洞察を与える存在だととらえておくべきである。

　ここで、系列とは次のようなものである。「出来事の当事者がその現場でなした語り」（たとえば、災害現場で交わされた電話記録）〜「研究者がインタビューという相互作用を通して出来事の事後に引き出した被災者の語り」（たとえば、インタビューの逐語録）〜「これらの語りを援用して構成されたその出来事についてのノンフィクション作品」（たとえば、ドキュメンタリー作品）〜「以上を素材として新たに構成されたフィクション作品」（たとえば、ある災害に触発されて制作された映画作品）〜「特定の経験的な出来事との接点を明示的にはもたないフィクション作品」。このような系列である。

　次に、フィクションやノンフィクション作品がもつ、いわば積極的効用に目を向けるべきである。それは、一言で言えば、こうした作品が、現実の語りよりもはるかに積極的に、語りについて新しいスタイルを模索してきた点に求められる。そうした新しい挑戦が、語りの分析方法や語りがもつポテンシャルについて、既成のナラティヴ研究一般に対して斬新で有用な視角をもたらし続けてきたのである。このことは、以下に素描する二つの代表的な事例を概観するだけでも十分理解できるであろう。

　第一に、黒澤明監督の映画『羅生門』（芥川龍之介の短編小説『藪の中』）をあげておかねばならない。この作品が、複数の相矛盾する現実が存在する事態やそうした多元的事態を構成する語りを示す用語 ――「羅生門的現実」や「羅生門的手法」―― を生むベースとなったことはよく知られている（たとえば、金井・森岡・高井・中西，2009；ルイス，1986／1961など）。つまり、『羅生門』は、出来事の意味や意義を特定する特権的な語りを一つに絞り込めると考える常識的な思考に対するチャレンジと位置づけることができる。

　第二に、クロード・ランズマン監督の映画『ショアー』や、アンドレイ・タルコフスキー監督の映画『鏡』を代表例とする作品群が重要である。これらの作品は、語りえない出来事や語ることの困難を伴う出来事に、それでも

なお語りを通してアプローチしたものと位置づけることができる（たとえば、鵜飼・高橋，1995；やまだ，2003）。別の見方をすれば、これらの作品は、出来事の渦中にあった当事者は、容易に、多くの場合だれよりも容易に、それについて語ることができるとの常識的思考に対するチャレンジである。この視点がナラティヴ研究や歴史研究に与えたインパクトも、『羅生門』同様、計り知れないほど大きい。

　本章で「Days-Before」や〈Days-Before〉について、また、次章で「Days-After」や〈Days-After〉について、それぞれのスタイルをとった語りが登場するフィクションないしノンフィクション作品群に言及するのも、同様の趣旨からである。現実のフィールドで得られる語りは、どうしても常識的で支配的な語り口、まさにドミナントストーリーに従属しがちである。実際、災害に関する語りがいくつかのドミナントストーリーの鋳型にはめこまれている事実については、1-1項で指摘した。それに対して、作品群における語りには、語りの内容、スタイルの両面で新鮮で実験的なチャレンジを試みているものも多い。また、その結果として、先に触れた〈Days-Before〉や次章で触れる〈Days-After〉の構造がより明瞭な形で表現されていることも多い。以上が、フィクションやノンフィクション作品をここでの例示に活用する理由である。

2-2 『War-Eve』と『TOMORROW 明日』

　最初に紹介するのは、国際紛争の調停のためのワークショップなどコミュニケーション・デザインの領域で、多彩な活動を展開する民間団体ASOBOTの代表伊藤剛氏が手がけた作品である。それは、『War-Eve』と題された短い映像クリップ（非公開）である（同団体については、ASOBOT，2014を参照）。

　作品の舞台は広島である。映像は、冒頭、原爆が投下された直後の広島の風景、つまりヒロシマの風景を短く提示する。しかし、画面中央に現れた「1945」のカウンターが1年刻みでバックするのに合わせて、映像の視聴者も過去への遡行を求められる。大正から昭和初期を思わせる古い映像を背景に、後年被爆者となった人びとが、被爆者になる前の自分やヒロシマになる前の広島について淡々と語る。たとえば、ある高齢男性は、やんちゃ盛りの

小学生だったときに、子ども心に「あ、きれいだな」と思った女性教師のことを語っている。

伊藤氏の次の言葉（筆者のインタビューによる）が、きわめて重要である。「当初、被爆前のことについてお聞きしたいと切り出したとき、『昔のことはあまり覚えていない。だいいち、そんなこと一度もきかれたことなかった』と言われた。でも、話し出すと滔々とお話しされるんだよね」。「一度もきかれたことがない」とは、私たちが「一度も尋ねたことがない」ということである。被災者になる前の被災者、別言すれば、被災者ではない被災者その人を、私たちはあまりに知らない。出来事の「前」に関する語り、すなわち、本章に言う「Days-Before」に私たちが目を向けてこなかったからである。

次の作品は、『TOMORROW 明日』である（原作は井上光晴の小説）。これは、1945年8月8日の長崎、原爆が投下された翌8月9日の前日を生きる人びとの日常を描いた映画である。夫のために弁当を届ける妻、身内だけのささやかな結婚披露宴、召集令状で引き裂かれようとする恋人たち……悲喜こもごもであっても、そこには明日への希望が託されている。しかし、映画を見る者は、そのすべてが翌日には奪われてしまうことを知っている。当然のことながら、そこには、翌日の出来事を知るよしもない人びとの語りがあふれている。

『War-Eve』は、実際に破局的な出来事を体験した人びと、つまり被爆者本人が、それ以前、「Days-Before」について語ったものであり、『TOMORROW 明日』は、破局的な出来事（長崎原爆）を体験することになる人びとの「Days-Before」を、プロの小説家や映画監督が作品中のセリフとして語らしめたものである。この点に相違は見られるが、双方が共に、出来事そのものやその「後」に関するおびただしい語りを生み出した破局に対して、あえて、「Days-Before」の視点からチャレンジしている点は共通している。

2-3 『はじめての社会見学』

もう一つ、筆者自身が関与しているアクションリサーチの周辺から、類例を紹介しておきたい。これは、筆者が20年近くにわたって共同当事者として活動を共にしてきた阪神・淡路大震災の語り部団体「語り部KOBE1995」

図5-1 『はじめての社会見学 ── アッコちゃん ありがとう』

のメンバーに関する事例である。同団体については、本書の姉妹編となる前著（矢守, 2010）でも詳しく紹介した。この団体のメンバーの一人に、当時小学校5年の長女（aさん）を亡くしたAさん（aさんのお母さん）がいる。Aさんは、2004年、つまり大震災から9年目に、aさんに関する絵本『はじめての社会見学 ── アッコちゃん ありがとう』を出版した（図5-1）。矢守（2010）は、9年目という一見半端にも映る年がAさんにとってはけっしてそうではなく、aさんが成人するはずの大切な年であることに筆者がすぐには思い至らなかった不明についても記している。

　この絵本は、aさんが小学校4年生のとき、同級生と二人で出かけた初めての社会見学について描いている。aさんのわくわく感、それを見守るお母さんの不安、無事帰ってきたときのほっとした気持ち ── 。出来事（阪神・淡路大震災）がなければ、つまり、それが、破局的な出来事の「前」として位置づけられなければ、これは「何でもない話」かもしれない。Aさん本人にとってすらそうだったかもしれない。だからこそ、Aさんの被災経験談には、『はじめての社会見学』はこれまで登場してこなかったのだ。

　しかし、私たちは、破局の「前」を描いた『はじめての社会見学』に、まずはしっかりと耳を傾けるべきではないだろうか。Aさんとその時点で5年以上もつき合いのあった筆者自身もそうであったように、被災体験の語りを聞く者は、大震災で亡くなったaさん、大震災で深く傷つきその後を生きる

Aさんにばかり目を奪われがちである。同時に、Aさん（語る側）にも、社会（周囲）が被災者に求め期待する内容を先どりし、それに合わせて語りを構成する一面がある（渥美・高野, 2007；矢守, 2010）。この結果、大震災以前の自分自身や元気にしていたaさんとの日々について、Aさんは「一度もきかれたことがなかった」し、私たちは「一度も尋ねたことがなかった」のだ。だからこそ、Aさんは『はじめての社会見学』を自ら出版したのだろう。ここにも一つ「失われた語り」、すなわち、「Days-Before」があったことになる。

　震災の語り部団体で筆者がこれまで実施してきたアクションリサーチ（矢守, 2010）には成果とともに限界があったと、「まえがき」および第4章1節で振り返っておいた。ここで、その意味について今少し詳細に記すことができる。つまり、前著で紹介したアクションリサーチは、総体として、「時間」の中で、同団体における語りの内容や形式がどのように変化したかという議論にとどまっていた。そのため、〈時間〉の変容を伴う語りの変革にはまだ至っていなかった。『はじめての社会見学』は、「Days-Before」の重要性について気づかせてくれたし、ひいては、〈Days-Before〉（つまり、「時間」ならぬ〈時間〉）がもつポテンシャルに筆者の目を向けてくれたのだった。

2-4 『8年後の君へ』

　破局的な出来事を経験した人びとが、その出来事をまったく意識することなく事後の語りを構成することは一般には困難である。また、出来事で亡くなった方々については、その出来事やその「前」について、現時点では話を聞かせてもらうこと自体が不可能である。その意味で、「Days-Before」は、破局的な出来事を経験した人びとが、それでもなお、あえて出来事の「前」について語ること、または語るよう促すことを、通常は伴うと言える。

　もっとも、出来事の「前」をそのままの形で、事後のこの時点に再生することが可能な場合がある。それが起こる以前に残された**事前記録**の類い（メモにせよ、日記にせよ、録音・録画にせよ）である。たとえば、災害で亡くなった方がその直前まで使っていた手帳が残されていたとしよう。とりわけ、出来事の後の日付欄に記されたいくつもの予定や計画に、遺族はむろんのこと私たちは特別な感情をもたないわけにはいかない。この事実からも、事前

記録（そこに残された語り）が「Days-Before」の一端であることがわかる。

　具体的な事例を東日本大震災から一つだけ引いておこう。それは、いわゆる「タイムカプセル」の一種で、一時全住民が町域外に避難し、本稿執筆時点（2017年4月）でも町内に帰宅困難地域が残存するなど、原子力発電所事故の深刻な影響を今も受け続ける福島県富岡町での事例である。同町の第二小学校では、12歳になる6年生たちが、毎年、「8年後のお父さんお母さんへ……」と題された絵手紙を、また、保護者は「8年後の君へ……」と題された絵手紙を書いていた。それらの絵手紙が、当時の6年生たちが二十歳を迎えた2014年（平成26年）1月、同町の成人式で展示された。住所も宛名も記された絵手紙は、8年後、成人の日に各家庭に届くはずであったが、全町民が全国各地での避難生活となったために、成人式会場内での展示となったという（富岡町の震災日記, 2014）。絵手紙には、親が子を、子が親を想う言葉が、むろん破局（東日本大震災）をまったく前提にすることなく記されている。

　私たちはときに、こうした言葉、すなわち、破局的な出来事の「前」に記録された言葉のほうに、それについて直接的に語った言葉よりも強い衝撃を受けることがある。その主因は、1-2項で指摘した通り、私たちが出来事から受けるインパクトが、出来事単体の衝撃の大きさというよりも、出来事の「前」と「後」との間の断絶の巨大さに由来するものだからであろう。

2-5　1.16の語り ── 筆者らの取り組み

　筆者自身も、上で紹介した事例に触発され、また、「語り部KOBE 1995」における活動を見直す中で、阪神・淡路大震災、東日本大震災などの被災者に、災害の「前」について話を聞くアクションリサーチを進めている。その詳細は、別所で報告済または報告予定なので（杉山・矢守, 2015; 杉山・矢守, 投稿中）、ここでは、ごく簡単に、成果の一部を紹介しておこう。

　「15、16と連休になりましたから、娘は、下の従妹と一日中遊んで、夜もぎりぎりまで遊んで。昨日や今日遊んだ楽しいことをお友だちに話すということで、ニコニコとうれしそうに眠ったんですよね」（Aさん）。

「16日の夜、次男が2階へ上がってきて、お父さん、一緒に風呂行きましょ
うって。ほな行こかって。そんなこと今まで1回もなかったんやけどな。風呂屋
では、いろいろ話したわな。大学の生活とか、卒業したらどないするとか」（B
さん）。

　Aさんは、2-3項で紹介したAさんである。Bさんは、当時大学2年生の
息子さんを亡くしたお父さんである。二人とも、阪神・淡路大震災の語り部
団体「語り部KOBE1995」のメンバーである。紹介した言葉は、いずれも、
大震災から20年目を迎えた年（2015年）に、「大震災の前の日についてお話
を聞かせてください」との筆者らの依頼に応えて話してくださったものであ
る。お二人の「Days-Before」のお話に耳を傾けると、巨大な災害が奪った
ものがよくわかる。それは、そのときにはむしろ何でもないもの、つまり、
日常の平凡な出来事や暮らし —— 第4章で導入した言葉を使えば、現在がも
つ〈コンサマトリー〉な性質 —— であり、そこから見通される明日への展望
である。

3　「Days-Before」がもたらすもの

　前節で概観した「Days-Before」に関して、本節では、それが何をもたら
すのかについて考察することにしよう。この考察がなぜ重要かと言えば、語
りを変えることで、人びとの認識が変わり行動が変わり社会がまた変わる可
能性があるからである。すなわち、災害の経験の記録・記憶、伝承・共有、
そういった実践のベターメントを図るアクションリサーチにとって、語りの
スタイルの変更は重要な意味をもつと考えられるからである。言いかえれば、
筆者が「Days-Before」に注目するのは、単に分析的な興味からだけではな
い。第2章の「タイムトライアル」が既存の避難訓練法に対してそうであっ
たように、語りを通じた災害体験の継承に関する既存の社会実践に対して、
「Days-Before」が —— 特に〈時間〉（第4章）の観点から —— 現状のベター
メントのための基軸ツールになると考えているからである。
　実際、「Days-Before」は、これまでの記述からも示唆されているように、
単に、従来あまり話されなかった破局の前日やそれ以前に関する言及を増大

させること以上の効果をもつ。特に、1-2項で指摘した通り、〈Days-Before〉、つまり、「もう」を「まだ」としてという構造、言いかえれば、**過去の未定**化を伴う構造を「Days-Before」が誘発する点は重要である。この「それがまだ起きていないとしたら」という反実仮想の語りの構造は、筆者の見るところ、第4章4節で導入した〈インストゥルメンタル〉と〈コンサマトリー〉という二つの側面それぞれに対して注目すべき効果をもたらす。

　少し復習をしておくと、〈インストゥルメンタル〉とは、「媒介・手段的」という意味であった。この現在が、未来のための大切な足場となったり（逆に言えば、捨て石にされたり）、過去からの大切な実績となったり（逆に言えば、重荷や制約となったり）しながら、いずれにしても、未来や過去との関係で「媒介・手段的」な機能を果たしている場合、〈インストゥルメンタル〉な側面が現在をより強く支配している。対照的に、この現在を、一切の「媒介・手段的」な枠組みから解き放ち、「媒介・手段的」な機能連関を土台から突き崩してしまうような、まったく別個の現在のあり方が〈コンサマトリー〉である。「今ここにある、ひとつひとつの関係や、ひとつひとつの瞬間が、いかなるものの仮象でもなく、過渡でもなく、手段でもなく、前史でもなく、ひとつの永劫におきかえ不可能な現実として、かぎりない意味の彩りを帯び」（真木，2003a，p.211）て、それ自体として「直接・享受的」な対象としての現在である。

3-1　後知恵 ── 〈インストゥルメンタル〉への影響 (1)

　「Days-Before」が、〈インストゥルメンタル〉な側面にポジティヴな効果をもたらしうることを典型的な形で示しているのが、「一日前プロジェクト」である。このプロジェクトは、内閣府（防災担当）が2006年度（平成18年度）から推進しているものである。同プロジェクトの報告書の冒頭には、「災害の恐ろしさ、事前に備えておくことの大切さを国民のみなさんに気づいてもらう一つの手段として、この『一日前プロジェクト』が誕生しました。『もし、災害の一日前に戻れたら、あなたは何をしますか？』の問いをきっかけに、災害対応の経験や被災体験を失敗談を含めて語っていただく……（後略）」（内閣府，2013）と記されている。

　直ちにわかるように、「一日前プロジェクト」で焦点になっているのは、

災害を回避しえた可能性や機会、すなわち、〈インストゥルメンタル〉な意義がそこに集中していたと見なしうる限りでの一日前である。むろん、将来起こるかもしれない災害に対する備えを進めようとする実践は、他にも無数にある。しかし、「一日前プロジェクト」では、「もう」起こってしまった災害を体験した人びとに、あえて、それが「まだ」起こっていない一日前に回帰して語ること（「もし一日前に戻れるなら、せめて非常用持出袋くらい準備しておくでしょうね」）を求めている点で非常にユニークである。

こうしたアプローチは、オーソドックスなナラティヴ論の中にもしかるべき位置づけをもっている。たとえば、フリーマン（2014/2010）が、その著書『後知恵』の中で強調していることもそうである。彼は、過去を振り返ることには希望と危うさの両方、喜びと苦痛の両方があると論じ、これら両側面に目配りした上で、前者の側面、言いかえれば、hindsight（後知恵）がそのままinsight（洞察）の鍵でもあるとの側面に目を向ける。破局的な出来事の「前」の時点に立ってそれを予見しようとしているときには容易に見えなかったことが、「後」の時点からそれを回顧すると容易に見えることがある。これは、まさに、「もう」を「まだ」として語ることの効果である。この「後知恵」のメカニズムを利用して、「一日前プロジェクト」は、「Days-Before」のスタイルから〈Days-Before〉の構造を引き出している。こう言いかえてもよい。

他方で、「Days-Before」のスタイルや〈Days-Before〉の構造を利用してはいるものの、「一日前プロジェクト」が、別の側面からみれば、「教訓・備えの語り」というドミナントストーリーの影響下にあることも事実である。このことは、次のようなエピソードを考えてみればよくわかる。阪神・淡路大震災後、防災・減災対策として、事前における耐震化の推進と事後における助け合いや救援活動の強化、このいずれが重要かと論争になった（論争は、今も続いている）。この際、耐震化のほうが重要だと説いた研究者が、反対論者に対して、阪神・淡路大震災では死因の約80パーセントが圧死であったことを示すデータを示しつつ（第1章3-3項も参照）、次のように主張したことがあった。「死者が生きていれば何と言うだろうか、おそらく『耐震補強こそ必要だ』と言うはず」と（たとえば、目黒，2001）。

ここでのポイントは、両陣営のいずれに軍配が上がるかを考えることではない。両陣営が共にとらわれているフレームワークを見極めることのほうが

重要である。「耐震補強こそ必要」はもちろん、競合相手の「救援活動強化のほうが大切です」もまた同時にその枠内にあるフレームワークの見極めである。それこそが、「教訓・備えの語り」というドミナントストーリーである。「災害の恐ろしさ、事前に備えておくことの大切さを国民のみなさんに気づいてもらう一つの手段として」と銘打たれている「一日前プロジェクト」は、それ自体、防災・減災に資する「媒介・手段」としての前日、つまり、〈インストゥルメンタル〉な意味での前日というフレームワークを、語る者に強いているのである。実際、このプロジェクトへの投稿者（あるいは、死者）が、「一日前なら、わたしは、あなたをもう一度呼び寄せて抱きしめただろう」と語る可能性も十分に想定できるが（この後の3-3項を参照）、「一日前プロジェクト」からはこうした側面は陰に陽に排除されている。

3-2　後悔とサバイバーズ・ギルト ── 〈インストゥルメンタル〉への影響 (2)

「Days-Before」は、破局的な出来事（災害）の前日やそれ以前についての語りであった。この際、『はじめての社会見学』（2-3項）のように、体験者によって自発的に提供された「Days-Before」に耳を傾けるのではなく、2-5項で紹介した筆者自身のプロジェクトがそうであるように、インタビューという形で第三者からの依頼を通じて意図的に語ってもらう場合、きわめて慎重な扱いも求められる。これは、特に、出来事の前日（直前）についての語りに該当する。つまり、語ることが、当事者の意向に反した強要になっていないのか、心身にマイナスの影響を及ぼしていないのか。こういったことを慎重に見極め、かつ十分配慮することが肝要であろう（その理論的な意味については、4-1項で再度取り上げる）。

出来事の（直）前は、たとえば、「あの日、もう一晩泊まっていけなどと言わなければ……」といった悔恨の言葉（これは、2-5項で紹介したBさんの実際の言葉）に典型的にあらわれているように、悲劇的な出来事を回避しえた可能性の極大としての位置づけをもつ。その人の命を助けるために、そのための「媒介・手段」として、これ以上ない場面に自分は居合わせていたにもかかわらず、みすみすそれを逃してしまったというわけである。

これは、**サバイバーズ・ギルト**（生存者の罪責感）と呼ばれている現象に他ならず、「もう」を「まだ」として語ることが随伴するマイナスの効果で

ある。「Days-Before」のスタイルが〈Days-Before〉の構造を導き、過去の未定化が当事者に苦しみを与える方向で生じているのである。「一日前プロジェクト」では、その有効活用が図られた同じメカニズムが、マイナスのほうに転じてしまう。「あれもできたはず、こうもできたはず」と生存者が悔やむこと（その多く）は、まさに「後知恵」として生じているのだが、それにもかかわらず、当事者にはそうは思えない（その時点でそれができたはずと思える）ことに、サバイバーズ・ギルト現象の核心はある。

3-3 「色即是空と空即是色」── 〈コンサマトリー〉への影響

　ここで、本章の冒頭に掲げた『最後だとわかっていたなら』に回帰してみよう。この詩集の表題、『最後だとわかっていたなら』とは、まさしく、「一日前だったら」ということである。しかし、この詩が描く世界やそこから私たちが受ける印象は、「一日前プロジェクト」とはまったく異質である。つまり、この詩は、〈Days-Before〉について考えることは、私たちに、「一日前プロジェクト」に象徴されるような世界 ── 前項ではそれを〈インストゥルメンタル〉な影響と総称した ── だけではなく、それとはまったく異なる別様な影響を及ぼしうることを示唆している。それこそが、〈Days-Before〉が有する〈コンサマトリー〉な側面に対する影響である。

　真木（2003b）に、「色即是空と空即是色」と題された短い論考がある。その中で、戦争犯罪人として裁かれる元軍人たちの手記に、共通した特徴があることが指摘されている。死刑の判決を受けて、判決を受けるために連れられた建物から収容所へと戻る道で、光る小川や木の花に、かつて知ることのなかった鮮烈な美を発見する死刑囚が多いというのである。同様の指摘は他にも多数あり、たとえば、生と死の境界にある人びとがしばしば天気について語る理由について説得的に論じたやまだ（2007b；2007c）は、その代表例である。

　この点について、真木（2003c）は、こう分析している。長年かけて身についた価値や目標、たとえば、国家の価値体系、軍人としての役割意識、戦略戦術的身構えなどの一切合切が、死刑判決によって一気に解体されたとき、「不可避のものとしての死への認識が、いったんは意味論的な回路を獲得した精神の、『未来』への意味の疎外をとつぜんに遮断するので、現在のかけ

がえなさへと逆流した意味の感覚が、世界を輝きで充たす」（真木，2003c，p.152）。死刑囚が自らの死という出来事を不可避のものとして受けとめた後、つまり死刑判決を受けた後に得られる語りにおいて、〈コンサマトリー〉、つまり「直接・享受的」な価値をもつ今このときが極大化するというのである。

　「Days-Before」がもたらすもう一つの影響、すなわち、〈コンサマトリー〉な影響も、これと同じメカニズムを通して生じると考察される。なぜなら、「前」からそこにあったはずの光る小川や木の花の鮮烈な美しさに「直接・享受」すべき〈コンサマトリー〉な価値を感じとった死刑囚たちを衝き動かしたものと、「昨日や今日遊んだ楽しいことをお友だちに話すということで、ニコニコとうれしそうに眠ったんです」と震災前日の娘の様子を振り返る母親や、「もう一度呼び寄せて抱きしめただろう」と書いた詩人が、出来事の「前」に見いだしたものとは同じだからである。この現在に「媒介・手段」的な価値を供給するための最終的な参照点として機能していたもの —— たとえば、軍人としての達成、我が子の将来など —— が突如しかもトータルに剥奪されたことの反動として露呈した現在の〈コンサマトリー〉な価値が、それである。

　さらに、これらの語りを聞く私たち（その多くは将来起こるかもしれない破局的な出来事の「前」を生きている）も、通常なら見逃してしまいがちなコンサマトリーな価値を、今に見いだすことになる。なぜなら、「真に明晰な意識にとっては、われわれすべては死刑囚」（真木，2003c，p.152；傍点引用者）だからである。すなわち、私たちはみな、潜在的には常に破局的な出来事の直前を生きており、今日がまさにその日かもしれないのだ。『最後だとわかっていたなら』がすべての人の心に響き、〈Days-Before〉の語りが喚起したあのときのコンサマトリーな価値がそのまま自分自身の今このときへと折り返されてくるのは、このためである。なお、この点については、〈Days-After〉をテーマとした第6章5節でもう一度詳しく論じる。

　ここまでの議論を別の角度から傍証してくれる事例を追加しておこう。津波によって「すべてが流された」という事情が影響したためだと思われるが、東日本大震災では、定点観測、写真修復の実践が目立った。定点観測とは、典型的には特定の場所を見定めてその場所が破局的な出来事（津波被害）に見舞われる以前のあの頃、出来事の直後、さらにその後と、時を置いて撮影された複数の写真を一覧する試みである（たとえば、NPO法人20世紀アー

カイブ仙台, 2011)。また、写真修復とは、津波によって汚損した家族アルバム等 —— これもまた破局の「前」の凝縮物である —— をきれいに修復して持ち主に戻そうという活動である（たとえば、舩木, 2012）。

　これらの写真が私たちを戦慄させ、ときに修復ボランティアといった主体的な関与を引き起こさずにおかないのは、私たちがそこに大きな破壊を見るからではない。むしろ逆に、圧倒的な日常性、つまり、その破局を経験しなかった —— しかし、次の破局を経験することになるかもしれない —— 自分たちのそれとまったく変わらない日常、すなわち、ごくふつうの家族写真や何でもない街角の光景をそこに見るからであろう。別言すれば、今、目にする街角の光景が「何でもない」のは、あわただしく職場に向かう途上といった〈インストゥルメンタル〉な事情によって曇らされた感受性のためである。突如、その光景が物理的に消失したり、職場に出かけることが不可能になったりした状況を想像しえたとき、あるいは、実際にそうなった人びとの感覚をありありと感受しえたとき、「何でもない」日常がもつ〈コンサマトリー〉な意義が一気に真に迫ってくる。定点観測や写真修復は、〈Days-Before〉の語りが賦活する出来事を前にしたあの頃の〈コンサマトリー〉な価値が、今このときの〈コンサマトリー〉な価値へと転移してゆくプロセスのあらわれなのである。

4　〈インストゥルメンタル〉と〈コンサマトリー〉の交絡

4-1　〈Days-Before〉の徹底がもたらすもの

　3節で、「Days-Before」のスタイルで語ること、またそのスタイルでの語りを聞くことが、〈Days-Before〉の構造を通して、すなわち、過去の未定化（「もう」を「まだ」としての構造）を通して、〈インストゥルメンタル〉〈コンサマトリー〉の両側面に、しかもポジネガ両面の影響を及ぼしうることを明らかにした。しかし、両側面への影響はけっして独立して存在しているわけではない。両者は相互に影響し交絡している。

　これは、〈インストゥルメンタル〉と〈コンサマトリー〉について、第4章4-2項で次のように位置づけたことに対応する。アクションリサーチにお

ける〈現在〉は、**目標状態の実現に向けて歩みを進める〈インストゥルメンタル〉**な意義をもたねばならない。つまり、「媒介・手段」的意義のある〈現在〉である必要がある。他方で、それと同時に、それ自体が**新しく充実した生き方の実現**、つまり、それ自体として「直接・享受」することのできる〈コンサマトリー〉な意義をもつ〈現在〉でもあるものとして構想されねばならない。

　以下、この点について、映画作品『ミッション：8ミニッツ』（ダンカン・ジョーンズ監督：2011年）を題材に考察を進めるが、その前に、後論に必要な事項について、これまでの論述を振り返って復習しておこう。「Days-Before」のスタイルによって活性化された〈Days-Before〉の構造、すなわち、「もう」を「まだ」として受けとることは、破局的な出来事（たとえば、起きてしまった災害）をそうであるほかない既定的なものとしてではなく、他にもやりようが十分にあった（選択可能性があった）ものとして登場させることになる。この過去の未定性、特に、〈インストゥルメンタル〉な次元における未定性は、サバイバーズ・ギルトとなって被災者を苦しめる。選択可能性を実際に確かめようとして、つまり、たとえば家族を救うすべは本当になかったのかを確認しようとして、被災者はその選択可能性があったと思える時点へと、そこで起きたことが最も辛い出来事であるにもかかわらず強迫的に回帰してしまうのだ。これがフラッシュバックである（矢守，2011）。

　こうした病理的な状態の緩和策として一般に用いられるのが、「喪のプロセス」、「悲嘆の受容」、「グリーフケア」と言われている過程である（第4章3-2項）。そこで予示したように、筆者の考えでは、その道のりは大きく分けて二通りある。一つは、上記の過程が共通してもつ特性で、未定性に支配された「過去」に既定性を再導入することによってベターメントを図ろうとする方向性である。広い意味での「弔い」という行為が、それにあたることについては、矢守（2013）でもすでに論じた。もう一つが、『ミッション：8ミニッツ』を題材にここで探究する方途で、すでに未定性が浸潤している「過去」に、むしろ逆に、より徹底した未定性を注入することで、逆説的に、既定性（本来の「過去」）を呼び戻し、結果として、より本質的なベターメントを実現しようとする場合である。そして、〈インストゥルメンタル〉と〈コンサマトリー〉の交絡は、まさにこの道のり ── 〈Days-Before〉の**徹底** ── で実現される。

4-2 『ミッション：8ミニッツ』

　『ミッション：8ミニッツ』は、パラレルワールドもの、ループものと呼ばれるSFサイエンスの一種で、もちろんフィクションである。戦場で瀕死の重傷を負ったコルター・スティーヴンス陸軍大尉は、特殊な設定のもとで、「もう」起きてしまった別の出来事（列車爆破テロ）の直前の世界（まさに、出来事の「（直）前」である）に、その場に居合わせ亡くなったはずの別の男性ショーンとして転送される —— 爆破テロを未然に防ぐというミッションを伴って。特殊な設定とは、死者（この場合ショーン）には絶命直前の8分間の記憶が残存しており、その意識から過去を擬似的に再現できるというものである。この8分間のショーンの記憶を移植されたコルターがショーンの姿となって直前8分間の世界に転送されるというわけだ。

　コルターは、当初、自分の身に何が起きたのかまったくわからない。そもそも自分が自分でなくなっているらしいのだから、それももっともなことで、自分を恋人（ショーン）だと誤解して話しかけてきているらしい女性クリスティーナの言動に戸惑うばかりである。しかし、やがてコルターは自らが置かれた立場をそれなりに理解し受け入れ、ショーンとなって8分間の間に犯人を突き止め爆破を防ぐべく格闘を開始する。しかし、ミッションは幾度となく失敗し、自らを含むすべてが吹き飛ぶ。その度にミッション、すなわち、破局的な出来事の8分前の世界への転送は、何度も繰り返される。ただし、ただ繰り返されて振りだしに戻るのではなく、その度ごとに学習し、その結果としてショーン（コルター）の恋人クリスティーナとの関係を含め、周囲の人びととのやりとりも微妙に変化していく ——。

　『ミッション：8ミニッツ』は、仮に、文字通り、破局の直前に回帰してそこで選択をやり直すことが可能になったらと想定したSF的な世界を描いている。この意味で、この映画が描く出来事の直前8分間を観る者は、「もう」をあえて「まだ」として生きる人物（姿形はショーンであるところのコルター）をそこに見る。また、それは、非常に明快な〈インストゥルメンタル〉な目標、つまりミッションを携えてその時を生きる人物である。つまり、『ミッション：8ミニッツ』は、まさに〈Days-Before〉の徹底、とりわけ、その〈インストゥルメンタル〉な側面の徹底なのである。加えて、私たちは、

その周囲に、破局的な出来事の直前だとは夢にも思わないまま、都心へと向かうごくふつうの列車の乗客としてその時を生きる人たちを見る。もちろん、クリスティーナもその一人である。この点で、『ミッション：8ミニッツ』は、徹底した〈Days-Before〉を生きることが、本人や周囲の人びとに何をもたらすのかを考察する上で、またとない素材である。以下、この映画の展開から示唆される二つのポイントに注目する。

　なお、本作品は、第6章で扱う〈Days-After〉（「まだ」を「もう」として）の視点からも興味深い。〈Days-Before〉と〈Days-After〉とは、実際には相互に関連しているからである。『ミッション：8ミニッツ』が〈Days-After〉に対してもっている意味については、第6章5節で別途詳述する。

4-3　「最後の瞬間まであなたと」

　第一に、破局的な出来事が起こる前のその時その場、つまり何でもない列車の車内が、ミッションがもちこまれることによって、〈インストゥルメンタル〉な志向性だけを帯びたとげとげしいものに変貌していくわけではない点が、重要なポイントである。むしろ反対である。〈インストゥルメンタル〉なミッションの反復、そして、その失敗の反復（この反復は破局の前後を撮った定点観測写真を繰り返し提示されるのと似ている）を通して、8分間が、爆破を防ぐための媒介・手段的な価値をもった時間から、それ自体かけがえのない〈コンサマトリー〉な時間へと変化していくのである。このことは、典型的には、コルターのクリスティーナに対する、そしてクリスティーナのショーン（コルター）に対する心情の変化として表現される。何度目かの爆発の直前、今この瞬間が「最後だとわかっている」ショーン（コルター）に、「（人生が）あと1分しかないとしたら」と問いかけられて、クリスティーナは「最後の瞬間まであなたと」と応じる。

　破局的な出来事の「前」は、当初、二人にとって、〈インストゥルメンタル〉な価値の極大であった。どうすれば8分間で爆破を防げるのかというミッションに支配された「直前」の時間は、どうすれば24時間で災害の被害を軽減できるのかを問うた「一日前プロジェクト」における「直前」の時間と同型であった。しかし、その後、それは、「最後の瞬間まであなたと」へと変貌する。そういった〈コンサマトリー〉な価値の極大としての「直

前」という性質がむしろ前面にせり出してくるのだ。〈インストゥルメンタル〉な〈現在〉の徹底が、逆に、「色即是空と空即是色」や『最後だとわかっていたなら』が描き出したような、何でもない日常（通勤列車の光景）の価値へと反転していくのである。

4-4　出来事を横断するもう一つの〈ワールド〉

『ミッション：8ミニッツ』が示唆する二つめの重要ポイントは、映画の終盤、コルターがミッションの反復の果てに下す決断にあらわれている。彼は、瀕死の状態にあるものの生命維持装置を通じて生きている自分の肉体（いわば、母艦）に還ることを拒否し、ミッションの世界で生きることのほうを選択する。作品の中でこうした選択が可能になることは、いくつかのパラレルワールド（並行世界）が成立するとの設定のもとで保証されているが、ここで大切なことはそうした設定の細部ではない。より重要なことは、同種のパラレルワールドが、破局的な出来事の「後」を生きる人たち（遺族など）に対して「Days-Before」の語りを通じて現実に開けてくることはありうるし、同時に、そのことがこれらの人たちの生の支えになりうることである。

2-3項と2-5項で紹介したAさんは、筆者らによる「Days-Before」の試みの中で（杉山・矢守，投稿中）、地震で亡くなった娘（aさん）について、「甘えん坊で自主性のないaちゃん」であったことをあらためて自覚する。「亡くなるまではダメな子だと思っていましたから」と。しかし、同時に、「結構学校でリーダーシップがあって、世話焼きだった」ということを、aさんの死後知る。しかも、同じ対照関係がそのままスライドしてAさん自身にも該当するものとして語られる点が重要である。「今は、こんな話してますけど［語り部活動を熱心にしているという意味；引用者］、それまでPTAもしてませんでしたし、人の前の立つことは一切してませんでした。1.17がなければ寡黙なお母さんで……」のように。

これらの語りが、「Days-Before」による働きかけによって初めて現れた点が大切である。先に述べたように、筆者はAさんとは、阪神・淡路大震災後、20年近くにわたって個人的関係をもっている。しかし、「Days-Before」のスタイルで話をうかがう以前には、この種の話はAさんの語りに

はまったく登場しなかった。Aさんの語りは、いつも、激しい揺れで倒壊してしまった自宅の下にaさんと一緒に埋もれていたときに体験した「完全な闇」に始まり、その後救出されたものの、病院でaさんを亡くすところで終わっていた。「Days-Before」を語ることは、たしかに、「助けてあげられる可能性があったはず」という意味、すなわち、〈インストゥルメンタル〉な意味での〈Days-Before〉を喚起し、それはAさんを苦しめる方向にも作用しうるだろう。しかし、上記の語りの内容は、むしろ、そのAさんがその状態を突き抜けたこと、言いかえれば、現実に〈インストゥルメンタル〉が〈コンサマトリー〉へと転換・交絡した様相をAさんが生きていることを示唆しているように思われる。

　それは、こういうことである。Aさんには、災害による娘の死を境界面とする二つの世界 ── 「事前の世界」と「事後の世界」 ── が妥協の余地なくきびしく対立する〈ワールド1〉が、まずは存在していると考えられる。この〈ワールド1〉では、過去が未定化し、「事前の世界」から「事後の世界」への移行は阻止しうる（「娘の命を守ることができたはず」）とAさんには受けとられている。しかし同時に、それがAさんのフラッシュバックやトラウマの原因であることについては上で指摘した。実際、「PTSDと診断されていた頃」（Aさん談）、Aさんには、娘がいる「事前の世界」と娘がいない「事後の世界」、この区別が唯一絶対的に重要な意味をもつ〈ワールド1〉だけが開けており、それがAさんの苦しみの原因だったはずだ。

　これに対して、「Days-Before」の取り組みを通して、言いかえれば、これまでとは異なり、出来事の「前」について明示的に、かつ筆者ら第三者を前に語ることを通して見えてきたのは、「ダメな子＆寡黙なお母さんの世界」と「リーダーシップがある娘＆人の前に立つお母さんの世界」から構成される別の〈ワールド2〉である。こちらの〈ワールド2〉における二つの世界は、〈ワールド1〉における二つの世界（「事前」と「事後」）とは違って、けっして完全に断絶していない。お母さんががんばれば娘もがんばるし（「第二の世界」）、お母さんが消極的になれば娘も手を抜いてしまう（「第一の世界」）。こうして「リーダーシップがある娘」の励ましの声を聞きながら、Aさんは「人の前に立つお母さん」として娘と共に生きていくことができる。

　ここで重要なことは、〈ワールド2〉が、事前すなわち過去にまったく存在しなかったわけではないという点である。「親が見る目と、社会の目、子

どもの目は違っただけ」（Ａさん談）である。しかし、事前においては、〈ワールド2〉はＡさんに対しては顕在化していなかった。それが表に出てきたのは、出来事の事後、しかも、「Days-Before」の語りを通してである。「前」からそこにあったはずの世界の〈コンサマトリー〉な価値に、破局的な出来事が光を当てたのである。こうしてＡさんは、〈ワールド1〉においては、その前後を完全に断絶させてしまう災害を横断する形で、過去から（再）浮上してきたもう一つの世界〈ワールド2〉を、娘のａさんと共に生きていくことができる。

5 アクションリサーチとしての〈Days-Before〉

　本章では、「Days-Before」のスタイルで語ることが、「時間」ならぬ〈時間〉の上に、〈Days-Before〉の構造、つまり、過去の未定化（「もう」を「まだ」として位置づけること）という独特の効果をもたらすことについて論じてきた。語りのスタイルを変えることは、人びとの認識を変え行動を変え、また社会を変えることにつながる。言いかえれば、「Days-Before」が重要なのは、それが災害の経験の記録・記憶、伝承・共有、そういった社会実践のベターメントにつながるポテンシャルがあるからである。

　第4章3-2項で、「Days-Before」のスタイルによって、すでに未定性が浸潤している「過去」により徹底した未定性を注入すること（〈Days-Before〉の構造）が、逆説的に既定性を呼び戻し、結果として、より本質的なベターメントを実現する場合があること、および、そのことのほうが理論的には興味深く、かつ最終的には実践的にもより本質的な変革へとつながる場合があることを指摘しておいた。同時に、第4章4-2項では、アクションリサーチにおける〈インストゥルメンタル〉と〈コンサマトリー〉との間に見られる、一見したところ単純な対立・葛藤と映る関係は、高い水準で止揚することが可能であるし、またその方向へとアクションリサーチを導いていくことが重要であるとも指摘した。

　これまで見てきたように、本章の内容は、これらの指摘に対する、より具体的な応答であり、より突っ込んだ考察である。すなわち、本章の記述は、第4章でその可能性を示唆した〈時間〉に働きかけることを基軸としたアク

ションリサーチのポテンシャルについて、特に〈Days-Before〉(「過去の未定性」) の方向から筆者なりに探った試みである。同じことを〈Days-After〉(「未来の既定性」) の方向から探究したら何が見えてくるか。それが、次章の課題である。

第6章 〈Days-After〉
── 「まだ」を「もう」として

　ノアは、やがて来るかも知れない破局的な出来事について、周囲の人たちに
再三警告していたが、だれも真剣にとりあってくれない。そこで、彼は、古い
粗衣を纏い、頭から灰をかぶった。これは喪った肉親を哀悼する者にだけ許さ
れる行為だった。すぐに彼の周りに人だかりができた。「だれか亡くなったので
すか?」、「亡くなったのはほかならぬあなたたちだ」。意外な回答を怪しむ人びと
とが「それはいつ?」と尋ねると、「明日だ、明日を過ぎれば、洪水は『すでに
おきてしまったこと』になるだろう。……(中略)……私があなた方の前に来
たのは、時間を逆転させるため、明日の死者を今日のうちに悼むためである」。
この後、ノアは自宅に戻り、方舟造りを再開する。晩になると、一人の大工が
門を叩き、ノアに言った。「方舟造りを手伝わせてください。あの話が嘘になる
ように」。そして、さらにその後、屋根葺き職人がノアの自宅を訪ねた ── 。

『灰をかぶったノア』(ギュンター・アンダース)
(大澤,2012による紹介に基づく)

1 「明日になればすでに起きたことになる」

1-1 避けられなかったのか、避けられたのか

　巨大災害など破局的な出来事が起こってしまったことがもつ効果について、
大澤(2012)が大変重要なことを指摘している。東日本大震災における東京
電力福島第一原子力発電所の事故がそうであるように、破局と呼びたくなる
ような出来事が起きたとき、私たちはしばしば相反する二つの感覚をもつ。

まず、そういった出来事が起きてしまうと、起きる以前には必ずしもそうではなかったにもかかわらず、それが起こったことは必然（不可避）であったと強く思えてくる。「地震頻発国にこれだけ原発を造ってしまったのだから……」、「安全性に問題ありと指摘する声もあったのに、電力に依存した便利な生活を優先してしまっていたのだから……」というわけである。冒頭に引いた『灰をかぶったノア』の寓話で言えば、「あれだけ神を蔑ろにしたのだから、大洪水が起きても不思議ではない」という感覚が生じるということである。

　しかし、非常に重要なこととして、他方で、これと正反対の感覚も同時に生じる。つまり、破局的な出来事が起きてしまったからこそ、あるいは起きてしまった時点から振り返って初めて、それを回避できた可能性を痛切に感じとることもできる。「せめて補助電源だけでも2階にあげておけば」、「せめて老朽化した原発だけでも停止しておけば」といった感覚である。こうしたことは事前には何かと理由をつけて実施しなかったにもかかわらず、事後には実に簡単にできたことのように思えてくるし、実際に3.11後、直ちに実行に移されたことも多い。

　つまり、破局的な出来事までの過程を不可避の必然（避けられなかったこと）と見なす**事後の視点**だけが、逆説的にもそれと同時相即的に、過去の中に、その出来事を回避しうる「他なる可能性」や「別の選択肢」が十分にありえたことを、まざまざと見せてくれるのである。これは、第4章、第5章で指摘した**過去の未定化**（「もう」を「まだ」として）に基礎を有する感覚である。実際には、破局は「もう」起きてしまった。しかし、だからこそ、破局を避けるための行為をあのとき「まだ」なしえたかのように思えてくるのだ。

　よって、ここまでは、第5章で扱った「Days-Before」や、それがもたらす〈Days-Before〉の効果の議論と何ら変わらないように思えるだろう。事実そうで、福島第一原発の事故をめぐる上記の感覚は、破局的な出来事の「前」の時点に立ってそれを予見しようとしているときには容易に見えなかった（ないし、できなかった）ことが、「後」の時点からそれを回顧すると、容易に見えた（ないし、できた）ことであるかのように感覚されることを意味している。これは「後知恵」、特にそのポジティヴな側面として第5章3-1項で述べたことと同じである。

しかし、『灰をかぶったノア』の示唆は、それだけにはとどまらない。さらにその先を行く含意がある。

1-2 『灰をかぶったノア』

　ノアは、破局的な出来事の事後の視点、つまり、「まだ」起きていない出来事を「もう」起きてしまったものとして見る事「後」の視点を徹底した形式でもち込むことで初めて、破局の「前」の時点に立つ人びとを実際に動かした。これが、この寓話の最大のポイントである。「後知恵」のように、起きてしまった破局の「前」の見え方が「後」の時点で変わったというだけでない。未だ起きていない破局の「前」の時点にある人びとのふるまいを実際に変えた ── アクションリサーチにおけるベターメントに接続しうる ── という点が、最大のポイントである。

　ノアの警告が当初、功を奏さず、人びとの行動が何ら変わらなかったのは、彼の語りや働きかけが「先行する原因と後続する結果」のフレームワーク内、つまり、これから起きるかもしれない（しかし、起きないかもしれない）出来事を現在から未来の方向へ向けて見るフレームワークの枠内にあったからである。これは、「まだ」を「まだ」として見るという従来のフレームワークということだ。現在のところ、破局的な出来事（大洪水）は「まだ」起きていないのだから、今のうちに（事前のうちに）それに対処しましょうという呼びかけは、第5章1節で触れた「教訓・備えの語り」のドミナントストーリーに立脚したもので、きわめて正統的なスタイルである。しかし、一見至極当然で何の問題もなさそうに見えるこの語りのスタイルは、必ずしも説得的ではないことを『灰をかぶったノア』は示唆している。

　これに対して、ノアが灰をかぶった途端、つまり、「もう」出来事が起きてしまった事後の視点に立って語り、かつふるまい始めた途端、人びとのふるまいは激変し大洪水に対する備えを開始した。言いかえれば、ノアが、「まだ」起こっていない出来事をあえて「もう」起きてしまったものとして、すなわち、**未来の既定化**（第4章3-1項）を伴う語りとふるまいを見せるという迂回路をいったん経た上で、出来事の「前」に回帰してきたとき、人びとの行動にベターメントが認められたということである。

　要するに、第5章で取り扱った「Days-Before」および〈Days-Before〉は、

現実に破局的な出来事を「もう」体験してしまった人びとが、その「前」を回顧的に振り返ることがもたらす効果に光を当てていた（過去の未定化）。それに対して、ノアが周囲の人びとに与えた影響は、同じロジックを、時間軸上で、「過去と現在の間」から「未来と現在の間」へとスライドさせたときに生じるものである。すなわち、破局的な出来事を「まだ」体験していない人びとが、その「後」を先行的に先どりするときに生じる効果である。なぜなら、「もう」起きてしまった破局の「後」の時点（現在）に立って、未定化した過去（「まだ」何かをなしえたはずのあの頃）を見る操作を、未来方向へスライドさせれば、「もう」起きてしまったものとして位置づけた破局の後の時点、つまり、既定化した未来の時点に立って、現在（「まだ」何かをなしえると思えてくるはずの今）を見る操作が得られるからである。

　実際、『後知恵』のフリーマン（2014 / 2010）は、hindsight（後知恵）がそのままinsight（洞察）の鍵でもあると指摘した後、次のように述べる。「人間として最も重要な課題のひとつは、過去と現在の間の『ギャップ』、経験と後知恵の間の『ギャップ』を埋めることだと言えそうである。これは前に考察したような、将来思い出すことを予想してそのように生きるという思考実験で達成できる」（p.214）。ここで「将来思い出すことを予想して生きる」と表現されていることは、まさに、ノアがしたことであり、「まだ」を「もう」と見なすこと（既定化した未来）を通して今の生き様を変えようとすることである。

1-3 「Days-After」と〈Days-After〉

　以下、本章では、破局的な出来事の「前」において、その破局が起きてしまった「後」について表現した語りを「Days-After」と呼ぶことにする。また、「後」について語ることを出来事の「前」に立つ人に促すことを、「Days-After」のスタイルで語ってもらうと表現することにする。すぐにわかるように、「Days-After」の語りは何ら特別のものではない。むしろ私たちの周囲に満ちあふれている。自分や社会に生じるかもしれない破局的な出来事の事後に関する想像・予測・予言などはすべて、基本的にここで定義した「Days-After」に包摂できる。たとえば、「そんなことになったら、私はとても生きていけないだろう」、「南海トラフ巨大地震が発生したら、最悪

の場合、全国で32万人余りの死者が出ると想定される」なども、「Days-After」の語りである。この意味で、「Days-Before」（第5章）は稀少であること（そのような語りがあまり見られないこと）が問題であると指摘したが、「Days-After」は逆に過剰であること（そのような語りが多すぎること）が問題の根底にあるとも言える。

　ここで非常に重要なことは、「Days-Before」と〈Days-Before〉の間に成立したものと同じ関係が、「Days-After」とこの後定義する〈Days-After〉との間にも成立する点である。第5章1-2項で指摘したように、「Days-Before」のスタイルは、単に破局的な出来事の「前」についての語りというだけでなく、過去の未定化、言いかえれば、「もう」を「まだ」としてという独特の構造を伴う場合があり、それを特に〈Days-Before〉と呼んだ。

　これと同様に、「Days-After」のスタイルも、単に破局的な出来事の「後」についての語りというだけでなく、未来の既定化、言いかえれば、「まだ」と「もう」としてという独特の構造を伴う場合があり（『灰をかぶったノア』のように）、それを特に〈Days-After〉、そして、そのスタイルで語ることを〈Days-After〉の語りと呼ぶことにする。もちろん、第5章の議論と同様、「Days-After」と〈Days-After〉の区別は、「時間」と〈時間〉の区別（第4章）に対応している。

　〈Days-After〉にあっては、未来の出来事は、徹底的に先どりされ既定化したものとして位置づけられる必要がある。「そういうことも起こるかもしれない」といった程度の予見や予想であってはならない。この点は重々確認しておく必要がある。先の例で言えば、「そんなことは起きるかもしれないが、起きないかもしれない」、「次の南海トラフ巨大地震が最悪想定で起きるとは限らないだろう」ではいけない。もちろん、それらの出来事は、現実には「まだ」起きてはいない。しかし、実際に「もう」そのように起きてしまったものとして、まるで過去の出来事であるかのように徹底して確定的なものとして先どりされねばならない。これが、未来の既定化ということであり、「Days-After」ならぬ〈Days-After〉の核心である。

2　元凶としてのリスク論

2-1　「賢明な破局論」

〈Days-After〉がもつポテンシャルについては、フランスの哲学者ジャン＝ピエール・デュピュイが提起した**賢明な破局論**が透徹した考察を提供している。ちなみに、デュピュイも、本章の冒頭に掲げた『灰をかぶったノア』を「賢明な破局論」について論じた自分の著作に引いておさめている。日本社会が東日本大震災という破局的な出来事を経験してしまった後、そのデュピュイの著作が相次いで出版された。『ツナミの小形而上学』（デュピュイ，2011／2005）、『ありえないことが現実になるとき：賢明な破局論にむけて』（デュピュイ，2012／2002）などである。さらに、デュピュイの思想に関する優れた解説書（渡名喜・森元，2015）も出版された。以下、これらの著作を導きの糸にして、〈Days-After〉について考察を進めていこう。

　　しかし、こうした専門家による「リスク論」の構築こそ、破局を考察することからもっとも目を逸らせるものなのだ。（渡名喜・森元，2015，p.128）

デュピュイの思想の根幹をなすこの提起は、ノアの当初の呼びかけが必ずしも有効ではなかった事実と関係がある。つまり、1-2項で指摘したように、「まだ」起きていない破局的な出来事を「リスク」── 起こるかもしれないけれど、起こらないかもしれないこと ── と受けとめ、事前のうちにそれに対処しましょうという呼びかけは至極当然に見えるし、むしろそれ以外の考え方や態度はありそうもない気すらする。実際、これは、すべての**リスク論**で自明視されている基盤的な前提である。もちろんリスク論と言っても多種多様である。扱う対象も研究アプローチも、実にさまざまである。しかし、そのほとんどすべてが共通して常識的な時間論を前提にしている。すなわち、過去は既定的だが、未来は未定的である。その上で、現在を変えれば、未定であるところの未来を変えることができる（しかし、過去は変えられない）。よって、未来の破局を回避（軽減）できるかどうかは、現時点における理解

（リスク認知）や行動（リスク回避・軽減行動）にかかっている。これらの認識は、ほとんどのリスク論が斉しく前提にしていると言ってよい。

　しかし、『灰をかぶったノア』は、こうしたリスク論の常識の限界を指摘し、それとは別の方向性を示唆している。実際、過去に何度も同じ過ちを繰り返し、複数の破局を体験してしまっている私たちも、実はノアと同様、リスク論の基本前提（「それはまだ起きていないのだから、今のうちに準備しよう」、「今行動を起こせば、未来の破局は避けることができる」）に限界があることはすでに直観しているとも言える。未来の予想には常に不確定性が伴い、しばしば「想定外」の破局が社会を襲う。あるいは、未来の破局をほぼ精確に予想しえたとしても、人には「正常化の偏見」があって未来のリスクを過小評価する傾向があってそのため十分な準備ができないままに破局を迎えてしまう。こういったわかりやすい議論が問題にしているのも、ノアによる当初の呼びかけがもつ限界と無関係ではない。

　ただし、ここでデュピュイが提起していることは、こうした定番的な問題提起ではない。つまり、リスク論にも落とし穴があるとか、限界があるとかいった主張ではない。もっと根源的なことである。すなわち、「賢明な破局論」の提起は、さらにもう一歩踏み込んだものであり、むしろ、リスク論 ── それが自明視している未来の未定性 ── こそが、問題の元凶だと指摘しているのである。「今行動を起こせば、未来の破局は避けることができる」という態度こそが、破局的な出来事の回避を阻んでいるとの指摘である。「未来の破局を回避するために今がんばろう」が問題の根っこだとの主張は、一見非常に奇妙であり、それどころか完全に倒錯・転倒した発想で、破局を避けるための努力を根こそぎ破壊してしまいそうに見える。しかし、そうではないのだ。

2-2　回避できないからこそ回避できる

　次のように考えてみよう。現在を変えれば、未来を変えることができる。ところが、未来には、できれば労せず回避したい破局（カタストロフ）がある、あるいは、できれば労せず実現したい救済（ユートピア）がある。このとき、リスク論は、リスク回避に有益なものと同時に、破局が起こる可能性を「想定外」に置きざりにした限りで有効であるような言葉、予想、対策を

大量に生み出してしまう。未来が未定である限り、破局が起こらない可能性もあるし、起こったとしても軽いもので済むかもしれないと考えることが許されてしまうからである。

これに関連して、このような具体的な事実もある。ここに、「熊本県地域防災計画（平成27年度修正）」と題された資料がある。熊本地震（2016年）の発生前に公開されていた資料である。そこにいくつもの数字が掲載されている。たとえば、想定される地震の規模、想定される被害（人的被害、避難者数、全壊する建物の数）などである。これと実際に起きてしまった熊本地震における数字とを比較してみると、大筋で事前の「想定内」におさまっていることがわかる。たとえば、最大想定震度は7（実際は、震度7）、想定死者数960人（同、直接死50人、関連死102人）、想定負傷者数2万7,400人（同、2,620人）、想定避難者数15万6千人（同、4月17日朝に18万人超、しかし翌日は10万人程度に）、想定全壊建物数2万8千棟（同、8,360棟）、想定半壊建物数8万2,300棟（同、3万2,261棟）、といった具合になる（熊本地震のデータは、すべて、2016年12月14日に発表された「内閣府災害対策本部：平成28年（2016年）熊本県熊本地方を震源とする地震に係る被害状況等について」による）。

ここで大切なことは、「想定内」であったにもかかわらず対応がけっして十分でなかったことは、想像もしなかった事態、つまり、文字通り「想定外」の事態が起きてそうなっているよりも、問題が根深いという点である。なぜなら、今回程度の規模の地震が発生しうることや数多くの犠牲者や建物被害を地域防災計画に明記しながら、つまり、形式的には破局的な出来事が起こることを認めていながら、現実的には、それが起こる可能性を「想定外」に追いやり、それに対する対策を「本気」で講じていなかったことが示唆されるからである。

「想定外」が問題視された東日本大震災以降、かえって、最悪の事態を示す「大きな数字」を「机の上」で計算し「頭の中」に思い浮かべるだけで満足する傾向が強まっている。しかし、熊本地震の経験は、私たちがそうした想定に対して「本気で」備えようとしていなかったことを明るみに出した。知っていることと信じていることとのギャップ（**知と信の乖離**）があるのだ。なぜそうなるのかが重要である。その元凶こそ、未来の未定性に基盤を置くリスク論である。たとえ深刻な想定をしたとしても、さらに想定外の想定外

まで想定しようとしたとしても、その事態が未定的なものとして位置づけられている限り、それが起こらないほうへと人びとが賭けてしまうことを完全に防ぐことはできない。そこまでひどい事態にはならないだろうとの考えに人びとが誘惑されるのを完全に遮ることはできない。「賢明な破局論」に言わせれば、リスク論には、「あくまで起こらなかったらよい（避けられたらよい）という希望があるにすぎない。しかし、この希望こそが、いまここでの義務からわれわれの気を逸らす」（渡名喜・森元, 2015, p88）のである。

　「知っていても信じてない」のは、可能性と蓋然性 —— 蓋然性はリスク論の基幹概念でもある —— とを取り違えているからだとも言える。たしかに、ある種の大きな破局が起きる蓋然性（確率）は小さい。しかし、その確率値は著しく小さいけれども、もちろんゼロではない。他方、0〜1までの連続値で表現できる蓋然性とは違って、可能性は二値論理である。それは「ある」か「ない」かのいずれかである。蓋然性がゼロではない事象は本来すべて、可能性は「ある」と判定されなければならない。にもかかわらず、蓋然性が小さな事象は、しばしば可能性が「ない」とされる。その破局が起こる蓋然性がゼロではないことは知っていても、その可能性は「ない」ものとされるわけだ（なお、「可能性」については、4-2項で再論する）。

　しかし、破局が既定的なものとしてあらわれればどうだろうか。ノアの二度目の呼びかけのように、「まだ」起きていない大洪水が「もう」起こってしまったものとしてそれを提示できればどうだろうか。『灰をかぶったノア』に描かれたように、起きることを前提にしたふるまいが、この今に現われるであろう（なぜなら、それが起こることは確定しているのだから）。つまり、破局的な出来事は、それを避けるためにも、「まだ」起こるとも起こらないともわからないものとしてではなく、逆説的なことに、「もう」起こってしまったものとして ——〈Days-After〉の構造を伴って —— 今に現れている必要がある。これがデュピュイの洞察である。こうして、「賢明な破局論」では、すべてのリスク論の根底にある一連のプロアクティヴな態度、事前の備え、予防原則など、通常無条件で前提にされ積極的に望ましいとされている態度や姿勢こそが、むしろ逆に、破局的な出来事を私たちが回避できないでいる根本原因として断罪されることになる。

　本節の最後に、これまでの議論を補足しつつ、さらにそれを明快なものにしておく意味で、「事前復興計画」について考えておこう。事前復興計画

（たとえば、三井、2007）は、災害が発生することを前提にして、それが発生する前に策定しておく復興計画であり、またそのための作業を指す。よって、事前復興計画は、一見すると、破局的な出来事の発生を既定的なものと見なしているように見える。だからこそ、災害後の復興計画を今のうちから設定しておくという発想が生まれているように見える。それは事実である。

　しかしそれでも、事前復興計画もデュピュイの批判を完全に逃れることができるわけではない。なぜなら、事前復興計画もまた、この現在において設定される計画によって、災害後の社会のありようが左右される、つまり、災害が起きることは既定的でも、さらにその先の未来は未定的だと考えている点で、従来のリスク論の埒内にある。いや、むしろ、現在のあり方によって変化しうると考える未来のスコープが遠大であるという点で、より徹底したリスク論的思考だと見なすことができる。言いかえれば、事前復興計画は、実際には「賢明な破局論」の視点からの批判をより強く浴びる可能性もある考え方だと言うことができる。

3 「賢明な破局論」への疑問と応答（1）
── 「リスク論」でも「運命論」でもない

3-1　従来の「リスク論」と同じではないか

　われわれはいまパラドックスのただなかにいる。……障碍を潰す、あるいは回避するためにも、未来のなかに破局をより過激に組み込む必要性を示しておきたい。破局は回避できないものである必要がある。（デュピュイ、2012/2002、p.150）

　不幸の予言がはらむ逆説とは次のようなものになる。破局の予測が信頼できるものであるためには、未来に刻まれるその「存在する力」が増大しなければならない。告げられる苦境や死者が、容赦のない宿命として不回避的に生じるのでなければならない。（デュピュイ、2011/2005、p.12）

　前節の議論を踏まえれば、ここに掲げた二つの命題の意味はすでに明瞭であろう。しかし他方で、これらの〈Days-After〉の命題は、いかにも風変

わりである。上記の通り、デュピュイ本人が「パラドックス」、「逆説」という用語で自らの主張を特徴づけているくらいで、多くの疑問が出来しうる。これらの疑問との応接を通して、「賢明な破局論」ひいては〈Days-After〉の構造上の特徴をより明快にすることができる。

　第一に、従来のリスク論との違いはどこにあるのかとの疑問がありうる。なぜなら、〈Days-After〉が未来の破局を不可避なものとして受けとるといっても、つまり、未来の既定性を仮定するといっても、まさにそのように仮定することによって、破局を回避できると考えているのだから、現在の予防的な行動（選択）によって未来が変わると考えていることになる。だから、デュピュイの〈Days-After〉の思想は、結局のところ従来のリスク論の枠内にあるのではないのか。表現を変えれば、未来の破局は既定的（必然）だと主張しつつ、他方でそれを避けるために現在（未来にとっての過去）に自由があるという命題は矛盾しているのではないか。こういう疑問が生じるであろう。

　第二に、決定論的な**運命論**と同じではないのかという疑問がありうる。実際、上の二つの引用でも確認できるように、〈Days-After〉を基盤とする「賢明な破局論」は、未来の破局を不可避のものとして、すなわち宿命として受けとらねばならないと主張している。この言明は、たしかに、私たちに破局を防ぐすべは一切なく不幸の到来を甘んじて待つほかない、そのように私たちの運命は予め決定されていると主張しているように見える。これは「運命論」と同じではないか。このような疑問である。

3-2　因果的／反実仮想的

　これらの疑問について検討するためには、現在と未来の関係についてより精緻な議論を展開する必要がある。デュピュイ（賢明な破局論）は、そのために、現在と未来（加えて、現在と過去）との関係について、「因果的」な関係と「反実仮想的」な関係とを区別するように説く。その上で、彼はこう述べる。

　　破局論のパラドックスを正当化する……その論証の中心にあるのは……〈未来は反実仮想的には独立（非依存）だが、因果的には（現在に）依存する〉、と

いうテーゼである。（渡名喜・森元，2015，pp.114-115、傍点は引用者）

　鍵概念は二組ある。「因果的」と「反実仮想的」、および、「独立」と「依存」である。**因果的**とは、現在の行為や選択と未来の帰結との間に認められる因果関係、影響関係であり、**反実仮想的**とは「現実とは異なることをすれば」という反実仮想における影響関係である。また、**独立**とは関係がないこと、**依存**とは関係があることである。この四つの鍵概念を組み合わせると、現在と未来の関係について、次の四つの様相を区別することができる。

　第一に、未来が現在に対して「因果的」に「独立」しており、「反実仮想的」にも「独立」している様相がある。これは、現在において何をしようと未来の帰結がそれによって変わることは現実にないし、かつ、今なしていることとは異なることをすればという反実仮想を人びとが行うこともない様相である。たとえば、決定論的運命論の支配下では、今何がなされようとどんな選択肢がとられようと、事態は必ず既定の結果（たとえば、1ヵ月後の世界の終末）へと収斂する。よって人びとも、「もし、今ちがうことをすれば」などと反実仮想をなす必要もないし、そもそもなすことができない。

　第二に、未来が現在に対して「因果的」に「独立」しているが、「反実仮想的」には「依存」している様相がある。これは、現在において何をしようと未来の帰結がそれによって変わることは現実にないのだが、人びとは今なしていることが未来に影響を与えうると想定している様相である。たとえば、入学試験を終えて合格発表を待っている受験生が、試験後に風呂に入らないでいると合格していることが多いからと、験担ぎに入浴を控えているとしたら、その受験生はこの様相下にある。

　第三に、未来が現在に対して「因果的」に「依存」しており、「反実仮想的」にも「依存」している様相がある。これは、現在においてなす選択が現実に未来の帰結に影響を及ぼす因果連鎖が存在し、かつ、人びとも今なしていることについて、「もし、今ちがうことをすれば、別の結果になるだろう」と反実仮想をなしている様相である。たとえば、複数の就職先の候補について、それぞれのコスト／ベネフィットをあれこれ考えている就活中の大学生がいるとしよう。大学生の決定はその未来を実際に多かれ少なかれ変えるだろうし、だからこそ、この学生は「もし、こちらの会社にすれば……」とあれこれ悩んでいるわけだ。これはもちろん、通常の「リスク論」（2-1項）

と最もよくフィットする考え方である。

　第四に、未来が現在に対して「因果的」に「依存」しているが、「反実仮想的」には「独立」している様相がある。これは、現在においてなす選択が現実に未来の帰結に影響を及ぼす因果連鎖が存在しているのだが、人びとは今なしていることとは異なることを仮にしたとしても、未来が影響を受けることはないと考えている様相である。そして、この様相こそが、「賢明な破局論」としてデュピュイが推奨している様相であり、〈Days-After〉を特徴づける様相でもある。

　以上を踏まえれば、まず、〈Days-After〉が決定論的な「運命論」とは異なることは明らかである。両者の違いは、現在と未来の間に「因果的」な関係性を認めるか認めないかの違いである。〈Days-After〉はそれを認めるが、決定論的な「運命論」はそれを認めない。現在と未来との間に現実に因果の連鎖がない以上、「運命論」においては、今何をなそうが、現実に、実際に未来の帰結には何ら影響を及ぼすことはありえない。だからこそ、それは運命であり宿命である。他方で、「因果的」な関係性を認める〈Days-After〉では、そうはならない。今ここで何をなすかが、現実に、実際に未来の帰結を変える可能性は担保されている。

　ただし、ここでデリケートな注意を要する点がある。それは、〈Days-After〉において、その存在を認める「因果的」な関係性の実質である。正確には、それは回顧的にはあるが、予見的にはないと考えておく必要がある。すなわち、何らかの破局的な出来事が起きてしまったとき、その「後」から「前」の時点を回顧する視点に対してのみ、「前」の時点における選択や行為のうちにそのような破局へと結びつく「因果的」な関係性があったことが認められる。しかし、「前」の時点にあっては、どのような選択や行為が破局へと結びつくのか結びつかないのか、そのことに関する「因果的」な関係性を知ることはまったくできない。つまり、それはないに等しいとも言える。このような意味において、「因果的」な関係性は「ある」のである。

　次に、未来の破局は既定的（必然）だと主張しつつ、他方でそれを避けるために現在に自由があるという命題は矛盾しているのではないかとの疑問について検討しよう。〈Days-After〉において、破局の回避のためには、未来が既定化していなくてはならないとするとき、それは、未来が現在に対して「反実仮想的」に「独立」していなければならないと主張しているのであっ

て、「因果的」にも「独立」している必要はない。因果的にも「独立」していると考えれば、それは、上記の通り、「運命論」と同じものになってしまう。

　伝統的なリスク論が主張するように、また常識的思考がそうであるように、未来は現在に対して「因果論的」には「依存」しているであろう。〈Days-After〉は、その点についてはリスク論と軌を一にしながらも、リスク論と違って、「反実仮想的」には未来と現在の関係性を解放させてしまう。すなわち、両者を「独立」させる。この点に、〈Days-After〉に立脚した「賢明な破局論」の鍵はある。

4　「賢明な破局論」への疑問と応答（2）
　　— 「予定説」との親和性

4-1　救済されるほどの者であれば……

　〈Days-After〉、すなわち、デュピュイが提起する「賢明な破局論」が、素朴な「運命論」とは異なるもので、かつ、定番の「リスク論」とも異なることを見てきた。その要諦は、あらためて、次の言葉に集約されるだろう。

　　この起こらないことの反実仮想的な不可能性と、起こらないことの因果的な可能性との間にある小さな隙間にこそ、私たちがなすべきことがある。（渡名喜・森元, 2015, p.118）

　しかし、それでもなお疑問は残る。それが二つめの大きな疑問である。すなわち、仮に上記の意味で、〈Days-After〉の構造が成立するとしても、それは非常に魅力のない主張ではないかという疑問である。すなわち、「こんな工夫をすれば、破局は回避できるのではないか」といった類いの「反実仮想的」な言明や行為を封じられつつ、他方で、現在の言明や行為が破局と因果的に連結している、言いかえれば、今なすことが破局的な出来事に影響を及ぼす（ことが、しかも事後的にのみわかる）と主張されているのである。これは、平たく言えば、「今後のなりゆきによっては、破局は回避されるかもしれないが、あなた自身があれこれ考えることはまったく無意味だ」と断

じられたようなものではないだろうか。これでは、主体的に何かしようというモチベーションはまったく湧いてこないように思える。

　しかし実際には異なるのだ。大澤（2016）が、プロテスタントの**予定説**の意味を引いて力説していることが、この点について明快な回答を提供している。まず、上の疑問が予定説の謎と同じ構造になっていることを確認しておこう。予定説は、最後の審判のとき、だれが救済されだれは救済されないかはすべて、全知全能で人間に対して完全に超越している神によってすべて予定されており、人間はそれについてまったく知ることができないとする説である。したがって、当然、次の疑問が生じる。「何よりふしぎなのは、どうして、こんな神を信じる人がたくさんいるのか、という疑問である。……（中略）善いことを行おうが、努力しようが、神の予定が変わるわけではない。とすれば、なぜこんな神をわざわざ信じるのか」（大澤，2016，pp.28-29）。

　しかし、ここでウェーバー（『プロテスタンティズムの倫理と資本主義の精神』）が指摘した逆転が生じる。予定説を生きる人間たちは、もちろん、「こうすれば、救済される」といった推測を行うことは封じられている。しかし、何をしたら救済されるのか皆目わからないから何もしない、とはならない。むしろ逆に、（何しろまったくわからないのだから）自分が救済されていることを先どりして（未来の既定化）、「そこから因果関係を逆に辿るような推論を行い、救済されているほどの者であれば当然にそうするであろう」（大澤，2009，p.161）行為を遂行することになる。

　この説明は、そっくりそのまま〈Days-After〉に適用可能である。すなわち、何をしたら破局を回避できるのか皆目わからないから何もしない、とはならない。むしろ逆に、破局が起きてしまったことを先どりして（未来の既定化）、「そこから因果関係を逆に辿るような推論を行い、破局を直前に控えたほどの者であれば当然にそうするであろう」行為を遂行することになる。ちょうどノアやその呼びかけに応じた大工や職人たちのように――。

　ここで、あらためて、前章および本章1-1項で指摘したことを思い出すのもよいだろう。出来事が起こってしまった事後の視点に立ったとき、人は、その「前」の時点に出来事を回避しうる「他なる可能性」や「別の選択肢」が十分にありえたことに気づくのであった。なぜそうなるかと言えば、事後の視点に立った人間とは、すべて（過去）を見通したいわば神だからである。

このロジックをそのまま未来方向へスライドさせると、「予定説」を生きる人びとの今が何ゆえ無為徒食に流れず、むしろその正反対物（ストイックな態度）へと転化するのかがわかる。未来の救済をトータルに前提にできれば（完全に未来を「既定化」できれば、〈Days-After〉の構造を完全にとることができれば）、それを実現しうる「他なる可能性」や「別の選択肢」がこの現在に生き生きと現れてくる。このことが、プロテスタントの今を豊かにし、また律することにつながるのである。

4-2 「可能性」の二面性

この議論をさらに展開すると、前節で考察した〈Days-After〉と伝統的なリスク論との違いに別の観点から光を当てることができる。再び、大澤（2016）に戻ると、フーコーの著名なパノプティコンにいる（はずの）監視員を例解のための材料にしながら論じられているのは、**可能性**という概念が有する極端な両義性である。それは、本来的に、「ある／ない」の両極へと引き裂かれる性質をもっている（2-2項も参照）。

「可能性」は、一方で、自分自身以上のもの、つまり、可能性に過ぎないのに現実よりも強い現実性に転じるケースがある。これが、パノプティコンのケースで、監視塔内が暗くて独房の囚人たちからよく見えないからこそ、監視員がそこにいる可能性は、逆に、常にそこで監視されている状態へと転じる。「いるかもしれない」が、（いない蓋然性もあるのに）「いる」へと転化するわけだ。しかし他方で、可能性は自分自身未満のもの、つまり、ほとんど非現実的だとの意味に転じるケースもある。たとえば、「そんなことは単なる可能性の問題に過ぎない」などと言われるときがそうである。このとき、暗くてよく見えない監視員は、（いる蓋然性もあるのに）「いない」へと転じる。

ここで、「可能性」について、**神の視点**（事後の視点、「もう」の視点）と**人間の視点**（事前の視点、「まだ」の視点）の二つの視点との関係で考えてみることが大切である。一方で、「可能性」がこの二つの視点との関係で二重性を帯びているとき、つまり、人間には絶対的に不可視である（未定的）一方で、神の視点では確定している（既定的）だと受けとられる場合、監視員にせよ破局にせよ救済にせよ、その「可能性」は「存在」の極に向かう。

この様相は、現在にとって未来が、「反実仮想的」に独立しているが、「因果的」に依存している状態に対応する。人間にはあれこれ忖度できないが神はすべてお見通しという状態である。神と人間との間の「絶対的な」分離が、結果として、「神に選ばれしほどの者ならこうするだろう」努力（カタストロフの回避やユートピアの実現に向けた努力）を、人をして不断かつ無限にさせしむることになる。

　対照的に、「可能性」がこの二つの視点との関係で二重性を帯びないとき、つまり、神の視点から見えていることが人間の視点からも見えてしまっている（ように事態が現われる）ときには何が起きるか。二重性がないということは、「人間＝神」となってしまっていることを理解することが大切である。この場合、監視員にせよ破局にせよ救済にせよ、その「可能性」は「不在」の極に向かう。この様相は、現在にとって未来が「因果的」にだけでなく「反実仮想的」にも依存している状態に対応する。人間の神からの分離が甘くなれば、それは、人間が神のようにふるまうことができるということだから、「この程度の努力で破局は回避できるだろう（救済は実現できるだろう）」と考えることが可能になる（何しろ、人間＝神だから、そう考えてもいっこうに差し支えない）。そして、神と違って人間はすべてお見通しというわけではやはりなかった事実が事後になって判明したとき、「想定外だった」（「想定外まで想定したつもりだったが、その外側にまだ想定外が残っていた」）との言葉が生まれることになる。

5 〈コンサマトリー〉な価値

5-1 『ミッション：8ミニッツ』再訪

　以上に論じてきたことはきわめて抽象的で、現実の社会実践に関わるアクションリサーチとは何の関係もない議論と思われるかもしれない。しかし、そんなことはない。実際、『灰をかぶったノア』の最も重要なポイントは、ノアが人びとのふるまいを実際に変えた点にあった（1-2項）。また、〈Days-After〉が、従来型のリスク論やそれに立脚した防災計画や災害リスク・コミュニケーションを総体的かつ抜本的に見直す作用をもっていること

については、「想定内の想定外」（2-2項）としてすでにその一端について指摘し、あわせて、第9章でも具体的な事例を通して詳細に検討している。

　ただし、これらはすべて、〈Days-After〉がもつ〈インストゥルメンタル〉な側面（第4章）での効果である。しかし、〈Days-Before〉がそうであったように（第5章3節）、〈Days-After〉も、〈インストゥルメンタル〉な側面のみならず〈コンサマトリー〉な側面においても、現実の社会実践に対するベターメントの効果を発揮しうる。以下、この点について、第5章4節で紹介した映画『ミッション：8ミニッツ』を今一度素材として活用して考えていくことにする。

　ここで、〈Days-After〉と〈Days-Before〉とが相互に関連している点を思い出そう。〈Days-Before〉と同じロジックを、時間軸上で「過去と現在の間」から「未来と現在の間」へとスライドさせたときに生じるのが〈Days-After〉であった（1-2項）。『ミッション：8ミニッツ』はループものと呼ばれるフィクション作品なので、過去・現在・未来の間の行き来が可能な世界を描いている。よって、この相互関連をより直接的な形で観察することができる。

　つまり、列車爆破テロという破局的な出来事の「後」の時点に視点を固定して、「もう」起きてしまったテロの「前」の時点にタイムマシンで送り戻されるという側面に注目すれば、主人公コルターは、たしかに「もう」を「まだ」として、つまり、過去の未定化を中核とする〈Days-Before〉を生きていることになる。実際、第5章の記述はそのような前提でなされている。しかし、ループものである『ミッション：8ミニッツ』では、今がどの時点であるかを固定できない以上、破局的な出来事の「前」の時点に視点を固定することもできる。そして、「まだ」起きていないテロの「後」の時点にタイムマシンで送り込まれるという側面に注目すれば、コルターは、「まだ」を「もう」として、つまり、未来の既定化を中核とする〈Days-After〉を生きているということにもなる。ここでは、この後者の側面に注目したいのだ。

　そうすると、私たちが今、現実に、「今後30年間に70パーセント程度の確率で破局的な地震災害が起こる」といった類いの言葉を洪水のように浴びて生活している事実が重要な意味をもってくる（第2章を参照）。しかも、こうした想定は、細部の精度はともかく、大筋において一定の根拠を実際にも

ちあわせている。つまり、私たちは、「ミッション：8ミニッツ」ならぬ「ミッション：30イヤーズ」を現実に生きているか、もしくは、少なくともそのように生きるように強く誘導されているのだ。そう考えると、この映画が示唆するところはけっして小さくない。

　第5章4-3項で、コルターにとって、爆破テロの「前」の時間が、どうすれば8分で爆破を防げるのかという〈インストゥルメンタル〉な価値（だけ）を帯びた時間から、「最後の瞬間まであなたと」というクリスティーナの言葉に象徴される〈コンサマトリー〉な価値をも帯びた時間へと変貌する点に注目した。この変容は、次のことを示唆している。破局的な出来事（たとえば、南海トラフ巨大地震）の事前を生きる私たちは、それを回避するための〈インストゥルメンタル〉なミッションをただ果たすためだけに生きるべきではない。ミッションの達成を通して、あるいはミッションの達成と並行的に、事前の時間が〈コンサマトリー〉な価値をも帯びたものになるように私たちは生きるべきだし、またそのような可能性や希望はある。このことを『ミッション：8ミニッツ』は示唆している。

　実際、映画の中で、例のミッションを帯びたコルターが、少なくとも当初、乗客の中で「浮いている」ように見えることも、ここでの脈絡で重要である。ごくふつうの日常を生きる乗客には、8分後の爆発を防ごうとあたふたと動きまわるコルターは、文字通り闖入者である（犯人は何食わぬ顔で乗客の一人としてそこにいるかもしれない、そのためコルターは表だった「捜査」はしにくい）。その姿は、何十年にもわたって、その土地の恵みを享受し人間関係を育み生きてきた人びとの前に、「この町には30年以内に巨大津波がやって来ますよ！」と叫びながら突如現れた防災研究者の姿と似てはいないだろうか（2章5-4節も参照）。その意味で、コルターが、わずか8分間という短い時間とはいえ、そこにいる乗客たちと生きる喜びを共にしはじめることと、ミッションそのものの成功とが連動していたことに注意しなければならない。これは、現下の日本社会で活動する防災研究者にも〈インストゥルメンタル〉および〈コンサマトリー〉の相補性を十分意識した活動が求められることを示唆している。

5-2 「個別避難訓練タイムトライアル」再訪

ここで、第2章で詳しく論じた「個別避難訓練タイムトライアル」を、以上の議論を傍証する材料の一つとして再度取り上げておこう。「個別避難訓練タイムトライアル」は、「まだ」起きていない破局的な出来事（南海トラフ巨大地震）の「前」で、「ミッション：30イヤーズ」を突きつけられて生きる人びとと共に取り組んでいるアクションリサーチである。他ならぬ自分自身が実際に移動した軌跡と現実にその人が暮らす地域の地図上に描き込まれる津波浸水シミュレーションとを重ね描きした「動画カルテ」は、——少なくともこれまでの訓練手法やツールと比較して——「まだ」を「もう」へと転換させるツール（〈Days-After〉を効果的に喚起するツール）としても注目できると思われる。

ただし、ここでの焦点は、「タイムトライアル」や「動画カルテ」が有する〈Days-After〉を喚起する力それ自体よりも、それが〈インストゥルメンタル〉な目標（ミッション）を個別的に突き詰めようとするときの徹底さにある。つまり、「タイムトライアル」が、いわば「ミッション only for ××さん」であることが大切である。この訓練は、「避難困難地域」なるカテゴリーに属する一般的な地域に住む、「災害時要支援者」なる一般的な避難困難者を対象にしたものではない。今ここにいるこの人だけに焦点を絞り込み、この人にどのような破局が訪れようとしているのか。それを回避すべく避難を無事完了するための方法はないのか。そのことを共同当事者として徹底的に個別に考えてみようという実践である。

第2章5節で三人の訓練参加者の「主体性の回復」のプロセスとして詳しく描写したように、「この地域の犠牲者数を半減する」といった大雑把な目標ではなく、特定のその人に焦点を当てること、すなわち、〈インストゥルメンタル〉な目標を個別に突き詰めたことは、独特の効果をもちうる。つまり、その〈インストゥルメンタル〉な目標に照らした線での成果とともに、その実践に関わる多くの人びと——訓練を行う本人、支援者役の子どもたち、そして筆者を含む研究者らから成る共同当事者——に、その共同実践（アクションリサーチ）それ自体に対する満足や喜びをもたらしてくれるのだ。「主体性の回復」は、その一つの表れである。

なぜ、そうなるのか。特定の個人の津波避難訓練の成否という単位にまで細分化・緻密化された〈インストゥルメンタル〉なミッションについて徹底して考え抜くことは、結局、本人の家族や仕事や趣味などを含めその人の暮らしや人生全般に対して固有名詞付きの個人的な関心をもち、その人と喜怒哀楽を共にしていくことにつながるからだ。喜怒哀楽を共にするとは、その時間を、それより事後に達成されるはずの何か別の目的（たとえば、破局の回避や避難の成功）を実現するための「媒介・手段」としての時間、つまり、〈インストゥルメンタル〉な時間ではなく、それ自体を「直接・享受」すべき時間として共にするということだからである。〈Days-Before〉と同様、〈Days-After〉においても、〈インストゥルメンタル〉と〈コンサマトリー〉との転換・交絡は生じうるのである。

6　アクションリサーチへ

　本章の締めくくりとして、〈Days-After〉と本書全体のテーマ、アクションリサーチとの関係について再確認しておこう。

> 　「人類の滅亡」を誰もが語るけれどもじつは信じていない。その「信じない」の構造を問うということです。あるいは、信じたとしても真に受けない。その「真に受けない」の構造を問うということです。（渡名喜・森元，2015，p.17）

　それを知っているだけではなく、それを真に受けて信じること。この両者の間の大きなギャップを指摘した上記の言葉は、調査・分析・予測といった現実を認識するための営みから、現実に対して実践的に働きかけること、つまり実際にアクションすることへの跳躍の困難を指摘した言葉でもある。実際、東日本大震災で露呈した課題の多くは、「想定外」という言葉で便利に語られたけれども、今一歩しっかり踏み込んで検討してみれば、それらは果たして「想定外」という用語で最も正確に写しとられる事態であったかどうか。文字通り、それまで想像もしなかった破局、微塵も知りえていなかった破局が起きたというのではない。むしろ、私たちはその破局についてそれなりに知っていた（薄々懸念していた）。しかし、それが現実化する蓋然性が

著しく小さいからとか、本気で対策を始めると莫大な経費がかかりそうだとかいった理由で「真に受けなかった」、つまり、本気で「信じていなかった」。そういう破局が起きたというのが実態であろう。

　なぜ、このようなことを蒸し返しているかと言えば、このどちら側の理解に立つかによって、事態のベターメントのために今企てるべきことが大きく変わるからである。前者であれば、つまり本当にまったく知らなかった種類の事態、人知がまったく及ばなかった事態が起こったことが破局の原因なら、知るための努力をさらに重ねるほかない。しかし他方で、知っていたけど信じていなかったことが破局の原因なら、知る努力を重ねても無駄か、少なくとも非効率的である（もうすでに知っているのだから）。「知ってはいるけれど、信じていない」という事態の構造をしっかり解明し、両者の間のギャップを埋めるための作業こそが必要となる。

　〈Days-After〉は、このギャップを埋めるためのアクションリサーチを展開するための基幹ツールとして導入したものであった。しかし、それにしても〈Days-After〉はいかにも奇妙な構造をもっていた。それどころか、4-1項で検討したように、通常のリスク論よりもはるかに、主体的に何かをしようとするモチベーションを挫きそうな考え方だった。

　アクションリサーチの視点に立つと、〈Days-After〉が一見、決定論的な運命論に見える点が特にネックになるように見える。運命論ほど、人間の自由、選択、主体性といったことと相性が悪そうな思想は他にないからである。この意味で、〈Days-After〉は、（破局を回避するための）アクションリサーチを支えるどころか、それを根底から破壊するように映る。しかし、4節で丹念に論証したように、そうではない。破局の回避のためのアクションと一見親和的に見える通常のリスク論のほうが破局を招来する原因になっており、〈Days-After〉こそが、破局に立ち向かうアクションを人びとに促す機能をもっているのである。

　以上は、いわばアクションを呼びかけられた者（『灰をかぶったノア』で言えば、大工や屋根葺き職人）から見た〈Days-After〉であった。同じことを、アクションを呼びかけた者（ノア自身）から見たらどうか。こちらでも、〈Days-After〉は、一見しただけで問題がありそうである。なぜなら、『灰をかぶったノア』に典型的に描かれているように、〈Days-After〉は、予言の自己破綻の構造を伴っているからである。未来の破局を回避すべく、

144

しかしだからこそ、その目的のためにあえて未来の破局を既定的なものとして語る者ノアの予言は、自己否定されるためになされる予言である。予言（の内容）が外れること（破局が回避されること）が、予言（の機能）の成就を意味し、予言（の内容）が当たること（破局が起こること）が、予言（の機能）の失敗を意味する。こんな予言をしてまわるのは、どう見ても損な役まわりである。

　たしかにそうとも言えるが、アクションリサーチの観点からここで肝心なことは、予言の自己成就も自己破綻も、原理的には、社会現象を「見る」すべての営み、つまり、アクションリサーチを含む人間科学の営みのすべてに、多かれ少なかれつきまとう性質だという点である（第1章3-2項）。すなわち、人間科学では、研究者が対象を見る実践自体が、対象をそのように見せているという側面を完全に消去できないのであった。それを受けて、筆者が1章3節および2章5節で示唆したことは、この構造を「見て見ぬふり」するのではなく、それを受けとめた上で、社会実践のベターメントのためにむしろ積極的に活用する方途である。

　要するに、人間科学において研究者と研究対象（者）を完全に分離できないことの時間軸への反響が、予言の自己成就や自己破綻だと見なすことができる。言葉を換えれば、共同当事者による共同実践における自己言及的な構造が、時間軸上では未来の既定性や過去の未定性といった相互循環的な構造となって現れる。本章の〈Days-After〉や前章の〈Days-Before〉は、その特異な循環的な構造を（自然）科学的な認識からの逸脱やそれを妨げる夾雑物と見るのではなく、人間科学の立場に立つアクションリサーチの基幹ツールとしてむしろ積極的かつ意図的に活用しようとした試みである。つまり、〈Days-After〉や〈Days-Before〉は、将来の破局の回避や過去の破局からの回復といった社会実践のベターメントを意図した、〈時間〉のアクションリサーチなのである。

第Ⅲ部　データ

第7章 データ・イン・アクション
── 実証を超えて

1 データ・イン・アクション

　本書の冒頭、第1章2節で、アクションリサーチにとっては、まずは対象となっている社会実践をよく「見る」こと、つまり、社会実践に関する現状把握が最も重要な事項であると指摘した。同時に、社会実践をよく「見る」ために、研究者が独自の手法・ツールを磨いてきたこともまた事実だとも指摘した。実験室実験、質問紙調査、シミュレーション、インタビューといった、通常、研究方法と称される営みはいずれも、社会実践をよく「見る」ための方法であり、そして、それらの方法群を通して、研究者は何らかの資料、すなわち「見る」ためのデータを得ることになる。

　ただし、ここで十分留意を要する点として、第1章3節で次のことにも注意を促しておいた。それは、人間科学においては、研究者が社会実践を「見る」とき、研究実践（「見る」実践）と見られる対象となっている社会実践とを完全に分離することは、究極的には不可能だという点である。別言すれば、見られる対象と見る研究者とを一線で画し、一線の向こう側に据えた研究対象のあるがままの姿を一線のこちら側から「見る」という研究スタンスをとる（ことができると想定する）「自然科学」において前提とされている客観的観察は、究極的には不可能なのである。このことから、次の重要な事実が導き出されたのだった。つまり、アクションリサーチャーを含む人間科学の研究者は、観察対象となっている社会実践を単に「見る」だけでなく、「見る」ための研究活動という実践がすでにその内部に入り込んでいる社会実践を、研究という実践を通して自分たちは見ている ── そのような構造をよく見なければならない。

　よって、アクションリサーチのデータについて考えることは、この構造の

下で取り扱われるデータとはどういうものなのか、このことに関する考察で
なければならない。「まえがき」で述べたように、この点は、本書の姉妹編
となる前著（矢守，2010）では取り上げることのできなかった課題で、筆者
にとってはいわば宿題である。

　この構造におけるデータは、第1章の冒頭で用いた表現、リサーチ・イ
ン・アクション（杉万，2007）になぞらえて表現すれば、**データ・イン・ア
クション**と呼ぶことができる。データ・イン・アクションとは、研究者と研
究対象者が共同当事者として「共に見る」（第1章4節）、そして「共にコト
をなす」（第1章1節）という構造の中で扱われるデータのことでもある。自
然科学の屋台骨でもある第三者による客観的観察を通して得られるデータと
比較したとき、データ・イン・アクションというデータの意味や役割には違
いがあるのだろうか。この重要な課題について、本章では3節以降でじっく
り取り上げることにする。

　それに先だって、まず2節では、自然科学の流儀に従って第三者的に「見
る」という態勢がひとまず維持されている範囲内におけるデータについて考
察しておくことにする。と言うのも、アクションリサーチ（人間科学）とい
えども、自然科学と同じスタイルで「見る」ことも「一時的、局所的」には
可能だからである（第1章3-1項）。しかも、この範囲内に話を限定したと
しても、同じ箇所で「質的なアプローチの本領」として取り上げたように、
とりわけ、量的なデータとともに質的なデータを有効に活用した場合、大き
く異なる「見え」を提供してくれることも多いからである。また、この質・
量双方のデータの間の違いが、アクションリサーチにおけるデータ、すなわ
ち、上述した独特な構造の中で利用されるデータ・イン・アクションの意味
や役割を考える上で大切なヒントを提供してくれるからである。

2　質的なデータと量的なデータ

2-1　固有の持ち味を最大限に引き出す

　研究の対象となる社会実践を見ようとするとき、大別して、**質的なデータ**
を通してそれを見る場合と、**量的なデータ**を通してそれを見る場合とがあり

うる。もちろん、実際には両者の中間的なケースが多いが、この両者は、多くの場合、かなり異なった「見え」を研究者に提供することから、これら二つのタイプのデータの関係性をどのように考えるかは、アクションリサーチャーにとっても重要な意味をもっている。

　ここでは、この課題に対して非常に有益な視点を提供している見田（2012, 初出は1969年）の古典的な考察に依拠して、この点について整理しておこう。質的ないし量的なデータの両者が抱える長所・短所 ── 見田（2012, p.136）によれば、「たしかだが、おもしろくない」量的なデータ、「おもしろいが、たしかさがない」質的なデータ ── について、それぞれの短所を埋め合わせる方向で何らかの妥協的な形態を見いだすことは、問題の根本的な解決にはならない。妥協的な形態とは、たとえば、通常、対象がもつ少数の側面だけしか把握できないという量的データの短所を、多変量のデータ収集と解析によってカバーするとか、逆に、データの評価や解釈が恣意的との批判を受けることが多い質的なデータについて、たとえば複数の評価者の解釈を相互比較して、平均的なものを採用することでカバーするとかいった形態である。しかし、こうした妥協戦術は、多くの場合、中途半端な「虻蜂取らず」に終わる。

　むしろ、重要なことは、「『質的な』データはまさに『質的な』データとしての、『量的な』データはまさに『量的な』データとしての、それぞれに固有の持ち味ないし利点を最大限に活かせるような仕方の結合」（見田, 2012, p.144、傍点は原著者）である。むろん、ここで直ちに問われるべきは、質的、量的それぞれのデータの、何が固有の持ち味ないし利点なのかである。名著『まなざしの地獄』（見田, 2008、初出は1973年）、および、その議論を引き継いだ大澤（2008）が、この問いに対してきわめてクリアな方向性を準備している。

2-2　『まなざしの地獄』

　『まなざしの地獄』（見田, 2008）は、連続殺人事件の死刑囚N.Nの生涯を、その背景となる高度経済成長期の日本社会の構造変動とともに描いた著作である。そこには、N.Nの悲惨な家庭環境を含む生い立ちから、田舎を嫌悪し、そこを脱出してきた「金の卵」としてのN.Nが東京（都市）で味わった挫折

と絶望、そして、連続殺人に走り獄中の人となるまでの経緯が、同人を取り扱った記録文書やN.Nが獄中で書いた文章などを駆使して、「質的」に分厚く描かれている。

　注目すべきは、それと同時に、N.Nと同時期に東京に流入してきた青少年を対象にした質問紙調査の結果など、一見とりたてて注目すべき点もなさそうな「量的な」データが同書にいくつか登場することである。その中の一つに、「東京で就職して不満足な点」について尋ねた質問項目がある。この項目に対して、最も回答率の高かった選択肢は「落ちつける室（へや）がない」というもので、自由時間が少ない、仕事や職場への不満や、友人関係への不満など、就職に関する不満点としてはむしろ有力と思われる事由群をおさえてトップとなっていた。

　この一見遠く離れているかに見える二つのデータ —— 「質的な」データと「量的な」データ —— が、同書では、「まなざしの地獄」というコンセプトで見事に結びつき、見田自身が唱える「固有の持ち味ないし利点を最大限に活かせるような仕方の結合」を見せる。「まなざしの地獄」とは、「ひとりの人間の総体を規定し、予料するまなざし」である。具体的には、N.Nを、田舎者を示す言葉のアクセント、からかいの対象となった顔の傷といった具象的な表象や、学歴や出生地といった抽象的な表象で代表させ、都市の資本のための安価な労働力の供給元たる田舎からやってきた人という〈関係〉でもってN.Nをまなざす視線である。これは、もちろん、N.Nの東京（都市）に対する希望を木っ端微塵に打ち砕き、彼を絶望の淵へ追いやり、犯罪へと駆り立てていったまなざしでもある。

　ここで、見田（2008）は、「このような社会構造の実存的な意味を、N.Nはその平均値においてではなく、ひとつの極限値において代表し体現している」（p.17、傍点は原著者）と指摘する。ここで、平均値としてあらわれている現象と位置づけられているものこそ、上記の質問項目において「落ちつける室がない」を選択した数多くの東京流入者たちである。つまり、東京（都市）において執拗にN.Nをとらえた「関係からの自由への憧憬」（同p.36、傍点は原著者）が、言いかえれば、自らを突き刺す社会のまなざしからの遮蔽物を切望するN.Nの焼けるような思いが、数十倍に希釈された平均的な表れとして、多くの「金の卵」たちが求めた「落ちつける室」が位置づけられているのである。

要するに、大澤（2008）が指摘しているように、研究対象が、研究者が見ようとしている現象全体をどのような意味で代表しているのか —— **代表性** —— という観点に立って、社会実践を「見る」ときの方向性を大きく二つに分けて考えることができるのだ。「平均化」と「極限化」である。**平均化**とは、広義の平均値が全体を代表していると考えることである。「平均化」は、上例がそうであったように量的なデータと親和性が強く、対象（たとえば、「金の卵」たち）の数量的な属性を概括的にとらえるには好適である。他方、**極限化**とは、個別の対象に「萌芽的に見られる動的な傾向性のベクトルの収斂する先」（大澤，2008，p.104）をとらえようとすることである。すなわち、平均値に近い事例においては、「アイマイなままに潜在化したり、中途半端なあらわれ方をしたり、相殺し合ったりしている諸要因が、より鮮明な形で顕在化している、そのような事例」（見田，2012，p.157、傍点は原著者）で現象全体を代表させる。「極限化」においては、N.Nの分析がそうであったように、通常、質的な分析がより威力を発揮することは言うまでもない。

　実際、多くの臨床系の人間科学は、多かれ少なかれ、「極限化」を念頭に個別のケースにあたることで、それぞれが究明対象としている全体（たとえば，家族一般，人間一般）にアプローチする側面をもっている。たとえば、第4章で導入し、第5章と第6章で詳しく検討した過去の〈未定性〉や未来の〈既定性〉に関する分析も、同じロジックに依拠している。すなわち、これら二つの〈時間〉は、たとえば、健常者の通常の生活体験など平均値に近い事例においては、その特徴を明瞭な形で引き出すことは困難である。しかし他方で、たとえば、災害や事故など破局的な出来事を体験した場合、あるいは、木村が〈ポスト・フェストゥム〉、〈アンテ・フェストゥム〉として位置づけた精神的な病理状態にある場合、それらが極端な形で突出し尖鋭化するため、その特徴はだれの目にも明瞭になる。

　あるいは、オウム真理教について分析した大澤（2009、初出は1996年）が、それを特に取り上げた理由として示唆しているロジックも「極限化」である。「旧新宗教」（創価学会、立正佼成会など）と比較して、「新新宗教」（阿含宗、オウム真理教など）においては、入信動機が俗に言う「貧・病・争」に象徴される生活苦に限定されず多様化する傾向にあること、霊的な世界を重視し現世離脱志向が強いこと、心身統御技法に対する関心が強いこと、信者の多くが若者であること、こういった特徴が一般に見られるが、オウム真理教は

他のどの「新新宗教」よりも、これらの特徴を強く濃厚に保持していた。オウム真理教は、「新新宗教」の特徴を「極限化」して見せてくれる拡大鏡のようなものだというわけである。

　だから、「そのような、極端な、少数の（たった一つの）事例を取り上げて検討してみても、そこから得られる知見の一般性には疑問が……」といったありきたりな批判は、「平均化／極限化」という鍵概念によってロジカルに粉砕される。そのような、極端な、少数の（たった一つの）事例だからこそ、特に取り上げて「見る」必然性がある場合が、方法論上たしかに存在するのだ。この点については、後に第9章5節で、「特殊性・固有性」と「普遍性・一般性」とを対照させた議論を通して、もう一度触れることになる。

2-3　質／量データ ── 両者の相補的関係

　『まなざしの地獄』で実現していたのは、次のことであった。つまり、「平均化」と親和的な量的なデータが暗示する、ある社会構造の**実存的意味**を「極限化」と親和的な質的なデータが明らかにする ── このような連関の中における両者の**相補的関係**である。この相補的関係が、相互の短所・欠点の妥協的な折衷や弥縫的な補完ではなく、両者それぞれの「固有の持ち味」 ── すなわち「平均化」と「極限化」 ── の相乗的な発揮に基づく相補的関係である点が大切だ。すなわち、一方で、「落ちつける室がない」に関する量的なデータは、無用に複雑な多次元的な解析を経てあたかも深みのある解釈が可能であるかのように装ったデータではない。むしろ逆に、選択肢として示された項目（日本語）に対する回答者のストレートな反応を単純集計しただけのシンプルな量的データである（第8章1-3項）。もう一方で、N.Nの生涯から抽出された「まなざしの地獄」という鍵概念も、客観性の衣を纏っただけの複数評価者による評定や解釈といった平準化の作業によってはとても得られそうもない。むしろ逆に、分析者個人（見田氏）の属人的力量に多くを負う洞察の産物である。

　質と量双方のアプローチにおける、このような意味での相乗的な相補的関係は、まったく異なるタイプの「見え」を一つの研究・思考の中に併存させているという点で、アクションリサーチ（人間科学）にとっても、きわめて重要な意味をもっている。なぜなら、第三者的に「見る」という態勢の範囲

内であっても、「見る」ための研究活動がすでにその内部に入り込んでいる社会実践を研究を通して自分たちは見ている —— そのような構造をよく「見る」ためのドライブをこうした相補的関係がもっているからである。それぞれの「見る」がもつ「固有の持ち味」の相乗によって、「見ることを見る」が効果的に実現されることになるのだ。

　本書では、この後、「量的データの質的分析」と題した第8章で、量的なデータを徹底して質的に取り扱い、また質的に分析することを通して、質的・量的両アプローチの相乗的な相補関係を築くチャレンジについて紹介する。このチャレンジは、量的なデータそのものを質的に加工して二次分析するということではない。そうではなく、量的なデータを通して「見る」こと —— 量的な研究アプローチという社会実践の総体 —— をリフレクティヴに「見る」作業を質的なアプローチを通して実行するということである。また、第9章では、第8章とは反対の方向から質的・量的両アプローチの相補関係について検討する。つまり、『まなざしの地獄』におけるN.Nに対する考察と同様に、特定の個人が示す名人芸とも言える独特のリスク・コミュニケーションのスタイルを質的に分析することを通して、そこにおいて「極限化」された形で露呈しているリスク・コミュニケーションの秘訣が、実は、より多くの平均値に近いケースにも希薄化された形で広く埋め込まれていることを明らかにする。

3　三つのタイプのデータ

3-1　バーズアイ／フィードバック／コ・プロデュース

　本節では、いよいよ、研究者と研究対象者が共同当事者として「共に見る」という、アクションリサーチに固有の構造の中で活用されるデータの意味や役割について本格的に考察する。アクションリサーチでは、もともとの当事者に研究者も加わった新たな当事者たち（第1章4節で**共同当事者**と呼んだ）による、新たな社会実践（もともとの社会実践や研究実践と区別するために、**共同実践**と呼んだ）が開始される。ここで問いたいのは、この意味での「共同実践」としてのアクションリサーチにおいて「共同当事者」たち

が扱うデータ、すなわち、データ・イン・アクションの意味や役割である。

それについて考えるために、以下の三つのタイプのデータを区別して段階を追って考察すると便利である。第一が「バーズアイ」のデータ、第二が「フィードバック」のデータ、第三が「コ・プロデュース」のデータである。これら三つのタイプのデータは、研究者と研究対象者との独立性（分離）がこの順に徐々に低下していく系列で並んでいる。つまり、バーズアイでは、両者は相対的により独立しており、まさしく鳥瞰図（バーズアイ）の構図の下で研究者だけが「見る」（研究対象者は見られるだけ）という態勢が維持されている。フィードバックでは、「見る」ための過程が完了した後に、データが研究者から研究対象者に明示的にフィードバックされる回路が組み込まれており、その分、両者の独立性が低下する。コ・プロデュースでは、データの取得過程（「見る」ための過程）段階から研究対象者が「データ」の取り扱いに何らかの形で関与する。そのため、データを獲得する研究者、それをフィードバックされる研究対象者という構図すら維持されない。両者の独立という態勢が破棄されて、両者が「共同当事者」として共にデータを活用している状態である。

以上を整理すると、こうなる。「バーズアイ」は自然科学で前提にされるデータに最も近いデータである（ただし、「同じ」ではない）。対照的に、「コ・プロデュース」はデータ・イン・アクションの純粋形と言えるデータである。そして、「フィードバック」が両者の中間的形態である。三つのタイプに分類可能な事例は無数にあるので、以下では、筆者自身がこれまで取り組んできた研究事例、および現在手がけている研究事例を具体的に紹介しながら、それぞれにおけるデータの特徴について詳しく解説していこう。「バーズアイ」と「フィードバック」については本節の中で説明し、最も重要な「コ・プロデュース」については節をあらためて取り上げる。

3-2　群集行動の鳥瞰図的観察 ── バーズアイのデータ

図7-1は、大阪の中心部にある大きな横断歩道を上空から撮った写真、まさに鳥瞰図のアングルからの写真である。多くの歩行者がそれぞれの方向に進む人びとから成る帯状の構造を形成している様子がよくわかる。

図7-2は、図7-1のような写真を2秒間隔で連続撮影したデータをもとに、

図7-1　横断歩道を横断する歩行者群集

歩行者群集の行動をコンピュータ・グラフィックスとして再現したもので、一人ひとりの歩行者の2秒間の動きを示している。図上に見える多くの小さな矩形はそれぞれ一人の歩行者が2秒間に移動した軌跡を示している。白い矩形は左から右に歩いている人、黒い矩形は右から左に歩いている人である。白い矩形の帯と黒い矩形の帯が交互に並んでおり、全部で5本の帯（三つの白い帯と二つの黒い帯）から成る帯状構造を観察することができる。

　図7-2の縦軸は歩行者の総数を、横軸は帯状構造の構造化の程度を示す指標（0から1までの値をとり、1に近づくほど構造化が進んでいることを示す）を示している。折れ線グラフの周辺の数字、および、群集状況図に付した数字は、横断時間におけるステップ数である。1ステップが2秒なので、たとえば、5は横断開始から10秒後、14は28秒後の群集の状態を示している。

　この観察研究は、筆者が博士論文を執筆したときに行ったもので、詳細はYamori（1998）を参照されたい。当時、研究上の焦点は、このような人流の帯状構造はどのような過程で自律的に形成されるのかという点にあった。すなわち、こうした構造は、歩行者一人ひとりが意図的に形成しているとは言えず（多くの人はそのことを意識して歩いているわけではない）、実際、図7-2に示したような明確な構造が出現しないこともある。しかし、このよ

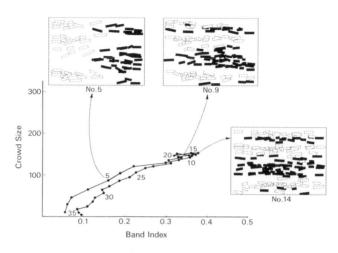

図7-2　歩行者群集が形づくる帯状構造の分析

うな構造のおかげでスムーズな群集流動が確保されている側面がある。そう
なると、当然、どのような場合に、どのようにして帯状構造が現れるのが、
実践的にも（たとえば、時折生じる群集事故を防止するという観点から）、
理論的にも（たとえば、個人のミクロ的な行動と群集のマクロ的な挙動との
関係分析という観点から）重要な課題として浮上することになる。

　ここでの観点からおさえておきたい点は、歩行者の移動データを取得する
場面で、研究者（見る者）と対象者（見られる者）との独立性がほぼ完全に
実現していることである。群集全体を遠く上空から撮影した筆者の存在を意
識していた歩行者は絶無と言ってよく、この構図は、たとえば、『キッチン
ストーリー』（第1章2節）におけるフォルケとイザックの関係とは好対照を
なしている。この群集行動観察では自然科学で前提にされる観察スタイルが
ほぼ完全な形で実現し、「バーズアイ」のデータが取得されているわけであ
る。

　もっとも、すでに指摘したように、長期的に見れば、この構図は完全には
保持できない。たとえば、こうした群集行動の特性を踏まえて、斯く斯く
然々の群集誘導法が現場で採用されていること（ソフトな群集流動制御法）、
あるいは、横断歩道周辺の通路の配置に独特の工夫がなされていること
（ハードな流動制御法）などについて歩行者自身が知った場合、歩行者のふ

るまいに微妙な影響を及ぼす可能性は否定できない。つまり、歩行者行動に関するデータを取得する社会実践（観察）と、もともとの社会実践（歩行者行動）とを完全に分割することはできない。

　しかし他方で、この場合、歩行者（観察対象）が、仮に観察されている事実に気づいたり、あるいは、観察結果に基づいて自分の行動が何らかの形で制御されようとしたりしていることによしんば気づいたとしても、群集行動という性質上、自らのふるまいを変容させることは相当程度困難である。いったん群集の中に入ってしまえば、群集全体の流動に身を任せて歩くほかないからである。

　つまり、ここで紹介した群集観察研究におけるデータは、データ取得の局面（観察場面）で観察者と観察対象者がほぼ完璧に分離されているという意味でも、観察対象者に関するデータを観察対象者が知ったとしても、その知識が観察対象となったもとの実践（歩行行動）に影響を及ぼす可能性が低いという意味でも、「バーズアイ」のタイプのデータの典型例として位置づけることができる。

3-3 「PMサーベイ」—— フィードバックのデータ

　日本におけるアクションリサーチのルーツの一つが、三隅二不二教授が生涯をかけて取り組んだ組織開発とリーダーシップ研究（リーダーシップPM理論）にあったことはだれもが認めるところだろう（三隅，1984）。三隅教授は筆者にとって大学院時代の恩師にあたり、筆者の初期の研究（たとえば、三隅・矢守，1989）もこの領域に属するものであった。PM理論に基づいて、（財）集団力学研究所（筆者もかつて所属）を拠点として、吉田ら（1995）が中心となって開発したリーダーシップ・トレーニングのためのプログラムは、観察者から観察対象者へと「フィードバック」されるデータを中核としたアクションリサーチの典型的な事例だと言える。

　「PM式リーダーシップ・トレーニング」の流れは、図7-3に示した通りである。STEP3に「PMサーベイ」とある。「PMサーベイ」とは、PM理論に依拠して、職場等の上司のリーダーシップと部下のモラール要因（部下の仕事意欲、職場満足度、精神衛生など）について、上司と部下の双方が回答する質問紙調査（サーベイ）のことである。三隅（1984）らは、長年をかけ

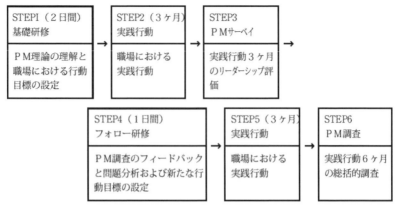

図7-3 PM式リーダーシップ・トレーニングの概要

て、一般企業、官公庁、学校など各種の組織体において、リーダー（監督者、管理職、教師など）のリーダーシップと、フォロワー（部下、児童・生徒など）のモラール要因とを適切に計量する（つまり、「見る」）ための「ものさし」（測定尺度）づくりのための研究を実施した。「PMサーベイ」はその成果物である。

　三隅（1984）のタイトル『リーダーシップ行動の科学』に含まれる「科学」という言葉、また、その中で盛んに用いられる、サーベイのための測定尺度の妥当性の検証という言いまわしに、リーダーシップという現象を、その実践に関わる当事者（リーダーやフォロワー）たちから独立して、客観的に「見る」ことへの情熱が現れている。裏を返せば、PM理論は、それ以前から存在していた非科学的な（とPM理論が見なすような）リーダーシップ理論に対するチャレンジだったわけで、この点に徴すれば、PM理論では「バーズアイ」のデータがめざされていたと言える。

　他方で、図7-3のSTEP4として示された「PM調査のフィードバック」の文言に注意する必要がある。このステップでは、トレーニングを受けるリーダーたちが一堂に会し、ファシリテータのもとで（筆者もかつて何度もこのファシリテータの役割を担った）、PMサーベイの結果のフィードバックを受ける。つまり、データを取得するためのツール開発（測定尺度開発）は研究者によって専有されていたかもしれないが、上述の群集行動研究とは大きく異なり、データを通して社会実践を「見る」場面には見られた側（ト

レーニング受講者）も参加しているわけである。

　しかも、このステップで重視されているのは、データ（客観的な「見え」）そのものではなくて、リーダーシップの現状に関する当事者（リーダー本人）による内省とデータとのギャップであり、また、リーダーシップやモラール要因に関する（リーダーから見た）自己評価、部下評価、上司評価など、いくつもの「見え」の間のギャップである。データを得る方法を編み出し、その結果データを得た研究者（観察者）だけがデータを専有的に活用するのではなく、データは観察された本人を含め関係者に積極的にフィードバックされ、ベターメント（トレーニング）のための資料として活用される。図7-3にある「問題分析および新たな行動目標の設定」（STEP4）や「職場における実践行動」（STEP5）とは、まさに、データをフィードバックされた当事者によるベターメントの営みである。

　ここで、第3章で検討した「アイヒマン実験」から導かれたデータについても、本章で述べてきた視点から位置づけておくことが有用である。すなわち、この研究から得られた最も著名なデータ、すなわち、電気ショックのエスカレーションの結果の一覧表（第3章3節）は、通常、まさに「バーズアイ」のデータの典型例（理想的な形態）と見なされている。巧みな実験設定によって、研究対象者（被験者）がまったく気づかないところで「服従の心理」を見事に第三者的に観察（実証）した（ことになっている）からである。

　しかし、第3章で指摘したように、ミルグラムは、実験後、そのデータをかつて被験者であった人びととやりとりし（つまり、フィードバックし）、共にその意味について考えている。そして、そのフィードバックプロセスこそが実験室で起きた出来事以上に重要な意味をもっていたのだった。その意味で、アイヒマン実験におけるデータは、「フィードバック」のデータでもあったと言えるだろう。

4　コ・プロデュースのデータ

4-1　データの共同生産・共同活用

コ・プロデュースとは共同生産という意味である。つまり、「コ・プロ

デュース」のデータとは、アクションリサーチにおいて共同当事者たちが共に従事する共同実践を「共に見る」ことを通して共同生産し、**共同活用する**データのことである。

　上記のように、「バーズアイ」、「フィードバック」それぞれのタイプのデータにおいても、データをめぐって研究者と研究対象者は、ミニマムの、あるいは一定の関係を保持していると見なすことができる。その意味で、これら二つのタイプにおいても、自然科学において両者の間の完全な分離を前提に、「実証」——仮説的命題と客観的事実との一致を確認する作業——を目的に活用されるデータとは、その意味や役割が異なる。「コ・プロデュース」のデータでは、さらに、研究者と対象者の関係が融合的なものとなり、データそのものが共同生産・共同活用されている。しかも、そのことに両者が自覚的であると見なすことが適当となる。それだけ、アクションリサーチにおけるデータ、すなわち、データ・イン・アクションの色彩が明瞭なタイプのデータである。

　ただし、一口に「コ・プロデュース」のデータと言っても、どの局面にコ・プロデュースの性質が色濃く出現しているかによって、いくつかのタイプを区別することができる。たとえば、データの観測・計測の局面、データの解読・分析の局面などである。以下、これらのタイプの違いにも目を配りながら、ここでも筆者自身の取り組みを通して「コ・プロデュース」のデータとは何かについて詳しく見ていくことにしよう。

4-2　「個別避難訓練タイムトライアル」

　最初の事例は、第2章で詳しく検討した**個別避難訓練タイムトライアル**（以下、タイムトライアル）である。「タイムトライアル」の試み、および、その成果物である**動画カルテ**には、データ・イン・アクションと直接的に関連する重要ポイントが少なくとも二つある。

　第一は、同章4-2項で指摘したことで、「動画カルテ」という成果物の生産に実に多様な人びとが、自覚的に関わっているという事実である。一見すると、「タイムトライアル」においても、自然科学における定番の観察研究のように、訓練参加者の避難行動が研究者によって客観的に観察・計測されているだけと映るかもしれない。また、想定される津波浸水の様子を示した

動画像も、研究者が津波シミュレーションの結果として提供したものである。これらの事実だけを見れば、「動画カルテ」（そこに示された行動データや浸水データ）というデータは、研究者によってのみ生み出されたもののようにも映る。

　しかし、実際には異なる。すでに見たように、「動画カルテ」を作成するためには一人ひとりの地域住民が「タイムトライアル」を通して、その中に自らの避難行動の軌跡を自ら描き込む必要がある。第2章5-2項で紹介したＡさんに典型的に見られるように、地域住民が自ら作成した訓練プランを自ら実践し自ら検証する点に、「タイムトライアル」のデータが研究者と当事者との共同実践を通じてコ・プロデュースされている事実が端的に表れている。さらに、より重要なこととして、訓練参加者個人や地域社会の次のアクションの母体となるデータとしての「動画カルテ」は、訓練参加者の避難行動データ、浸水予想データだけから構成されているわけではない。そこに映し出されていた実写画像を撮影したのは訓練支援者の子どもたちであった。また、訓練支援者から訓練参加者にフィードバックされた言葉や訓練参加者自身の言葉も「動画カルテ」の重要な要素であった。この全体が共同当事者の次のアクションの母体となるデータである。

　「動画カルテ」は次のアクションの母体となるデータである —— この視点が、データ・イン・アクションにとって、第二に重要なポイントである。「動画カルテ」の一部をなす狭義の観察・計測活動によって得られた情報を総合して、たとえば、ある人の避難行動が想定される津波浸水状況に対して有効である（あるいは、有効でない）可能性が示唆（強い表現を使えば、不確定性をもちながらも「実証」）される場合は、たしかにある。しかし、「タイムトライアル」にとって真に重要なことは、「実証」ではない。あえて逆説的な言い方をすれば、むしろ、訓練参加者（当事者）が研究者によって「実証」された事実に逆らって、次のアクションを引き起こすことを狙って「動画カルテ」は作成されている。油断している人には危機感を高めるべく、避難をあきらめている人には活路を見いだすべく、それは自在にアレンジ（解読・分析）されて活用されていた（第2章4-3項を参照）。

　すなわち、訓練参加者その人も、その周囲の人びとも、自治体・行政関係者も、そして筆者ら研究者も、狭義の観察・計測活動によって得られた情報だけをデータと見なしているわけではない。それによって、動かしがたい客

観的事実が実証されたと考えているわけではない。そうした情報をその一部として含み込んだデータとして「動画カルテ」が共同生産され、それに対して後続のアクションの全体が再編・展開されていくのである。データ・イン・アクションとしての「動画カルテ」が「コ・プロデュース」されつつ、アクションリサーチが進んでいく点に、「タイムトライアル」の大きな特徴がある。

4-3 「クロスロード」

　筆者自身が開発に携わった防災ゲーム「**クロスロード**」については、既刊の拙著（矢守・吉川・網代，2005；矢守・GENERATION TIMES，2014）で詳しく紹介しているほか、本書でも第1章5節で、永続する運動としてのアクションリサーチを支えるツールという視点から位置づけた。

　ここでは、最初、阪神・淡路大震災の実体験をベースに作成されたオリジナル版の「クロスロード」（「クロスロード：神戸編」と命名）に加えて、同じ枠組みを使った別バージョンが続々と作成された事実に注目したい。ここで言う別バージョンには、たとえば、中越地震や東日本大震災の体験をベースにしたものや、感染症対策や学校安全対策、さらには生活環境問題など、当初の守備範囲であった自然災害に対する防災とは異なる課題について扱ったものも含まれている。「続々と」は、ここで意図して使った用語である。つまり、別バージョンの作成は、「クロスロード（神戸編）」を作成した当初、筆者らの構想にはまったくなかった。しかし、その後、この種の依頼や問い合わせが多数、文字通り、続々と全国から舞い込むことになった。

　ちなみに、「クロスロード」には著作権、商標登録があるので、こうした要請を受けたとき、通常、筆者らは「覚書」を交わして、公式に認定した別バージョンとして登録することにしている。その総数は、2016年9月時点で52件にものぼっている。さらに、現実には、小規模でインフォーマルな利用を前提に試作されたバージョン（未公開バージョン、私家版）が、この数の倍以上存在するとみられる。「続々と」を裏書きする証左の一つである。

　さて、ここで、「クロスロード」という教材のイメージをつかんでいただくためにも、また、別バージョンということの意味を理解していただくためにも、一つだけ具体的な例をあげておこう。たとえば、熊本地震（2016年）

の被災地では、「あなたは避難所担当者。避難者の中に避難所になっている小学校の建物内へ入るのを怖がる人がいて、車を校庭にとめて外で生活させて欲しいと訴えてくる。運営マニュアルでは一般車の乗り入れは禁止となっているが、自家用車を受け入れる？ ── イエスorノー」という設問が、当事者（被災者）から、別バージョン（「クロスロード（熊本地震編）」）を将来作成するための試作設問として提起された（後述する「クロスロードのつどい」に関する記述も参照）。言うまでもなく、この難問は、極端に余震活動が活発だった熊本地震の被災地で特に先鋭化した課題である。この種の、いわばご当地設問を、自らの固有の体験に合わせて自ら作成したいというモチベーションが、社会全体の中で高まっているように見える。

　ここでのポイントは、これらの「ご当地設問」はそれ自体、それぞれの課題（熊本地震であれ、生活環境問題であれ）に直面する（あるいは、直面した）当事者たちが抱える悩み、不安、葛藤などを、「クロスロード」の設問というフォーマットに従って主体的に言語化して当事者自らが表明した「データ」だと見なすことができる点である。これは、一見何でもないことのように思えるかもしれない。しかし、この種の課題が、通常どのような手続きで定式化（言語化）されているかを考えてみればよい。ふつうは、こういった課題は、研究者の側が何らかの問題意識（理論的な枠組み）に基づいて作成した質問項目や、同様の問題意識に沿って行われるインタビュー調査における質問項目として定式化される。つまり、研究者の側が問題理解のための主導権を握ってしまっているのである。ここで、第1章3-4項で触れた当事者研究の役割を思い起こしておくのも有用だろう。

　これに対して、「クロスロード」の「ご当地設問」に対するニーズの高まりは、こうした形式によって生産されるデータには、当事者の悩み、不安、葛藤が十分表現されていないこと、および、それに対して当事者が潜在的な不満を抱いていることが示唆されていると言える。「クロスロード」は、表現形式に関する最低限の制約（フォーマット）しかもたない柔軟なツールであることが、ここで重要な意味をもっている。以上の意味で、「ご当地設問」は、研究者が提供したフォーマットと当事者の思いとが出会う地点 ── まさにクロスロードである ── に成立する、データの「コ・プロデュース」の一例と位置づけうる。

　ここで、「それなら、表現形式にまったく制約がないほうがいいのではな

図7-4 「クロスロードのつどいin熊本」の実施風景
(写真提供：同大会実行委員会)

いか、なぜ、クロスロードの窮屈な設問形式に従わねばならないのか」との疑問が生じるかもしれない。たしかにそういう見方もあるだろうが、この点に対して筆者なりの応答もある。それは、── たとえば、俳句や短歌を考えてもわかることだが ── 同じフォーマット（表現上の制約）を共有しているがためにかえってコミュニケーション力が増強される一面である。すなわち、「ご当地編」の作成を希望する当事者たちは、多くの場合、「ご当地編」の作成という形の自己表現だけで事足れりとするのではなく、設問として表現された課題について、当事者ではない人びとと一緒にプレーすることを希望する。熊本地震の事例で言えば、過去の災害の経験者や今後災害が発生することが予想されている地域に暮らす人びとと一緒に「クロスロード（熊本地震編）」をプレーすることを希望する。

　実際、そのための交流の場は、「クロスロード」のユーザーが全国から参集する公式のイベント「クロスロードのつどい」（第1章5-3項）だけでも、現時点（2017年5月）で、盛岡、仙台、東京、静岡、大阪、広島、高知などですでに10回以上開催され、直近では、熊本地震から1年が経過した2017年4月に、100名を超える参加者を集めて熊本市内で開かれた（図7-4を参照）。うち半数は熊本県外からの参加者であり、その多くは、東日本大震災、

阪神・淡路大震災などの経験者や南海トラフ巨大地震の被害が懸念される地域からの参加者であった。ちなみに、上掲の設問はその席で熊本地震の経験者から提示されたものである。こうした場が当事者によって求められ、多くの人がそこに集うのはなぜだろうか。

　それは、自らが直面する課題とは異なる課題を抱える人たち、たとえば熊本地震の被災者の例で言えば、東日本や阪神・淡路といった災害を体験した人たちと対面し、相互の課題と向き合うためであろう。これらがいずれも同じフォーマットで表現されているからこそ、相互の違いも類似点もより明確になる。被災体験の伝達や共有というアクションの中で活用されるデータ・イン・アクションとしては、表現形式に一定の制約があることがむしろ力を発揮する場合もあるのである。複数のフィールドに関わる多様な当事者が、災害という局地的な出来事の体験の有無が自動的に画してしまうかに見えるフィールドの境界を自在に横断して、共同当事者として共にコ・プロデュースし伝播していく「クロスロード」の設問は、データ・イン・アクションとなってアクションリサーチを支えている。

4-4「満点計画学習プログラム」

　2009年12月、筆者らは京都府の山間部に位置する京丹波町の下山小学校を訪れ、小学生（5、6年生）とともに1台の地震計を学校の片隅に設置した（図7-5）。この「満点地震計」という名の新型地震計は、京都大学防災研究所阿武山地震観測所（筆者もこの観測所に兼務している）が進めている満点計画の一環として設置したものである。「満点計画」とは、新たに開発された小型・安価で保守の容易な満点地震計を数多く（「万点」）に設置して充実した観測網をつくることによって、理想的な、つまり、「満点」の地震観測を行おうとする最先端の地震観測研究である。つまり、それは言ってみれば、「満点」の地震観測「データ」を入手しようとする試みである。

　ところが、この観測研究には大きな壁が立ちはだかっていた。地震計の設置場所の確保に苦労しているというのである。筆者は、同観測所長の飯尾能久教授（地震学）からこの話を聞いて、「それなら、学校（あるいは、地域社会の拠点）に置いてはどうか」と思いたった。そうすれば、研究者は設置場所を確保できるし、地震計の保守やデータ回収作業も省力化できる。「満

図7-5　満点地震計の設置風景
（京丹波町立下山小学校）

点地震計」は最新式の機材で、小学生（一般市民）にも十分取り扱える程度にまで簡素化されているからだ。他方で、学校側にとっても、「満点計画」に活用する地震計と連動した防災学習（「満点計画学習プログラム」と呼んでいる）によって、ありきたりな避難訓練に代表される陳腐な防災学習に新風を吹き込むメリットがある。「理科離れ」対策にもなりそうだ。筆者は、これぞ一挙両得の計なりと意気込んだ。

　いろいろハプニングもあったが、子どもたちのがんばりに加えて小学校の先生方の継続的なご支援もあり、この取り組みは順調に展開した。下山小学校ではその後も代々の6年生が地震観測と地震計の保守を担当している。さらに、この取り組みは、ご縁あって鳥取県西部地震（2000年）の被災地でもある鳥取県日野町にも広がり、下山小から遅れること1年、2010年に同町立根雨小学校にも満点地震計が設置された。下山小、根雨小、両小学校は、「プロが使う地震計のある小学校」なのだ。

　何よりも大切なことは、「満点計画学習プログラム」では、「本物」の地震観測研究、すなわち、実際の地震データの観測活動に小学生たちが一役買って、それを研究者とともに共同で担っている──「コ・プロデュース」している──ことである。小学生たちが担当しているのは、研究全体の、文字通

り、万分の一（多くの観測点のうちのたった一つ）かもしれない。しかし、そこで得られたデータが実際に最先端の地震観測研究（「満点計画」）に活かされているし、そのことが子どもたちにわかるように、筆者らは授業の内容も工夫している。

5 「オープンサイエンス」

5-1 サイエンス・コミュニケーションとしての共同観測

前節の最後に紹介した「満点計画学習プログラム」は、その他の事例とは異なり、当面の研究対象が自然現象（地震活動）であり、その点で、人間が人間を対象とした研究活動を展開するアクションリサーチとは性質を異にしている。つまり、共同当事者としての研究者と研究対象者が、研究対象者（時には研究者自身）について「共に見る」わけではない。別の言い方をすれば、自分たちについて「共に見る」ためのデータをコ・プロデュースしようとしているわけではない。「共に見る」対象は、あくまでも自然現象（地震活動）である。

しかしながら、この意味でのデータのコ・プロデュースも、特に現代の日本社会では重要な意味をもっている。先端医療、原子力発電、バイオ関連技術、そして防災・減災等に関する**サイエンス・コミュニケーション（リスク・コミュニケーション）**のことを思えば、その理由はすぐにわかる。筆者も、かつて、『巨大災害のリスク・コミュニケーション』と題した拙著で指摘したように（矢守，2013）、これらの領域で、「リスク情報の一方向的伝達からリスク対応に関する合意形成へ」とか、「専門家と非専門家の垣根の撤廃を」とかいったキャッチフレーズのもとで今模索されていることの最先端に、ここで言うデータのコ・プロデュースの試みが認められるからである。つまり、専門家と非専門家が「共に見る」構図の実現である。

この視点に立てば、「満点計画学習プログラム」が志向していることは、まさに、地震というリスクに関するデータを、専門家（地震研究者）と非専門家（小学生）がコ・プロデュースすることだとわかる。しかも、ここで共同生産されているのは、たとえば、さまざまな観測データが専門家によって

予め分析・処理された結果をわかりやすく表現した「地震ハザードマップ」のような二次的な加工データではなく、サイエンスの最も基礎的な局面にまで遡ったローデータ（一次的な地震観測データ）である。

5-2 「オープンサイエンス」—— 共に科学をなすこと

　こうした試みが重要であること、特にサイエンス・コミュニケーション（リスク・コミュニケーション）のあり方を根本から変える試みとして重要であることは、オープンサイエンスの観点から光を当てることができる。「オープンサイエンス」は、目下、日本政府も総合的な科学技術政策の柱の一つとして推進しているもので、代表的な議論（ニールセン，2013/2012）に従えば、それはおおよそ次のように定義される。「オープンサイエンス（運動）」とは、科学研究をより開かれた活動へと変革していく運動であり、狭義には、より多くの人びとが科学研究の基礎となるデータや成果にアクセスすることを可能にすること、また広義には、市民を含めより多くの人びとが協力し、より多くの人びとを巻き込み、人びとから信頼される科学研究を実現することを目標とする活動である。しかし、本書の文脈に即してより簡明な定義を与えるなら、それは「共に科学をなすこと」であり、さらに限定すれば、科学データの「コ・プロデュース」と定義できるであろう。

　筆者が専門とする防災・減災領域では、大地震が発生した後になってから、「実は、××地域には未知の活断層があったことがわかり……」といった出来事が繰り返されていることが災いして、専門家と非専門家の間のリスク・コミュニケーションの不全（リスク認知のギャップ）が問題視されることが多い。しかし、だからこそと言うべきか、実は、オープンサイエンスの構図に立脚した先駆的な試みを数多く認めることができる。特に日本社会では、すでに一定の水準の観測体制（データ収集のための体制）が専門家（たとえば、気象庁などの専門組織）によって敷かれているので、それでもその観測網をかいくぐって発生する現象は、必然的に局所的・短期的な突発現象となり、その観測や予測（そのためのデータ収集）には、逆に非専門家の力を借りる必要が生じているからである。

5-3 「雨プロジェクト」と「地域気象情報」

　「オープンサイエンス」について、防災・減災の領域から具体的な事例を二つほどあげておこう。（株）ウェザーニューズという民間の気象情報会社は、2000年代初頭から、**雨プロジェクト**をはじめとする数々の参画型の気象観測と災害情報共有のための取り組みに着手している。「雨プロジェクト」について、ウェザーニューズ（2009）は、以下のように説明している。「『雨プロジェクト』は、今年で5年目を迎え、昨年は雨雲の"位置"および"勢力"を一般の方と共に観測、その情報をリアルタイムに反映し、より細かい時間単位での気象予測を試みる『10分天気予報』を展開しました」。「共に観測」という用語に、そのオープンサイエンス志向が明瞭に現れている。つまり、これは、いわゆるゲリラ豪雨や内水氾濫など局地的で短期的な災害現象に対する防災・減災対策を、非専門家から（も）寄せられるデータを活用して推進しようとする試みである。多くの人びとが、周囲の状況（局所的・短期的な現象）を言葉のみならず写真や動画で瞬時に送信でき、それを瞬時に総合化するだけの情報技術基盤（ビッグデータの処理もその一つ）が社会に整備されたことを活用した手法である。

　なお、同社では、こうした「共に観測」を防災上重要な局面だけで行うのではなく、同じフレームワークを、桜の開花時期予測、クマゼミの分布調査、花粉の飛散状況の把握といった、より日常的で一般市民の生活になじみやすいコンテクストでも活用している点も注目される。こうした工夫によって、各種のプロジェクトで活用される情報機器への習熟やメンテナンスが図られるわけだが、効果はそれだけにとどまらない。日常的に、「共に観測」（データのコ・プロデュース）に従事することで、オープンサイエンスのマインド、つまり、「科学は一部の専門家だけが行うことにあらず、共になすことなり」を社会の中に地道に醸成することにも、これらの仕組みは貢献している。

　地域気象情報（図7-6）は、筆者の研究室に学んだ竹之内健介氏（京都大学防災研究所）が熱心に育ててきた仕組みである（竹之内，2016）。「××川が氾濫注意水位に達しました」のような、素人にはよくわからない（ことが多い）情報ではなく、「××橋のオレンジの線まで水位が上がっている」、「××商店の前が浸かり始めている」のように、一般の人（地域住民）が日

図7-6 地域気象情報のフレームワーク
(三重県伊勢市中島学区の事例)

頃見慣れていて、より大規模な水害の兆しとなる情報（データ）を住民自ら
がウォッチし、そうしたローカルな情報を、地元の行政や気象台、河川管理
者から発信される情報と組み合わせて、早めの避難を決断するための情報
（データ）を共同生産する試みである。こうした情報は、ソーシャルメディ
アなどを通して地域住民で共有され、地元の行政から公式の避難情報が発信
される前から早めの対応に役立てられる。

　「地域気象情報」もまた、データのコ・プロデュース（オープンサイエン
ス）を中核とする取り組みである。つまり、それは、防災のための情報
（データ）の作り方や伝え方という点で大きな特徴をもっている。「地域気象
情報」は、従来、気象関連データの作成・伝達を一手に担っていた専門家た
ち（たとえば、気象台や河川管理者）から発表される従来型の情報（たとえ
ば、大雨情報や河川水位情報）だけでなく、これまで、こうした情報の受け
手（消費者）としてのみ位置づけられていた地域住民が自らも関与して生み
出す情報（データ）だからである。

　しかも、対照的な二つの種類の情報（データ）――専門家発のデータと地
域住民由来のデータ――を単に併用するというのではない。両者の対応関係
を共同当事者たちが密にコミュニケーションしながら共同でチェックする点、

かつ、相互チェックをもとにして、データの信頼性や最終的な情報表現についても両者が共同で検討している点に「地域気象情報」の大きな特徴がある。その意味で、「地域気象情報」は、オープンサイエンスのモデルケースといってもよい試みである。

6　再び、データ・イン・アクション
　　　――ビッグデータの役割

　本章では、アクションリサーチにおけるデータの役割について考えてきた。その結果、観察対象となっている社会実践を単に「見る」だけでなく、「見る」ための研究活動という実践がすでにその内部に入り込んでいる社会実践を研究という実践を通して自分たちは見ている ―― そのような構造のもとで活用されるデータとは、「データ・イン・アクション」と称すべき性質をもっていることを明らかにしてきた。それは、研究者と研究対象者が共同当事者として「共にコトをなす」ために、「共に見る」という構造の中で活用するデータであった。

　データ・イン・アクションは、「バーズアイ」、「フィードバック」、「コ・プロデュース」という三つの形態をとった。これらは、この順に研究者と研究対象者との独立性（分離）を低下させてゆき、両者の共同実践としてのアクションリサーチでは、典型的には、「コ・プロデュース」されるデータという形態をとるのであった。さらに、科学の専門家と非専門家が「共に科学をなすこと」として定義される「オープンサイエンス」の運動の中核にも、科学のためのデータを「コ・プロデュース」（共に観測）する営みがあった。

　考えてみれば、「オープンサイエンス」を推進するための技術的基盤とも言える**ビッグデータ**についても、アクションリサーチ（データ・イン・アクション）の視点から別の光を当てることもできそうである。ビッグデータは、「市販されているデータベース管理ツールや従来のデータ処理アプリケーションで処理することが困難なほど巨大で複雑なデータ集合の集積物を表す用語」のように定義されるのが定番である。しかし、単にデータのサイズが大きいとか、データ取得における空間的密度や時間的頻度が非常に細密だとか（だから、データサイズが極端に大きくなるわけだが）、そういったデータそのものがもつ性質だけが大切なわけでもないだろう。

むしろ、ビッグデータという存在が、データの生産者と消費者との関係に変容を及ぼしていること（より正確には、生産者／消費者というカテゴリー自体を無意味化していると言ったほうがいいかもしれない）のほうが本質的であると思われる。再度、防災・減災の領域から具体例を引こう。たとえば、カーナビゲーション・システムから送られてくる大量の車両移動データを活用して、ほぼリアルタイムに「通れた道マップ」が作成され、大規模災害発生時に通行可能な道路情報としてすでに有効活用されている。このとき、取るものも取りあえず被災地に向かったドライバーの視点に立てば、横断歩道上の歩行者（3-2項）と同様、自分がまったく預かり知らぬところで自らの行動がデータとして収集・解析されていたわけで、この点に徴すれば、このデータは「バーズアイ」のデータだとひとまず言えるだろう。

　ここで、ひとまずと限定したのは、ビッグデータ解析が困難であった時代にはそうだったという意味である。しかし、ビッグデータの処理技術の飛躍的増進によって、今や、このドライバー本人が運転する車両を含めて、大量の車両の移動状況がほぼリアルタイムに当事者たちに「フィードバック」されてくる。こうなると、ドライバーたちは「通れた道マップ」にとって、データの消費者なのか、それとも生産者なのか。いずれかに決定することは困難である。むしろ、ビッグデータという情報基盤の上で、社会的なアクション（たとえば、通行可能な道を同定して被災地に効率的に救援物資を届けること）をなすためのデータを「コ・プロデュース」する一翼を関係者全員 —— それぞれのドライバーも、「通れた道マップ」を開発・運用している技術者や事業者も含めて —— が共同当事者として共に担っていると言ったほうがいい。

　アクションリサーチについて考えることは、同時に、私たちが「データ」というものに対して向ける視線や見方を多様化することでもある。データを、仮説的命題と客観的事実との一致を確認するための営み、すなわち狭義の「実証」のための営みから解き放つことが肝要である。そうすれば、「共にコトをなす」ための材料としてのデータ、すなわち、データ・イン・アクションには、より多くの可能性が広がっていることがわかってくる。

第8章 量的データの質的分析

1 質的アプローチ／量的アプローチ

1-1 質・量のコラボレーション

　アクションリサーチ、イコール、質的アプローチというわけでは、もちろんない。しかし、「質的なアプローチの本領」として強調したように（第1章3節、第7章1節）、**量的なデータを中軸とする研究アプローチ**と**質的なデータを中軸とする研究アプローチ**とでは、データを通して社会実践を「見る」ときの構えが大幅に異なる。そして、この違いが、アクションリサーチにおけるデータ —— データ・イン・アクション —— の意味や役割を考える上で大切なヒントを提供してくれる。この意味で、質的アプローチとは何かについて考えておくことは、アクションリサーチにおけるデータの役割一般について考える上でも欠かせない重要事項である。

　さて、国内外を問わず、また研究・実践分野を問わず、近年、質的な研究アプローチや質的なデータの分析の重要性を強調する声が高まっている。それは、「ブーム」（佐藤，2008）と呼んでも差し支えないような活況を呈している。その背景や意義については、これまで多くの優れた先行研究が、ときに自らの研究でもって体現し、ときに方法論に関する考察を通して明示してきた。近年の、ごく代表的な事例だけでも、デンジンとリンカン（Denzin & Lincoln，2006/2000）、パーカー（Parker，2008/2005）、フリック（Frick，2011/2007）、能智（2011）、やまだ（2013）など、多数列挙することができる。

　他方で、「ブーム」の中で、旧来の量的な研究アプローチ（量的なデータ）に対して、単に質的なそれを対抗的かつ批判的に対置するだけでは不十分で、

双方のアプローチの長所・短所を十分に見極めた上で、両者の間の緊張感ある融合、効果的な併用を求める声も強まってきた（上掲の諸文献を参照）。実際、この方向へ向けてすでに多数の試みが展開され、現実にも豊かな成果を生んでいる。そのすべてを網羅することは困難であり、性急な単純化は慎むべきかもしれない。しかし、筆者の立場を明瞭にするためにも、質的および量的な研究アプローチの基本形、この双方の研究アプローチの生産的な融合・併用を志向した既存の研究群とともに、本章のポジションをフリック（Frick，2011/2007）が示したものを改変した図式の下で、あえて単純化して整理してみたい（図8-1）。

　それに先立ち、質的あるいは量的な研究アプローチと言うとき、上記のフリック（Frick，2011/2007）や林（2010）にならって、研究や実践のための素材（データ）における質・量と、得られたデータの取り扱いや分析方法における質・量とを区別しておくと便利である。ただし、いずれの意味における質・量とも、その区分はあくまで相対的なもので、相互排他的に二分できるものではない点はおさえておきたい。

　まず、質的なデータとは、典型的には日常言語であり、インタビュー調査によって得られた**語り**や新聞記事の**テキスト**などが代表例である。他方、量的なデータとは、典型的には数値の形をとり、質問紙調査に対する回答として得られた**数値**や、心理学実験で測定された**生理的な指標**などが代表例である。次に、質的な分析方法としては、**言説分析**や**会話分析**が代表的で、データがその下で得られたと考えられる社会・歴史・文化的文脈や当事者によるデータの意味づけを重視するタイプの分析方法である。これに対して、量的な分析方法としては、各種の統計学的手法に基づいた**データの集約や可視化**、**統計学的検定**などが代表例で、分析結果の一般性や客観性を重視するタイプの分析方法である。

　以上を前提にしてあらためて確認しておくと（図8-1）、まず基本的な類型として、データ・分析とも量的なアプローチをとる類型❶、両者ともに質的なアプローチをとる類型❷が存在する。次に、この両者、つまり、類型❶と類型❷の研究を併用することを眼目とするアプローチ、具体的には、**トライアンギュレーション**（たとえば、フリック，2011/2007）、および、**混合研究法**（たとえば、クレスウェル・プラノ クラーク，2010/2007）などを、類型❸として位置づけることができる。さらに、そうした併用を縦断的に重

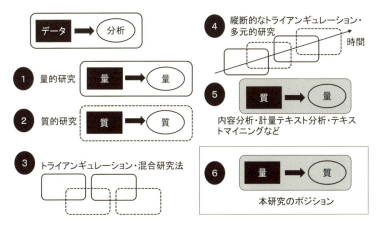

図8-1　質・量のコラボレーションの諸形態と本研究のポジション

合させていく**多元的研究**（クレスウェル・プラノ クラーク，2010/2007）や、長期にわたるアクションリサーチ —— 第1章5節で導入した用語を使えば「永続する運動としてのアクションリサーチ」 —— の中で展開される「縦断的かつ実践的なトライアンギュレーション」（矢守，2010，p.25）などを、類型❹として定位することができる。

1-2　質から量へ／量から質へ

　以上に対して、データにおける質・量と分析における質・量を変換的かつ交差的に活用しようとする立場がありうる。そのうち、これまで、豊富な実績を積み重ねてきたのが、類型❺である。これは、質的なデータに加工を加えて量的なデータに変換し、量的な分析を施すことを中心とした研究アプローチである。具体的には、**内容分析**（たとえば、日比野，2009）、**計量テキスト分析**（たとえば、樋口，2014）、**テキストマイニング**（たとえば、松村・三浦，2014；稲葉・抱井，2011）など、多くの実例がある。

　これらのアプローチについては、その長所および短所が共に指摘されながらも、全体としては、ここ十数年の間に相当程度のレベルアップが図られてきたと見てよいだろう。ここでは、その点について、本章の議論の位置づけを明らかにするために必要な点に絞って略述しておきたい。

まず、この種の研究の効用としては、主に二つのことが重視されてきた。第一は、質的な分析が不可避に随伴するデータ解釈の恣意性、主観性、曖昧性が大幅に減少すると期待できることである。第二は、テキストマイニングに典型的に見られるように、オリジナルな質的なデータ（たとえば、継時的に収集された大量の新聞記事など）を生み出した当事者にすら意識されていない新たな事実を可視化する役割を果たす場合があることである。

　他方で、この反面として、以下のような落とし穴も指摘されてきた。それは、オリジナルな質的データが保持していた当事者にとっての主観的意味やデータをめぐるコンテクストが、数量化のプロセスで致命的な形で脱落する危険性である。また、この危険は、この種のアプローチには不可欠のコーディングの過程で生じやすいことは多くの研究が指摘しているところである（佐藤，2008；樋口，2014など）。もっとも、こうした短所を克服するための試みも多数登場している。たとえば、**グラウンデッドセオリー**（グレイザー・ストラウス，1996/1967など）が彫琢してきた各種のコーディングの手法をその一例として位置づけることもできよう。

　以上を踏まえて、次のように結論づけることができる。佐藤（2008）が指摘するように、質的なデータの「縮約」（たとえば、コーディング）と「展開」（たとえば、分析や解釈）のプロセスには、当然、長所と短所がある。すなわち、「縮約と展開」によって新たに顕れるものもあれば脱落するものもある。よって、前者を最大化し後者を最小化するようなデータや手続きをその都度検討し、アプローチ全体の効果性を向上させていくこと —— これが、類型❺がとるべき最も妥当な方途である。実際、類型❺はこの方向へ向かっていると言ってよい（日比野，2009）。

　さて、これに対して、本章で検討する類型❻については、少なくとも類型❺と比べて、その絶対数がきわめて少ない事実を、最初に指摘しておく必要がある。その大きな理由は、「量的／質的データの互換性は一方向的であり、質的から量的への変換は可能でも、逆は不可能であり、この方法論（ここで言う類型❻：引用者注）は成立しない」（林，2010,p.158）、「反対の変換［量的データを質的データに変換すること：引用者注］は、一般には、より困難である。個々のデータの再文脈化が必要だからである」（フリック，2017/2007，p133）との考えが支配的だからだと思われる。たしかに、データそのものがもつ情報量という基準に照らせば、この指摘の通りであろう。

量的なデータを得るための手続きは、通常、実験刺激や質問文に対する反応や回答など、きわめて限定された情報の抽出しか許さないため、当該の量的データ単体だけを注視するならば、それは、データに対する当事者の主観的意味づけやコンテクストの多くをすでに脱落させて得られたものだと考えねばならない。つまり、そこから質的なデータを復元することは容易ではないように思える。

しかし、そうではあっても、量的なデータを得るための手続き（たとえば、実験や調査）は、被験者や回答者の意味世界の全体、すなわち、当該のデータがそこから引き出されてくる豊かなコンテクストに、実験や調査というやりとりを通して、少なくとも一度は「接触」しているわけである。よって、そこから得られた量的なデータも、**適切な視点**からそれを見ることによって、研究者が予め設定した限定的な側面に関する情報だけでなく、豊かな意味世界や多層的なコンテクストを伴って人びと（回答者）が実際に生きているリアリティについて探るための情報をも提供してくれると予想される。実際、この後3節で考察するように「アイヒマン実験」（第3章）における量的データも、このような視点から位置づけることができる。

同時に、きわめて大切なこととして、この作業は、アクションリサーチにおける「見ることを見ること」（第1章3節）を促すことにもつながる。すなわち、それは、回答者（研究対象者）のリアリティだけでなく、調査者（研究者）のリアリティにも肉薄する糸口になる。なぜなら、研究対象者のリアリティに研究者が「接触」しようとするとき、その操作のいわば反作用として、研究者自身も自らのリアリティ（たとえば、研究遂行上の事情）を多かれ少なかれさらけ出すことになるからである（この点は、3-3項で取り上げる調査拒否・非協力に対する研究者側の対策などを見るとよくわかる）。言いかえれば、研究活動という実践がすでにその内部に入り込んでいる社会実践を、それでもなお研究実践を通して見ている —— その構造をよく見るための手がかりが、ここで言う量的データの質的分析を通して得られる可能性がある。この点が重要である。

さて、ここで言う「適切な視点」とは、研究者と回答者（被験者）の間で顕在的かつ明示的に交わされるコミュニケーション（たとえば、実験刺激に対する反応や、質問文に対する数値化された回答というやりとり）に注目する視点ではない。そうではなく、むしろ、実験や質問紙調査をめぐる明示的

なコミュニケーションが始まる以前の、いわば舞台裏に隠れたコミュニケーション、言いかえれば、研究者と回答者（被験者）の間に設定された限定的で不自由な回路（実験状況や質問紙調査）を介して、それでも潜在的かつ非明示的に交わされているコミュニケーションのほうを重視する視点である。この後、2節以降で具体的に例示するように、明示的に得られたデータを「適切な視点」から注意深く、かつ質的に読み解くことによって、失われたはずの意味世界やコンテクストの一部を復元できるのではないか、回答者（のみならず、研究者）のリアリティに肉薄できるのではないか。これが本章の立場である。

　実際、一見すると量的なデータだけを扱い、量的な分析に終始しているように見える研究（図8-1では類型❶）においても、得られたデータに対する透徹した分析を通じて、一般には質的研究の美点（あるいは、量的研究の弱点）と考えられている諸点 —— たとえば、研究者と研究対象者間のインタラクションの重視、社会・文化・歴史的文脈の重視、当事者による経験の意味づけの重視、研究過程のリフレクションの重視など（やまだ，2013）—— について、まさに質の高い成果をあげている研究も存在する。言いかえれば、一見すると類型❶に見えるが、実際には類型❻に分類可能な研究も存在する。本章のねらいは、こうしたタイプの研究に焦点を当てることで、質・量のコラボレーションについて、新たなスタイルを提案することにある。

1-3　質問紙調査というコミュニケーション

　上で提起した課題について、本章では、**質問紙調査**によって得られる量的データを事例に考察を深めていく。質問紙調査によって得られる数値データをどのように扱えば、質的に（も）優れた分析・考察を達成できるのか。この点について明快な方針を打ち出しているのが、杉万（2013）の「言葉を大事にする」という提案である。「代替案は単純明快です。回答者は、けっして点数をつけたのではなく、選択肢の『言葉』に○（丸印；引用者注）をつけたことを忘れてはいけません。あらかじめ設定された選択肢という画一的な言葉ではありますが、アンケートは、質問者と回答者の間でなされる言語的コミュニケーションなのです」（杉万，2013，p.272）。

　具体例をあげておこう。たとえば、「あなたは、今のお仕事に満足ですか？

――1：不満、2：やや不満、3：どちらとも言えない、4：やや満足、5：満足」との問いがあるとする。こう問われて、4を選んだ回答者は、事後、「仕事満足度の平均値は3.25点であった」といった記述につながるベースとなる4点を選んだわけではない。さしあたっては、質問者（たとえば、××大学心理学研究室）が発した問いかけ、つまり、「あなたは、今のお仕事に満足ですか？」という言葉に、「やや満足だ」という言葉で応じた―― この事実を素直に直視し、それを基本にデータを分析し考察せよというのが先の提案である。

　この提案を前提にしたとき、筆者の考えでは、次の二点に関する踏み込んだ分析が特に重要となる。第一は、質問紙調査で調査者から投げかけられた質問に対する反応（回答者の言葉）に込められた**実存的意味**を深く読みとる作業である。この点についてはすでに第7章2節で先述したが、この後、前章での議論を簡単に振り返りつつ、新たな事例を加味して詳述する。第二は、前節で強調した「適切な視点」をとること、つまり、質問をめぐる言葉のやりとりが始まる以前のいわば舞台裏に隠れたコミュニケーションに注目することである。具体的には、個別の設問に対して「わからない」と答えることや答えないこと（俗に言うDK・NA反応）の意味や、そもそも調査に応じないこと（回収不能、調査拒否など）、さらには、表層に現れた協力的態度の下に隠された非協力的な回答パターンを重視することである。

　以上二つの論点については、それぞれ重要な先行研究が存在する。以下、それらを順に紹介しつつ、かつ、そこに筆者自身の研究成果を加えて、より詳細に議論を進めていこう。

2　回答に込められた実存的意味

2-1　事例1 ―― 『まなざしの地獄』（復習）

　第7章2節で取り上げた『まなざしの地獄』（見田，2008）は、連続殺人事件の死刑囚N.Nの生涯を、その背景となる高度経済成長期の日本社会の構造変動とともに描いた著作である。後論に必要な限りで簡単に復習しておこう。同書では、青少年一般を対象にした質問紙調査の結果として見いだされた一

見単純素朴な量的なデータ（東京に出てきた「金の卵」たちが最も不満を感じる点は「落ちつける室がない」がないであったこと）と、N.Nの人生に関する分厚い記録（質的なデータ）とが「まなざしの地獄」というコンセプトで独創的な形で結びつけられていた。

データの取り扱い上の独創性を特徴づけるポイントは、「このような社会構造の実存的な意味を、N.Nはその平均値においてではなく、ひとつの極限値において代表し体現している」（見田，2008，p.17；傍点原著者）との指摘に集約されている。「落ちつける室がない」を質問紙上で選択した数多くの東京流入者たちにおいて平均的な形で現れている現象が、N.Nにおいては、「まなざしの地獄」（自らを突き刺す社会のまなざし）という極限値として現れているのだ。「東京に就職して不満足な点は？ ── 落ちつける室がない」という質問紙調査上での反応（コミュニケーション）としてあらわれた実存的意味とは、こういうことであった。

2-2　事例2 ── 若者は幸福か？

次の事例は、若者の幸福感に関する世論調査の結果に関する大澤（2011）の考察である。そのポイントは、一見正反対の方向を向いた次の二つの事実をどのように整合的に説明するかという点にある。まず一方に、近年（特に2000年代以降）、若者（特に10〜20歳代）の一般的な幸福感（「あなたは幸せですか」）や、生活満足度（「あなたの生活全体についての満足度はどのくらいですか」）が高まっていることを示す十分信頼できる世論調査の結果がある（たとえば、NHK放送文化研究所，2010）。ここで、「高まっている」とは、一昔前の10〜20歳代の幸福感よりも高いという意味と、驚くべきことに、同じ時点、たとえば2008年時点の60歳代や場合によっては70歳代のそれよりも高いという意味がある。なお、従来（1990年代まで）は、この種の幸福感は、年齢が上がるにつれてほぼ単調増加する傾向にあった。だからこそ、上記のデータが驚くべきこととして多くの研究者に受けとめられているわけである。

しかし他方に、ひきこもり、就職氷河期、ロスジェネといった用語に象徴される近年の若者をめぐるきびしい現実がある。つまり、とても若者が幸せを感じ満足を覚えているとは思えない多くの現象や事実があることも、私た

ちは知っている。こうした傾向は、「失われた20年」とも称されるバブル経済崩壊以降に特に著しい。今の若者とは、まさにこの時期に誕生し成長してきた世代である。その世代が何ゆえ、どのような意味で幸福で満足なのか。

　この問いに対する大澤（2011）の説明はきわめて明快であり、かつ、『まなざしの地獄』における分析と同様、そのような回答に至る回答者の事情を読み解いたものになっている。読解の鍵は、「あなたは幸せか、満足か」という問いは、何らかの個別具体的な対象に限定した満足度を問うているわけではなく、通常、「あなたは、全般に、一般に、幸せか、満足か」と問いかけていることになる点をおさえることである。このとき、この問いに対して否定的に —— 不幸せだ、不満足だ —— と答えるのは、大変勇気がいるという事実に気づく必要がある。なぜなら、それは、自分の人生や生活の全否定につながるからである。

　しかしそれでも、不幸・不満足だと答える人もいる。だから、逆にそれはどういう場合に可能かを考えなくてはならない。それは、今は不幸・不満足でも、将来幸福・満足へと至ることが十分期待できる場合である。逆に言えば、その可能性が小さいと見なさざるを得ないとき、人は現在の客観的状況はどうあれ、幸せ・満足と答えがちなのである。

　ここから、高齢者が若者と比べて、より幸せ、より満足と答える傾向をもつ理由がわかる。人生に残された期間が若者よりも相対的に短い高齢者はそのように答えるほかないわけだ。ここで、健康状態の悪化、親しい人との別離など、幸福・満足にマイナスに働きそうな要因が客観的には加齢によってむしろ増加する傾向にあるにもかかわらず、という要素も考慮しておいてよいだろう。それに対して、昔の、右肩上がりの時代の若者は、将来収入が上がる、就職・結婚などにも将来大いに期待がもてると考えることができた。だからこそ、現状に対して、不幸せ・不満足だと回答できたわけである。

　つまり、「あなたは幸せ・満足ですか？」との問いに対して、「不幸だ・不満足だ」と応じるコミュニケーションには、潜在的に、「私の将来の生活は今よりも幸せ・満足と想定しうる」というメッセージ（回答者のリアリティ）が、多くの場合伴っていると考えるべきなのだ。よって、結論はこうなる。今の若者が、この種の質問紙調査に「幸福・満足」と回答しているのは、将来に希望がもてないことの別表現である。大澤（2011）の言葉を借りれば、「若者が老人のように回答しているという現象なのである」（p.124）。

こうした解釈に対して、いや、若者は実際に幸福・満足を感じていると素直に受けとるべきとの反論もありえるし、実際、大澤（2011）もそうした反論にも目配りしたていねいな議論を展開している。いずれにしても、質問紙調査をコミュニケーションと見なす本章の文脈では、最低限以下のことだけは指摘せざるを得ない。たとえば、現実の会話で、「あなたは自分に自信がありますか」と問うて、「絶対の自信があります」と返してくる人を、私たちはふつうどう理解するだろうか。もちろんそのまま受けとるケースもあるだろうが、多くの場合、「この人、自尊心が高すぎるのでは」、「自信のなさの裏返しなのでは」などと考えるだろう。上で指摘したことは、どうして、このあたりまえの思考回路を、質問紙調査をめぐって展開されるコミュニケーションに（限って）適用しないのかということである。質的な研究アプローチは、本来、こうした点にこそメスを入れるべきだろう。

2-3　事例3 —— 犠牲者のほうが災害対策に熱心だった？

もう一つ、別の事例を矢守（2013a）から引いておこう。東日本大震災について、ウェザーニューズ（2011）が行った津波避難調査がある。この調査は、同社が展開するインターネットや携帯型端末のサービス利用者を対象に、2011年5月から6月に実施されたものである。回答者は、岩手県・宮城県・福島県・茨城県等で被災した人で、回答総数は5,296件である。この調査の大きな特徴の一つは、回答者にその人自身に関する回答を求めるパート1とともに、「身近でお亡くなりになった方」の状況について尋ねるパート2が盛り込まれている点である。つまり、上記の回答総数には、回答者（生存者）自身に関する回答3,298件、および、亡くなった方に関する（生存者の）回答1,998件が含まれる。

同調査に、「普段から津波に対する準備をしていましたか」と問う項目がある。この質問について、「避難経路を知っていた」、「津波の防災訓練をしていた」など何らかの準備をしていたことを示す回答ではなく、「準備はしていなかった」と回答した人の割合に注目してみよう。すると、生存者は、59パーセントが「準備はしていなかった」と回答したのに対して、死者はわずか16パーセントであった。このデータは、津波の犠牲者のほうが実はよく準備をしていたと解釈すべきだろうか。たしかに、死者が生存者よりも

実際に津波対策に熱心であった可能性も抹消することはできない。たとえば、東日本大震災でハザードマップの内容を知っていたからこそ、「ここまでは津波は来ない」と判断するなどして、不幸にして避難が遅れた方がいたことは事実である（たとえば、矢守，2013a）。

　しかし、矢守（2013a）は別の解釈を提示している。重要なことは、ここで言う死者のデータは、「身近で亡くなった方」を念頭に置いて「生存者」が回答したデータだという事実を素直に見つめることである。すなわち、ここで比較されている二つのデータは、生存者と死者の状況を同じ平面上で客観的に比較しているというよりも、生存者が死者についてふりかえるときに生じる独特のバイアスのほうを表現していると考えるべきである。すなわち、死者はなすすべもなく亡くなったわけではない。生き残った自分よりもむしろよく準備をしていた。それにもかかわらず、力及ばず亡くなった —— このような回顧形式が好まれる結果として、このデータは得られたと見たほうがよい。

　このことは、「死者のほうがむしろよく準備していた」という回答に込められた深層の意味合いとして、一つには、生存者の亡くなった人に対する配慮（たとえば、準備不足がたたって亡くなったとは考えないし、考えたくない）があることを示している。また、もう一つには、「もっとこうしてあげればよかった」、「助けられたはずだ」とする自罰的感情（**サバイバーズ・ギルト**）から逃れようとする傾向性が生存者の側に存在していることも示唆している（サバイバーズ・ギルトについては、第5章3節も参照）。先のデータの深奥には、このようなリアリティが隠されていると見ることができる。

　このような視点をもってリサーチにあたれば、特に意図して質的研究と量的研究とのコンビネーションを意図しなかったとしても、言いかえれば、先に示した図8-1における類型❸や❹に依らずとも、質問紙調査から得られる量的なデータからきわめて良質の情報を取り出すことができる（類型❻を実現できる）。再掲をいとわず念押ししておけば、私たちが通常のコミュニケーションでならば当然繰り出すような相互理解のための枠組みを、質問紙調査で展開されている質問と回答のコミュニケーションにも素直に適用し、回答者が当該の質問に対してそのように答えるに至った潜在的なコンテクストや実存的意味をていねいに深く読み解くこと —— これこそ、質的な研究に求められる大切な役割の一つであろう。

3 質問紙調査における潜在的コミュニケーション

3-1 「調査にご協力いただけませんか？」

　質問紙調査から得られる量的データに質的な分析を加味して、それをより高度な形で活かす。この観点から重要となる、もう一つの視点は、質問紙上でのコミュニケーションが始まる以前のいわば舞台裏に隠れた**潜在的コミュニケーション**に注目することである。これは、1-2項で、質問紙調査という限定的で不自由な回路を介して、それでも潜在的かつ非明示的に交わされているコミュニケーション、と表現したものである。

　質問紙調査というものは、内容がどうあれ（たとえば、生活満足度や防災意識）、調査主体がどうあれ（たとえば、国勢調査や学生の卒論研究）、調査方法がどうあれ（たとえば、郵送法や訪問法）、まずは、「私たちは××について調べています、お答えいただけますか」というコミュニケーションから開始されていると見なすことができる。この初動的なコミュニケーションは、より明示的な場合もあれば（たとえば、質問紙や依頼レターに明記されている場合）、それほど明示的でない場合もある。しかし、個々の設問をめぐるやりとりの以前に、こうした初動的コミュニケーションが、少なくとも潜在的に存在することはたしかであり、ここではそこにおける回答者の反応に注目しようというわけである。

　注目すべきは、ネガティヴな反応、すなわち、何らかの意味で調査（調査されること）に対して否定的だと見なすことが可能な反応のほうである。この反応は、主に、次の三つのカテゴリーに分けて考えることができる。第一は、より部分的な反応で、特定の質問項目に回答しない、あるいは「わからない」と回答するという反応で、一般にDK・NA反応（"Don't Know"および"No Answer"）と称されるものである。第二は、より全体的な反応で、調査そのものに応じないことである（回収不能、調査拒否など）。第三は、たとえば、学校の教室での一斉調査のように、調査拒否したくともそれができない状況で、調査に抵抗的な回答者が示す非協力的な回答パターンである。具体的には、たとえば、すべての設問に一律に「いいえ」と回答するといっ

た反応である。

　ここで非常に大切な点は、これらの反応を質問紙調査の外部や舞台裏だと考えるのではなく、その一部だと見なすことである。いやむしろ、それらが、調査者と回答者の間で交わされる初動的かつ原初的なコミュニケーションであるだけに、個々の質問に対する具体的な回答よりもいっそう深いコミュニケーション（やりとり）がこうした場で展開されていると見なすべきである。

　ここで言うより深いコミュニケーションは、明示的な質問と回答の水面下に潜在しているだけに、言いかえれば、半ば無意識の間に交わされているだけに、回答者が現実に生きているリアリティ（1-2項）の中で感じている自己の存在意義に関わる問い ―― これが2節で述べた「実存的な意味」に他ならない ―― に深く関わるような水準での反応を、顕在的で具体的な応答よりもかえって強く示している可能性がある。しかも、質問紙調査という手法は、程度の差こそあれ、調べる者（見る人）と調べられる者（見られる人）との関係、つまり一定の**権力関係**を随伴している。このことが逆に媒介となって、言いかえれば、権力関係に対する意識的、あるいは無意識的な追従や反発（と解釈しうる回答）が、回答者の深層のリアリティを照らし出す貴重なデータとなっていることも予想される。

　この文脈で、第2章の「アイヒマン実験」に関する考察を思い返しておくことが有用である。第2章3節で、「アイヒマン実験」では、研究者と研究対象者（被験者）との分断・独立が前提にされるのではなく、心理学実験という場が不可避に含意してしまう両者の間の（権力）関係そのものを実験の中核的素材にしていると指摘した。また、ミルグラムが実験室での活動の後、すべての被験者を対象に実施した質問紙調査の回答率が92パーセントであったことに触れて、この数字は、〈記憶と罰の実験〉という共同実践に対しては「NO」の意思表示をした人（電気ショックを中途で停止した人）も含めて、〈服従の実験〉という共同実践の一員になることに対しては大多数が「YES」のシグナルを送ってきたことを示していると述べた。すでにお気づきのように、「アイヒマン実験」は、まさに、ここで言う初動的かつ原初的なコミュニケーションの成否を中核的な実験素材とした研究でもあるのだ。

　以下、上に掲げた三つのカテゴリーについて、重要な事例を具体的に紹介しながらより詳細に議論を進めていく。が、その前に、こうした視点に立った場合、他にも注目すべき現象や論点があることをおさえておこう。まず、

上述の意味での部分的な反応に分類されるものとして、他にも、たとえば、自由回答欄への記入量（文字数など）、回答欄以外の箇所への回答（落書き風のメッセージも含めて）などがある。これらも注目すべきデータであるが、本章では触れない。

　次に、より全体的な反応にあたるものとして、調査結果のフィードバック（説明会）への参加（不参加）、さらには、調査票の設計・分析など調査活動そのものに対する参加（不参加）などがある。こちらは、アクションリサーチの観点から、より重要な意味をもっている。すなわち、「永続する運動としてのアクションリサーチ」の一環として実施される質問紙調査における項目設定、分析作業、調査結果の報告、結果の実践への適用等に、調査対象者自身が関与するケースである（図8-1で言えば、類型❹に相当する）。この場合、調査対象者をそのように呼ぶこと自体がもはや不適切となっている。つまり、（当初の）調査者と（当初の）調査対象者が一体となったより包括的な枠組みのもとで、言いかえれば、本書で繰り返し強調してきた「共同当事者」のもとで、調査が実施されていることになる。

　こうした構図のもとでは、「共同当事者」たちが、まさにそう呼ぶのにふさわしい関係を十分に構築しているケースから、それが機能不全に陥っているケースまで多くのケースを想定できる。たとえば、「オープンサイエンス」（第7章5節）は、「共同当事者」としての関係が全面的に開花したケースの一つだと位置づけることができるし、アクションリサーチにとっては、いかにしてこうした関係を構築できるかが非常に大切である。ただし、ここでの文脈で重要なのは、むしろ機能不全に陥っているケースのほうである。それは、言いかえれば、初動的かつ原初的なコミュニケーションの不足や不全に起因して、調査者と回答者（研究者と研究対象者）が「共同当事者」としての関係を取り結ぶことに失敗したケースである。

　一例をあげておこう。第7章3-3項で、PM式リーダーシップ・トレーニングにデータフィードバックのステップが含まれていると述べた。筆者の経験では、このステップ（場面）を意図的に避ける（参加しない）受講者や、その意義（たとえば、データの信頼性）に疑問を呈する受講者が、ごく少数ではあったが、たしかに存在した。こうしたトレーニングにファシリテータとして参加していた当時、正直なところ、筆者はそうした受講者（その態度）こそが、初動的かつ原初的なコミュニケーションのつまずきを明示的に

体現しているという意味で、アクションリサーチにとってより重要な含意を
もっていることに十分自覚的ではなかった。しかし、今思えば、対象となっ
ていた社会実践（受講者の職場でのリーダーシップ）のベターメントにとっ
ても、その改善を図ろうとするアクションリサーチそのもののベターメント
（第1章3-5項）にとっても、それはきわめて重要な意味をもつと考える必
要があった。

3-2　事例1 ── DK・NAというメッセージ

DK・NA反応について最も優れた考察を提供しているものとして、バイ
オテクノロジーなど科学技術に対する態度をテーマとした質問紙調査におけ
るDK回答の意味を分析した日比野（2010）の研究をあげることができる。
この研究のポイントは、DK回答を中心に据えた多変量解析（量的分析）を
通して、DK回答には二つの異なったタイプがあることを示した点である。
すなわち、DKには、多くの質問項目にわたってDKと答える中で登場する
ことが多い**疎外的DK**と、質問内容（この研究の場合、バイオテクノロジー）
に関する賛否の態度を決めかねる中で登場することが多い**両義的DK**がある。
その上で、「疎外的DK」は「認識の困難」（何のことだかわからない）を、
「両義的DK」は「判断の困難」（どちらがいいのかわからない）を、それぞ
れ表していると解釈されている。
本稿の文脈でより重要だと思われるのは、「認識の困難」を表すとされる
「疎外的DK」である。これは、質問紙調査において展開されている「議論
の土俵に乗れないまま回答活動そのものを停止してしまった」（日比野,
2010，p.561）ことを示している。別言すれば、「疎外的DK」は、質問紙調
査全体（その調査が問題にしていること全体）に対する回答者の不信・懐
疑・拒絶 ──「私はこの点を話題にしたくありません」というメッセージ
── を示しており、その意味で、回答者のリアリティを探る上で重要な情報
を提供している。よって、「疎外的DK」の割合や属性別の傾向性などの（量
的）データは、この意味で有効活用されてしかるべきであろう。
これとの関連で、DK回答について、筆者自身が手がけた分析事例を追加
しておこう。2013年に運用が開始された「特別警報」（気象災害等について、
従来の注意報や警報の上のランクに位置づけられるもの）が史上初めて発表

された台風18号豪雨（2013年9月）について、NHK放送文化研究所が、特別警報が発表された地域の住民を対象に電話調査（RDD法、回答総数1809人）を実施している（福長・政木・河野，2014）。

　そのレポートに、DK回答について注目すべき結果が隠されている。それは、「特別警報は、ことし8月30日から新たに運用が始まり、今回が初めての発表でした。あなたは、台風18号の前から、特別警報が新たにできたことを知っていましたか。次の3つの中から、1つ選んでお答えください」（Q4）と、「あなたは、今回の大雨特別警報は、住民の命を守るために役立ったと思いますか、役には立たなかったと思いますか。次の4つの中から、1つ選んでお答えください」（Q14）という二つの問いに対する回答の関係である。

　Q4の回答分布は、「知っていた」（52.3パーセント）、「知っていたが、どんな意味かは知らなかった」（15.2パーセント）、「まったく知らなかった」（31.0パーセント）、「わからない、無回答」（1.4パーセント）、である。また、Q14の回答分布は、「大いに役立った」（20.2パーセント）、「ある程度役立った」（51.6パーセント）、「あまり役立たなかった」（14.6パーセント）、「まったく役立たなかった」（4.4パーセント）、「わからない、無回答」（9.1パーセント）、である。

　注目すべきは、新しく誕生したばかりの「特別警報」に関する知識について尋ねたQ4で、「知っていたがどんな意味かは知らなかった」、または、「まったく知らなかった」と回答した人びと（合計で46.2パーセント、836人）と、実際に発表された特別警報に対する評価を尋ねたQ14で「わからない、無回答」と答えた人びと（9.1パーセント、164人）とのギャップの大きさである。論理的に言えば、自分がよくわかってもいないこと、ましてまったく知りもしないことについては、それに対する評価を尋ねられても、「わからない」と回答するのが理屈である。そうであれば、上記の836人は、ほぼ全員、Q14で「わからない」と回答するはずである。

　しかし、実際にはまったくそうなっておらず、特別警報についてはまったく知らない、あるいは少なくとも意味は知らないと回答した836人の89パーセントにあたる744人が、その有用性について何らかの評価を下している（DK・NAではなかった）。もちろん、当該の事象（台風18号豪雨）の以前に知らなくても、その事象を通して知ったと考えることもできるので、836

人全員がQ14に「わからない」と回答するわけではないだろう。しかし、「わからない」と回答したのは、ほぼ全員どころか、半数ですらなく、わずか10パーセント程度である。このことの意味は十分考察に値すると思われる。

　要するに、ここでは、日比野（2010）にならってDK・NAの意味を問いたいのではなく、DK・NAになっていないことの意味を問題にしたいのだ。ただし、筆者は、ここで、該当する回答者がよくわかってもいない対象について、「大いに役立った」とか、「あまり役に立たなかった」とかいった論評をしているのはよろしくないとか、この調査（データ）に信頼性がないとか主張したいわけではない。

　むしろ、逆である。慧眼なブルデュー（Bourdieu, 1991/1980）が指摘しているように、（世論）調査という実践には、「だれもが何らかの意見をもちうる」、「それらの問題は質問されて当然だとする同意がある」といった公準（暗黙の前提）が存在する。つまり、まったく、もしくはそれほど知らない対象（特別警報）についてであっても、回答を求められれば、それに対する評価を調べる人（研究者）に返してしまうような構造、逆サイドから見れば、よく理解してもらう前にこうした評価を一般の人に求めてしまうような権力関係が、調査というコミュニケーションには元来備わっていると考えるべきである。そうであれば、このような構造のもとで得られたデータは、個別の質問項目とそれに対する回答という単純明快な水準でのみ分析・解釈されるだけでなく、必要に応じて、ここでそうしているように、このような構造そのものを照らし出すデータとして、また、このような構造が何をもたらしているかを知るためのデータとしても分析・解釈されるべきであろう。

　以上の前提に立つとき、筆者の考えでは、ここでは、DK・NAになっていないこと、すなわち、尋ねられれば回答を返してしまうような構造が、特別警報を含む現在の災害情報をめぐるリスク・コミュニケーションが抱える陥穽一般を代表している点を、このデータから読みとることが重要だと思える。どういうことか。災害頻発を受けて、特別警報を含めて次々に新しい災害情報が、技術的に可能だからという理由で案出され、制度化され、実際に発表されている。その度に、発表される側（一般の人びと）は、それについて十分理解することもなく評価を与える。まさにこの電話調査がそうであるように「どのように思いましたか？」と尋ねられるからである。他方、災害情報を発表したり伝えたりする側も、いったん調査結果（データ）が得られ

てしまうと（たとえば、「大いに役立った」(20.2パーセントなど)、その数字を金科玉条の如く信頼して、それを前提にして次なる対策や災害情報の開発に手を染めていく……。

　これは、矢守 (2013b) が災害情報をめぐる**ダブルバインド**として指摘した課題 —— あたかも親離れと子離れができない親子関係のように、災害情報の発信者と受信者が相互依存している構造 —— である。ここで紹介したデータは、この意味でのダブルバインド構造そのものを浮き彫りにしていると見ることができる。言いかえれば、DK・NAになっていないことは、「とにかく何でも問うて検証せずにはいられない」（研究者）、「少々わからないままでも回答してしまう」（研究対象者）という、災害情報をめぐる目下の課題の根底を成すと思われるリアリティを、明快に映し出していると考えられるのである（第2章2-1項も参照）。

　福長ら (2014) の調査に限らず、一般に質問紙調査が、個々の項目について有用な情報を提供していることはむろんある。しかし、質問紙調査をコミュニケーションとして眺めてみることで初めて、本来DK・NAであっても不思議ではない問いに多くの回答者がそうではない形で回答していることが重要な意味をもつ事実として浮上し、それが上記のような本質的課題を反映している可能性が示唆される。しかも、ここで紹介している点については、類似の調査結果が他の調査（竹之内・河田・中西・矢守, 2014）でも得られており、ここでの解釈がけっして恣意的なものではないことを示している。

3-3　事例2 —— 調査拒否・非協力

　この件については、近年特に問題化している質問紙調査（一般には種々の社会調査）の回収率の低下について、社会調査論の分野で交わされている議論が格好の材料を提供してくれる。この点に関して包括的な議論を展開している篠木 (2010) や吉川 (2010) によれば、回収率の低下をもたらしている二大要素は、（回答者の）**一時不在**（いわゆる居留守も含まれるとされる）、および、**回答拒否**である。この二つだけで欠票の80パーセント以上を占める。回収率を向上させることは社会調査にとって死活問題なので、この分野では、そのための方法・テクニックが多数考案され実行に移されている。

　ここでのポイントは、回収率の向上を狙ったテクニックに、逆に、回収率

の低下（調査拒否や非協力）に、どのようなメッセージが込められているかが反映されていることである。これは、1-2項で指摘したように、研究対象者のリアリティへと迫ることは、結局、研究者自身のリアリティの露呈と密接につながっているためでもある。

さて、回収率をアップさせるためのテクニックとしては、ボールペン、図書カードといった謝礼のほか、調査員証明書の携行、過去の調査報告や新聞記事の持参、実施責任者の朱印のある依頼状の持参などがあげられている。謝礼以外のものは、端的に言ってすべて、それが「あやしい調査」でないことを証明しようとするものである。つまり、これらは、調査内容以前に、調査活動がしかるべくオーソライズされていること、不審なものではないこと——こういった事がらを説得的にコミュニケーションすることが初動的コミュニケーションとして重要であることを示している。逆に言えば、それに失敗したときに「調査拒否」が起こるわけだ。

以上の先行研究の蓄積を踏まえて、筆者自身の研究事例を眺めてみよう。それは、南海トラフの巨大地震・津波（第2章2節に概説がある）によって大きな被害を受けることが想定されている高知県のある地区で、2012年1月、全世帯を対象に実施した質問紙調査の結果である。本調査の調査主体は、この地区の自主防災組織と筆者の研究室（大学研究室）であり、役場も質問紙の全戸配布や回収に関与した。なお、同地区の概要や個別の設問に関する分析結果については、孫・矢守・谷澤・近藤（2013）に詳細に報告されているので参照いただきたい。

ここでは、この地区を構成する三つの集落——集落A（159世帯、305人）、集落B（195世帯、384人）、集落C（199世帯、328人）——で、回収率がまったく異なっていたことに注目したい。回収率は、集落Aは30.2パーセント、集落Bは50.3パーセント、集落Cは49.5パーセントであった。集落Aだけが歴然と低い。重要なことは、この数字のほとんどコピーと言えるような数値データの存在である。それは、この三つの集落における津波避難訓練（町全体の訓練）の参加率である（四万十町役場, 2013）。東日本大震災のインパクトがあって以降の過去3年分を見てみると、2011年度は、集落A：21パーセント、集落B：43パーセント、集落C：52パーセント、2012年度は、集落A：21パーセント、集落B：45パーセント、集落C：41パーセント、2013年度は、集落A：18パーセント、集落B：48パーセント、集落C：

38パーセントである。3年平均ならば、集落Ａ：20パーセント、集落Ｂ：45パーセント、集落Ｃ：44パーセントとなり、ここでも集落Ａだけが突出して低い（なお、集落Ｃも低落傾向にあるように見えるが、これは、集落Ｃの一部の住民が集落Ｂの避難場所に避難するよう体制が変わったために生じた結果である）。

　上述したように、一般に、質問紙調査の回収率は、調査主体（がやっていること）を「全般的にはサポートしますよ」という回答者サイドからの意思表示であると見なすことができる。言いかえれば、それは、調査の具体的な内容に対する興味・関心や態度以前に、質問紙調査を含む調査主体のアクション全体に対する承認の程度を示す重要なデータである。よって、ここで、回収率にこれだけ明確な集落間の違いが認められることは、それなりの意味があると見なければならない。そのヒントとなるのが、先に示した集落Ａにおける避難訓練への参加率の低さである。低参加率は、現在、この地区全体で展開されている津波対策全般に対する関心・コミットメントが集落Ａでは低調であることを示していると、ひとまず言ってよいだろう。

　問題は、その理由である。まず、集落Ａだけが津波リスクのほとんどない高台に位置しているといった環境の違いに帰せられる可能性がある。しかし、この場合、それは該当しない。集落Ａ（と集落Ｃ）は海岸に直接面していて小規模な港をもっており、そうでない集落Ｂよりもむしろ津波リスクは高いくらいだからである。また、すべての集落とも、上述の通り、人口・世帯数にも大きな違いがないほか、高齢化率や避難場所など施設環境にも目立った違いはない。

　実は、集落Ａには、三つの集落からなるこの地区全体の津波対策を引っぱってきた強力な地域リーダーが所属している。このリーダーは、地区の住民組織全体の公式の代表であり、かつ集落Ａの公式の代表でもある。ここで大切なことは、それにもかかわらず、集落Ａでは津波防災に対する意識が低いと見るのではなく、だからこそ低いのかもしれないと解釈すべき点である。その鍵は、この地域リーダーを中心とする住民組織が本地区の津波対策の推進母体であり、かつ、上記の質問紙調査の実施主体も、この住民組織に、役場、筆者を含む大学研究室が加わった合同チームであること —— 少なくとも多くの地域住民がそのように見なしていること —— である。

　この地区は、これまで上記の推進母体の積極的な活動によって、津波対策

に大きな進展を見せ、津波防災の「先進地域」と評されることもある（高知県，2014）。しかし他方で、地区に暮らす全員が一枚岩というわけでもない。その証拠に、上述の通り、平均して約60パーセントもの方が避難訓練にすら参加していない。上記の体制が強固であるだけに、それに対する反発もある（詳しくは、孫ら，2013）。つまり、公的なリーダーや推進母体を中心に実施されてきた同地区の津波対策全般に対して集落Aの方々がもつ反発や拒否感情 —— 自らの存在意義により深く関わる実存的なメッセージ —— が、質問紙調査をめぐる権力関係を媒介にしつつ、同集落の突出した低回収率という形で調査主体にコミュニケートされているとみるべきであろう。

　なお、筆者らは、上記の認識を踏まえて、新たなアクション「個別避難訓練タイムトライアル」をすでに開始していることを付言しておきたい。つまり、ここで取り上げた集落とは、実は本書の第2章で取り上げた集落であり、上記のリーダーを中核とする従来の防災活動推進母体との連携を保ちつつも、これまでとは異なる地域組織や人間関係のネットワークを活用する形の避難訓練（「タイムトライアル」）を、アクションリサーチの一環として開始している。第2章で紹介したように、まだ十分ではないとは言え、この試みは地域住民の「主体性」を喚起する役割を果たし始めた。「タイムトライアル」とは、別の角度から言えば、筆者ら自身を含む従前の取り組み主体に対する地域住民からの反発や抵抗を上記の調査結果（量的データ）に読みとった筆者らなりの応答でもあるのだ。

3-4　事例3 —— 非協力的回答

　調査拒否や非協力は、コミュニケーションとしての質問紙調査において交わされる潜在的なコミュニケーションとしては、むしろ、あからさまな部類に属すると言うことができる。つまり、それは、通常、図8-1における類型❶の研究の中で注目されること、言いかえれば、質問項目と回答（数値）というやりとりに比べれば、たしかにより潜在的なコミュニケーションではある。しかし、「この調査はしたくありません」というダイレクトな言葉、あるいは調査票を返さないというアクションは、それ自体としては明示的で直接的である。

　これに対して、たとえば、学校の教室での一斉調査のように、たとえ回答

者（児童・生徒）が調査に対して後ろ向きで調査拒否したくとも、それができない状況で示されることが多い**非協力的な回答パターン**（たとえば、すべての設問に一律に「いいえ」と回答）は、より潜在化しているがゆえに通常は見過ごされがちで、「分析に適さないデータ」として単に排除されるだけという場合も少なくない。しかし、実際には、調査者と回答者の間の初動的コミュニケーション（その失敗）として、回答者について、いっそう重要で微妙なニュアンスを伝えている場合もある。

　この点について、まさに学校の教室における一斉調査を事例に大変鋭い分析を提供している研究として、近藤（2013）がある。教師が調査票を回収するスタイル（さらに回答状況をチェックする場合もあろう）がとられることが多いこうした調査状況において、回答者（児童・生徒）は、たとえその調査に対して前向きでなくても、調査票を提出しない、あるいは、あからさまな白紙（すべて無回答）を提出するといった反応は示しにくいと予想される。このような調査環境上の特徴、つまり、非協力的回答（より潜在的な調査非協力）が出現しやすい環境を逆手にとる形で、この研究が実施されていることをまずおさえておこう。

　その前提として、近藤（2013）は、教育社会学の草創期に、清水（1955）によって提起された重要な指摘を引く。「回答者のどのような軽率さも、どのようなうそも、どのような失錯も、当人の具体的状況に対する適応行動として、よかれあしかれ、当人にとっては真実であり、意味あるものである」、だから、回答者の抵抗は、「回避され、抑圧されるべき」ではなく、「進んで分析され、確実に把握されなければならない」（清水，1955，pp.129-130）。これは、まさに、調査を、「調査者と調査対象者のコミュニケーション」として見る本研究の立場と通底し、かつ、潜在的なコミュニケーションの重要性を指摘した優れた洞察である。

　近藤（2013）が分析対象にしたのは、具体的には、ある国際的な学習到達度調査の実施後に付随して行われた「効果的な学習術」に関する調査である。この調査には、たとえば、「文章の重要な部分に下線を引く」や「文章を声に出して読み、ほかの人に聞かせる」など、望ましい勉強法が複数の選択肢として配された項目が含まれている。ここで重要なことは、分析対象となった質問項目が、通常であれば、複数の選択肢に回答が分散するように注意深く設計されており、その点を確認済である点である。ところが、これらの項

目に対して、同じ番号の選択肢ばかりを選択する、当然予想される回答幅よりも明らかに狭い回答幅しか示さないなど、熟慮してなされているとは考えにくい回答、つまり、非協力的回答が一定程度出現する。

近藤（2013）は、この点について、以下の順で分析と考察を進めている。まず第一に、非協力的回答が無視できない割合で生じていることを確認する。具体的には、非協力的回答の定義にもよるが、それは、少なくとも全回答の10パーセント程度、場合によっては20パーセント程度にものぼる。第二に、非協力的回答が、回答者の社会的階層と強く関連していることを示す。第三に、非協力的回答が、学校的なものへの適応度、すなわち、学業成績に価値を置き、それを高めるための方法（勉強法）を軸とした生活にうまく適応できる者とそうでない者とを分ける指標になっていることを、非協力的回答とその他の回答結果に関する量的な分析を通じて示す。

つまり、近藤（2013）は、質問項目の一つひとつに対する回答を評価するのではなく、非協力的な回答パターンの全体が、学校的なるものに対する反発（特にその中核にあると言える「効果的な学習術」に対する反発）を潜在的にコミュニケートしている、との考察を示しているのである。この点が、前節で示した津波防災に関する質問紙調査の回収率をめぐって分析したことと共通していることは、容易に見てとれるであろう。すなわち、自らの存在意義により深く関わる実存的なメッセージが、質問紙調査をめぐる権力関係を媒介にして、非協力的な回答パターンという形で回答者から調査者に伝えられているのである。

4　データ・イン・アクションとしての質・量融合

最後に、本章で提案した質・量の新たなコラボレーションスタイル、すなわち類型❻について、もう一度、図8-1に立ち返って、特に、類型❸、類型❹、類型❺との異同を中心に据えてとりまとめておこう。

まず、異同のうち同の側面に注目する。ここで試みたことは、基本的に、質的、量的な研究アプローチ双方の生産的な共栄関係を築くための一つの方途を示すことである。この点で、本章の考察は類型❸〜❺と同じ方向を向いている。すなわち、従来から主張されてきたように、質的研究と量的研究と

の間に対立・葛藤関係を見るのではなく、**相補・協調関係を構築する**という指向性を筆者も共有している。もっとも、佐藤（2008）が適切に指摘しているように、両者の間には「ある種の緊張関係があり、それが、質的研究［および量的研究；引用者挿入］の質を高める」ことにつながることを忘れてはなるまい。本章で論じてきたことは、この意味での緊張関係を生産的に利用するための工夫の一つだと位置づけることができる。これは、質的、量的アプローチの間の関係が、相互の短所・欠点の妥協的な折衷かつ弥縫的な補完ではなく、両者それぞれの「固有の持ち味」── すなわち「平均化」と「極限化」── の相乗的な発揮に基づく相補的関係であるべきとの主張（第7章2節）とも通底するものである。

　次に、異の側面について、五点に分けて順に述べていこう。

　第一に、類型❺との違いは、あらためて確認するまでもないだろう。両者は共に、データにおける質・量と分析における質・量を変換的かつ交差的に活用するアプローチであるが、その方向・順序がさしあたって正反対である。ただし一つ注記しておけば、類型❺も❻も通常ワンショットで完結するわけではない。よって、たとえば、類型❺によって得られた量的なデータに対して、再び、本章で提起した類型❻の視点に立った分析や解釈を加えるなど、これら二つのベクトルを永続する運動としてのアクションリサーチの過程の中で繰り返し重合させていくことが、本来最も大切である。

　第二に、本章では、類型❹、すなわち、複数の多様な研究（多様な手法・多様なデータ種）を長期にわたって縦断的に重合させていく「多元的研究」（クレスウェル・プラノ クラーク，2010/2007）や、永続する運動としてのアクションリサーチの中で展開される「縦断的かつ実践的なトライアンギュレーション」（矢守，2010，p.25）における質と量の関係性については本格的には論じてはいない。それについては、第7章で主題的に取り上げたのでそちらを参照してほしい。むしろ、本章では、ワンショットの質問紙調査研究に守備範囲を限定した。その上で、しかしそれでも、そうした研究が生み出す量的データから、量的データ自体が直接的かつ明示的に示していること以上の情報、すなわち、回答者（研究対象者）、および、調査者（研究者）のリアリティにも肉薄する糸口となる情報を抽出しうることを示したつもりである。

　第三に、第二の点と深く関連して、本章の議論は、「異なった方法、研究

グループ、調査地、調査時期、理論的視角などを組み合わせること」（フリック，2011／2007，p.541）と定義される、通常のトライアンギュレーション、すなわち、「多元的研究」（クレスウェル・プラノ クラーク，2010／2007）における質と量の組み合わせのステージ（類型❸）にすら至らない段階に焦点を当てている。トライアンギュレーション、混合研究法が力説するような形で、質的研究と量的研究、質的なデータと量的なデータとの併用を明確に意識せずとも、言いかえれば、いわば本格的な混合研究やトライアンギュレーションに足を踏み入れずとも、量的データを獲得するに至った手続きを繊細に見つめ直すだけで、多くの良質な情報を獲得できる。本章ではこの点について質問紙調査を事例として示した。ここで言う繊細に見つめ直す作業を経ることによって、表面的には単一の量的研究（質問紙調査）、つまり、類型❶のタイプの研究が単独で行われているように見えるケースにおいても、質的・量的研究の間の相補・協調関係を十分実現可能であることを示した。

　第四に、本章で論じてきた相補・協調関係は、先述した質・量両者の間の「緊張関係」（佐藤，2008）を基調にしている。すなわち、質的研究にも量的研究にもそれぞれ見るべき点はあるのだから（そのこと自体はたしかではあるが）、質問紙調査から引き出された量的データは量的データとしてそのまま受け入れて、その上で、その不足分を（たとえばインタビュー調査によって得られたナラティヴデータという）質的データと併用して相互のマイナスを補完しようという姿勢は、筆者が推奨するものではない。こういった姿勢は、むろんこれまで大きな成果もあげてきた。しかし、それが体のいい棲み分けに終始する場合も少なくない。だから本章では、質問紙調査が量的データを引き出すときの「手続き」を繊細に分析すること、すなわち、その「手続き」が暗黙のうちに前提にしている事項をリフレクティヴ（再帰的、自省的）に検討することによって、当該の量的データそのものから重要な情報を質的に引き出すことを重視した。

　最後に、質問紙調査の場合、上に言う「手続き」の本質が、質問を投げかける調査主体（たとえば、研究者）とそれに回答する回答者（たとえば、地域住民）との間の、権力関係を伴ったコミュニケーションにあるとの認識に立った。この認識に立つことによって、質問紙調査やそこから得られる量的データに対してこれまでも提起されてきた常套的な批判はもちろん、それを

補うために質的なデータを併用するという意味でのトライアンギュレーションの重視とも異なる視点を提示した。

　すなわち、当該調査によって得られた量的なデータをあくまでそれ自体として活用しつつも、データに対する透徹した解釈作業を通して（2節）、あるいは、調査活動そのものに対する回答者の態度に込められたメッセージを、上記の意味での権力関係を意識して読み解くことを通して（3節）、回答者の実存的な意味世界に接近することは可能だとの認識を示した。この意味で、本章の議論は、単に質的・量的調査の調査方法論の次元の問題ではなく、人びとが実際に生きているリアリティに、回答者（研究対象者）と調査者（研究者）の関係そのものを切り口としつつ肉薄することの重要性を指摘し、かつそのための方法を提示した点で、アクションリサーチにおけるデータ、すなわちデータ・イン・アクションに対してより根源的な地層からアプローチしたものと位置づけることができるだろう。

第9章　河田惠昭教授の
　　　　　災害リスク・コミュニケーション

1　言っていることと実際になしていること

　フロイトにせよマルクスにせよ、偉大な社会科学者の探究には一つの共通点がある。それは、人が表面的に言っていることと実際になしていることとの間の乖離や矛盾 —— ギャップ —— に対する鋭敏な感受性である。第1章4節で紹介したマルクスの著名な言葉を再び引用するなら、私たちには「それを知らない、しかしそれをしている」ことがたくさんある。このポイントは、反対側から見ても通用する。つまり、自分が他者から表面的に言われたことと実際に他者によってなされたこと、ないし、自分が他者から実際に受けた影響との間にも、ときに大きなギャップが存在する。しかし、通常、私たちはそのことにあまり気づいていない。

　もちろん、これは、特段複雑でむずかしいことでもない。たとえば、ある少年が、小学校の教室である少女にだけことさらに「ちょっかい」を出していたとしよう。この様子を観察すれば、フロイトでなくても、その行為は文字通りの意味をもつものというよりも、この年頃の少年にしばしば見られる「反動形成」、すなわち、その少女に対する好意の裏返しだということを多くの人が直観するであろう。少年は自分の少女への好意を知らないか、もしくは言葉の上では否定している。しかし、行為の水準ではそれをなしているわけだ。

　河田惠昭教授（以下、YKと記す）(*) によるリスク・コミュニケーション、具体的には、防災・減災をテーマに行われる講演や講義を聴いて、筆者がいつも感じるのはこの種のギャップである。YKによって表面的に言われたこと、言いかえれば、YKから伝えられた表層的なメッセージと、筆者がYKから実際に受ける影響との間に微妙なギャップを感じるのだ。平たく言えば、

YKの講演や講義には、そこに含まれる言葉通りの内容以上の何かが含まれているような感覚を筆者はいつも受けるということである。そして、筆者の印象では、このギャップの感覚は一人筆者だけのものではなく、YKの話を聞く聴衆一般にも多かれ少なかれ当てはまるように思う。そのことは、「今日もいつもの"河田節"だったね」といった論評にもよく現れている。

　本章の目的は、このギャップを言語化してみることである。YKによる講演・講義がもつ独特のインパクトのからくりを、災害リスク・コミュニケーションの視点から理論的に分析してみようということだ。この作業は、YKという特定の人物に対する個人的な興味・関心に衝き動かされて試みるものではない。そうではなくて、第7章2節で『まなざしの地獄』（見田，2008）を通して導入したデータ分析上の確かな見通し —— 「極限化」と「平均化」の論理 —— に立脚して行う考察である。すなわち、以下で展開する考察は、YKという特定の個人が示す名人芸とも言える独特のリスク・コミュニケーション・スタイルを分析することで、そこにおいて「極限化」された形で露呈している —— しかし、より通常に近いケースでは明瞭な形では表に現れていないために、「平均化」の論理に立脚した手法では明らかにしがたい ——（災害）リスク・コミュニケーション上の重要な特徴を抽出することをめざしている。

　考察のための具体的な切り口は、以下の三点、すなわち、YKにおける「自然」（人間化された自然）、「想定」（現在化された想定）、「数値」（極限化された数値）である。

2　人間化された自然

2-1　YK流アニミズム

　YKの研究者としての学術的な基盤は、広い意味での自然科学であって社会科学ではない。しかし、防災・減災に関するYKの講演・講義（災害リスク・コミュニケーション）には、独特の人間臭さが感じられる。ただし、これは、YKが本来の専門領域である土木工学等の領域を超えて、広く人間や社会を視野に入れた防災論・減災論を展開しているという意味ではない。そ

れだけのことならすでにだれの目にも明らかであり、かつ他にも類似の研究者は存在する。

　ここでのポイントはそうではなく、YKが論じる「自然」そのものに独特の人間臭さがあるということである。たとえば、以下は、YKが多用するおなじみのフレーズである。「来たるべき南海地震に備える」（河田・西上, 1999）、「迫りくる南海トラフ巨大地震」（河田, 2013a）、「東海地震が都市直下を襲う海溝型巨大地震で……」（河田, 2013b）、「地震発生直後、間髪入れずに津波が襲来する」（同）、「32時間差という事例もありますので、いきなり大きな地震が来た時だけが一番危ないのではなく、時間差でやって来ることもありえます」（大阪府南海トラフ地震災害対策等検討部会, 2014）などである。

　これらの表現は、私たちが対峙し立ち向かおうとしている対象が、けっして無機質な自然現象ではなく、独自の意志をもって私たちを襲ってくる存在であるかのように認識されていることを示唆している。こうした存在を形容するのにふさわしい言葉を一つ見いだすとすれば、それはもちろん「他者」であろう。不可解で攻撃的な意志をもった「他者」が自分たちのもとへやって来る、迫り来る。そして自分たちを襲う。YKが、その災害リスク・コミュニケーションにおいて実際になしていることの一つは、こうした構図のもとで防災・減災について思考するように私たちを誘うことである。

　このYK流の独特のアニミズムは、よりあからさまに明示される場合もある。典型的な例をあげよう。「基調講演を行った河田惠昭教授は、『自然は人間社会の弱い部分を攻めてくる』、『自然も過去最高記録の更新を狙っている』と、災害対策を通じて社会のあり方を考え直すべきと強調しました」（多田, 2012）。たとえば、ある領域における（人間が知っている限りでの）過去最大の地震がM8クラスだとして、自然は常にそれを超えるM9クラスの地震を引き起こそうと狙っていて、悪くてもM8クラスだろうとの油断に乗じて私たちを攻めてくるというわけである。

　誤解のないように付言すれば、私たちが自然災害と呼ぶ現象に人為性を完全に排除できない部分が存在することは事実である。たとえば、手抜き工事によって倒壊した建造物による被害、情報伝達の明確な失策によって生じた被害などである。しかし、YKがなしていることは、そうした点の指摘にとどまるものではない。つまり、自然現象としてのハザードそのものとそれが

引き起こす被害（社会現象）とは区別すべしという、これまでも散々繰り返されてきた陳腐な主張ではない。そうではなく、ふつう私たちが、そこまでは100パーセント自然現象（ハザード本体）だと見なす「自然」そのものの中に人間臭さ —— 私たちを狙い、攻め、襲う意志をもった「他者」 —— を見ているのである。

2-2 「極限化」が浮き彫りにしたアニミズム

ここで大切なことは、なぜ、このような特徴をもつYKに私たちが魅せられるのか、その理由である。なお、ここでYKに魅せられているのは、その災害リスク・コミュニケーションに引きこまれ、その影響を自ら自覚している聴衆だけではない。そこにある種の引っ掛かりをもつ聴衆、たとえば、「少々センセーショナルな言い方に過ぎるのでは」といった批判的なコメントを寄せる人びとも、まさに上述のフロイト的な意味でYKに魅せられている点も重要である。

YKのもつアニミズム、すなわち、攻撃的な意図をもった「他者」としての「自然」が自分たちを攻めにやって来るという構図に聴衆が魅惑される理由は、もちろん、私たち聴衆の側が同じアニミズムを共有しているからである。つまり、多くの人びとの中にも、YKの働きかけに感応するアニミズムが宿っているからである。もちろん、YK自身も、そして私たちの多くも、地震や津波そのものが純粋な自然現象であると知的には知っている。しかし、それでも、「自然」の中に、私たちは無意識のうちに「他者」を見てしまう。それは、なぜだろうか。

地震や津波など「自然」がもつ著しく不確定で予期できない性質とは、「他者」の定義そのものだからである（大澤, 2009）。このことの意味は、「他者」の位置に、自分たちが現在従っている根幹的な規範に真っ向から違背する他者たちを置いてみるとよくわかる。たとえば、阪神・淡路大震災と同じ年に発生した地下鉄サリン事件は、大震災とあわせて日本社会が直面した「二つの戦争」として語られた（「災害と戦争」としてではなく）。法規範そのものの根底的な無効化を伴う戦争は、あくまで法規範の範囲内でその内部における逸脱として定義できる犯罪以上の存在である。それと同様の意味で、未曾有の災害において、私たちは、「何を考えているのかまったくわか

らない」と形容せざるを得ない不気味な敵意に満ちた存在、つまり、「自然
＝他者」と対峙しているのである。

　ここで肝要なことは、この種のアニミズムは、実際には多くの人に広く共
有されているという事実である。しかし、平均的な人においては、それは非
常に薄い形で、ほとんど無意識に近い層で保有されているに過ぎないために、
「平均化」の論理に基づくデータによっては拾い出されない。たとえば、「あ
なたは、自然災害はだれかの悪意によって引き起こされるものだと思います
か」と、質問紙調査を通して問いかけてみたとしよう。おそらく、大多数の
人は「ノー」と回答するであろう。1節で予示したように、その存在は、
YKという特殊事例（データ）を通した「極限化」の論理を介することで初
めて浮き彫りにされるのだ。

2-3　「想定外」に向き合うために

　本節の最後に、「自然＝他者」の構図は、防災・減災にとって前向きな意
味合いももっていることを指摘しておこう。先に引用した「自然も過去最高
記録の更新を狙っている」という言葉にヒントはある。この言葉は、むろん、
アニミズムを宿した比喩である。しかし、これは本質的な比喩である。なぜ
なら、「自然」が常に随伴する「想定外」に立ち向かうための鍵が、「自然」
（の分析）にではなく、「他者」（の活用）にあることをこの言葉が示唆して
いるからである。

　東日本大震災以後、「想定外」という言葉が世間を騒がせてきた。しかし、
それを受けて、「今後、想定外のことも念頭に置いて対策を講じて参ります」
などと言われるとき、そこには明らかな論理矛盾がある。「それ」を念頭に
おいて対策を打つということは、「それ」がすでに想定されていること（「想
定内」）を意味するからである。では、私たちは、どうすれば、純粋な意味
で「想定外」に出会えるのか。

　YKが示唆するように、「想定外」（記録更新）を狙っている「自然＝他者」
の代わりに、文字通りの「他者」の手助けを借りればいいのである。たとえ
ば、「ここには津波は絶対に来ない」と信じている地域住民にとって、かつ
てその地点まで津波が遡上していた形跡を知る研究者は、自らの「想定外」
を知る重要な「他者」である。あるいは、原発周辺地域の津波浸水想定を最

大5メートルとして対策を講じていた電力会社にとって、「でも、もし15メートルの津波が来たらどうなるの?」という素朴な、子どものような問いかけは、記録更新を狙う災害に立ち向かうこととまったく同等の価値をもつチャレンジ、つまり、自らの「想定外」に直面させてくれる「他者」からの貴重なチャレンジである。

3 現在化された想定

3-1 断定の効果 —— 〈Days-After〉の構造

「三大都市圏の広大な海抜ゼロメートル地帯(576平方キロメートル、住民404万人)で、洪水、高潮、津波氾濫が起これば、必ず、地下空間は水没する」(河田, 2013b)、「もし、この周辺で津波、高潮、洪水氾濫が起これば、間違いなく地下空間は水没する」(同)、「巨大地震が起これば、四国各県はあらゆるロジスティクスが全く不足する」(河田, 2011)、「日本のペットボトル備蓄は12日分しかない。被災地の様子が報道されると一斉に買い占めが起こり、あっという間になくなる」(大阪府防災会議準備勉強会における発言)。

　YKによる講演・講義(災害リスク・コミュニケーション)では、被害想定について述べたこれらのフレーズが独特の語り口でたたみかけられてくるのが通例である。それらが、多くの場合、詳細な数値データを伴うことの意味については4節で別途検討することにして、ここでは、その断定口調がもつ意味について考えてみたい。ここで問題にしたいのは、「想定にはいくつもの前提があるのだから予想には幅があり、断定は適切ではない」、「そもそも未来の事象についての想定なのだから、原理的に断定はできない、それをまるで見てきたことのように……」といった批判である。これらの批判の根拠、つまり、未来が不確実であることは自明であり、YK自身それを知らないはずはない。

　むしろ、それにもかかわらず、こうした、断定口調のリスク・コミュニケーションには上記の批判が見落としている固有の意義があるという点をここでは強調したい。その意義を理解するためには、ここで言われている断定

とは、結局のところ、まだ起こっていない破局的な出来事（未来の災害）を
もう起きてしまったことのように語ることだということに気づく必要がある。
すなわち、結論を先どりするならば、断定口調によるYKのリスク・コミュ
ニケーションは、第6章で詳細に検討した未来の既定化、言いかえれば、「ま
だ」を「もう」としての構造を基軸とする〈Days-After〉のスタイルに依
拠しているのだ。

　第6章で詳述した〈Days-After〉について、ここでの議論に必要な限りで
あらためて復習しておこう。そのポイントは、『灰をかぶったノア』の寓話
として表現されていた。すなわち、未来に迫る破局的な出来事（大洪水）に
ついて、ノアが再三警告しても、当初、周囲の人びとの反応は鈍かった。と
ころが、破局がすでに起きてしまった事後を生きているとしか思えない（奇
矯な）ふるまいをノアがとった途端、周囲の人びとは破局に対して有効に備
えるための行動を開始したのであった。

　ノアが、「まだ」を「もう」として見る事後の視点を徹底した形式でもち
込むことで初めて、破局の前の時点に立つ人びとを実際に動かしたこと ——
これが、この寓話の最大のポイントであった。他方で、ノアの警告が当初功
を奏さなかったのは、彼の働きかけが常識的なリスク・コミュニケーション
のフレームワークの枠内、つまり、「まだ」を「まだ」として見るという従
来のフレームワークの枠内にあったからだった。「破局（災害）は、幸い
『まだ』起こっていないのだから、今のうちにそれに対処しましょう」 ——
この種の呼びかけ（通常のリスク論をベースにした呼びかけ）は、防災・減
災のためのあらゆる取り組みが当然のこととして自明視して実践しているこ
とである。しかし、これは、必ずしも効果的ではないのだ。

3-2　ノアとしてのYK

　直ちにわかるように、未来に予想される不確かな災害について、それにも
かかわらず、「まるで見てきたことのよう」に、確定的かつ断定的に論じる
YKのアプローチは、ノアがしたことと実は等価である。つまり、YKがそ
の独特の断定口調でもって実際になしていることは、聴衆を破局的な出来事
（災害）の事後の視点に立たせることである。第6章で詳述した「賢明な破
局論」が説得的に論じているように、起こるか起こらないか不確定な破局に

対して、それでも有効な対策を今この時点で講じるためには、それが「もう」起こってしまったと思えるような感覚、つまり、「こういうことが起きるだろう」、「それも発生するかもしれない」ではなく、「こういうことが起こってしまっているのだ」という断定（未来完了）の感覚が不可欠なのである。

　ここでYKがなしていることは、「知と信の乖離」（第6章2-2項）を埋めるための作業だと言いかえることもできる（大澤，2012）。今日、私たちは、未来の災害について知らないのではない。もちろん、まだ知られていないことは残存しているだろうが、むしろ、情報過多が問題視されるくらい、多くのことを知っている。だから、克服すべき真の課題は知らないことではなく、「知ってはいるが、信じていないこと」のほうである。断定口調とともにYKから生々しく伝わってくる破局の描写は、〈Days-After〉の構造に依拠して私たちにその発生を確定的なものとして信じさせる機能を果たしている。

　よって、YKに対して、「根拠は確かか、エビデンスは十分なのか」という趣旨のコメントが寄せられることがあるやに聞くが、この種の批判は、人が表面的に言っていることと実際になしていることとのギャップを見ない皮相的な批判である。エビデンスは知の根拠にはなっても、必ずしも信の基盤とはならない。むしろ、真の意味での信は、知（エビデンス）を欠くところにこそ成立することに思い至るべきである。このことの意味は、信が何かに対するコミットメント（何かに根拠なく賭けること）を伴うことを思えば容易に理解できる。たとえば、自分の友人に対する悪い評判（それを証拠だてるエビデンス）が周囲から噴出したとしても、にもかかわらず、その友人を信じ擁護しえたとき、初めてそこに最も純粋な形でその友人に対する信が存在していたと言えるだろう。

　本節の最後に、YKにおいて顕著に観察できる「現在化された想定」というリスク・コミュニケーション・スタイルは、けっして特異で奇抜なものではないことを強調しておこう。そのことは、たとえば、数多存在する被災状況のシミュレーションや被害予測マップなどを思い浮かべてみればすぐにわかる。これらも、「まだ」起きていない災害後の世界を、今ここで見るための試み、すなわち「もう」起きてしまったものとして扱おうとする試みである。言いかえれば、〈Days-After〉の構造は、この種の、ごくふつうの防災の営みの中にも「平均化」した形（希薄化された形）でなら存在しているの

だ。しかし、それは、前節で検討した「人間化された自然」と同様、「平均化」の論理に基づくデータによっては見いだしづらく、ここでそうしているように、たとえば、YKという特殊ケースを介した「極限化」の作業によって初めて明らかになる。

　この意味で、YKにおける「現在化された想定」は、ごくふつうの災害リスク・コミュニケーションと真っ向から対立しているのではない。むしろ、同じ方向を向いていると言ってよい。だが、平均的なケースと比べて、その性質をはるかに徹底した形で保持しているために、YKにおいて（のみ）、その特徴がだれの目にも明らかな水準で顕在化しているというだけのことである。

4　極限化された数値

4-1　目白押しの数値データ

　図9-1（河田，2012）は、YKがある講演会で示したもので、首都直下地震が襲うと想定されている首都東京の特徴と、最悪の場合、どのような社会・経済被害が予想されるかについて集約したものである。ほとんどの項目で、具体的な数値が示されていることがわかる。また、図9-2（同上）も、同じ講演会で提示された資料で、南海トラフ巨大地震による犠牲者の予想を示したものであるが、政府が公表した数値とは異なっている。これは、「昼間に発生した東日本大震災の死者・行方不明者は約1万9千人だったが、真夜中だった場合は3倍以上の約6万3千人になっていた可能性があると指摘。南海トラフ地震で被害を受けるとされる地域の人口が東日本大震災の被災地の6.3倍にあたることから、死者が約40万人に達する」（朝日新聞，2012）として、YKが独自に試算したものである。「あまりにも広域であらゆる被災形態が混在する」（河田，2012）可能性があることを踏まえると、こうした最悪のケースも想定しうるとの指摘である。

　このようにYKの災害リスク・コミュニケーションでは、大量の数値（量的なデータ）が援用される。この特徴はYKだけでなく多くの防災研究者に共通するもので、一見すると、とりたてて取り上げる必要のない平凡な事が

1. 東京特別区の昼間人口約1,171万人で夜間人口より31％多い（昼夜間で被災人口が大きく変わる）。
2. 首都圏の外国人居住者数が約58万人、訪日外客数は44万人／月で日本全体の約44％および約65％を占める（災害弱者となり、海外の救援隊が多数派遣される）。
3. 特別区の火災危険度の高い地区に病院や福祉施設が多数あり、入院患者や入所者等の避難が必要である（多数の支援要員、収容施設が必要となる）。
4. 特別区で病院の入院患者が約26万人いる（安全確保や治療継続が必要となる）。
5. 特定機能病院が21院存在し、都心部に13院が集中している（高度医療の提供が必須となる）。
6. 大企業（資本金10億円以上）本社の62.7％が首都圏に集中している（意思決定や決済機能が滞る）。
7. 日本銀行や主要な金融機関による金融決済システムが被災する（決済件数：約1億件／月、231兆円／月に支障が発生する）。
8. 首都圏における燃料の消費および生産量が影響をうける（それぞれ全国の約31％および約32％を占める）。
9. 首都圏で年間約1兆円（約28億円／日）の食品製造と全国の温度管理が必要な食品の約47％が流通している（大規模な食料品不足が起こる）。
10. 地下鉄や地下街で大混乱が発生し、人的被害が拡大する（多様な被災形態が混在する）。
11. 医薬品卸売業者の被災により、全国の約14.9％の薬品出荷が不可能となる（大量の医薬品不足が起こる）。
12. 木造住宅密集地域で延焼火災が懸念される（地震直後の風の条件が被害を支配する）。
13. 東京湾沿岸の埋立地や新興住宅地域の盛土で液状化被害が発生する（水道管などが破損し、消火活動ができなくなる）。
14. エレベーター停止による多くの「閉じ込め」が発生し、超高層ビルで停電・断水が発生して、超高層難民が多数発生する（あまりに多く、避難所に収容できなくなる）。
15. 高層、超高層ビルがやや長周期の揺れで共振現象を起こし、家具、什器の転倒やパイプ類の落下・破損・漏出が起こる（長期にわたって居住不可能となる）。
16. 大量の要援護者（約1,050万人）への対応が必要となる（支援要員が不足する）。
17. 約11,000の保育所、幼稚園、小学校、特別支援学校と約26,000の社会福祉施設への対応が必要である（支援要員が不足する）。
18. 東京湾沿岸に立地する火力発電所（約3,000万Kw）の電力供給力が大幅に低下する（長期の停電が必定である）。
19. 避難所で最大700万人の住民が避難生活し、食料品、飲料水が長期にわたって不足する。これが全国に報道され、全国各地のスーパーやコンビニから食料品や飲料水がなくなる。

図9-1　首都直下地震による社会・経済被害（YKによる集約）

大規模すべり域都府県名	東海地方	犠牲者数	近畿地方	犠牲者数
	静岡 ①	114,300	大阪 ⑩	7,800
	愛知 ⑦	27,000	兵庫	5,200
	三重 ④	44,800	奈良	1,700
	千葉	1,600	和歌山 ②	81,300
	東京	1,500	徳島 ⑥	33,300
	神奈川	2,900	広島	1,700
	計	192,100	計	131,000
大規模すべり域都府県名	四国地方	犠牲者数	九州地方	犠牲者数
	高知 ③	50,400	大分 ⑧	16,900
	香川	4,000	宮崎 ⑤	42,900
	計	54,400	鹿児島	1,270
			愛媛 ⑨	13,200
			岡山	1,800
最大数の総計　453,570人			計	76,070

各都府県の犠牲者数が千人以上の場合を集計

図9-2　南海トラフ巨大地震による犠牲者数（YKによる集約）

らのように思える。しかし、筆者の考えでは、YKの災害リスク・コミュニケーションにおいては、数値（量的なデータ）が他のそれとは違った独特の役割を果たしている。その点について考察してみようというのが、本節のねらいである。

4-2 「極限化」のための数値データ

ここで思い起こすべきは、第7章で詳しく検討した質的なデータと量的なデータの関係である。そこでは、見田（2008）に依拠しつつ、次の整理を行った。ある対象を把握しようとするとき、その対象が研究者が見ようとしている現象全体をどのような意味で代表しているのか —— **代表性** —— という観点に立って、その方向性を大きく二つに分けることができる。それが「平均化」と「極限化」である。**平均化**とは、広義の平均値が全体を代表していると考えることであり、一般には量的なデータと親和性が強い。他方、**極限化**とは、個別の対象に「萌芽的に見られる動的な傾向性のベクトルの収斂する先」（大澤, 2008, p.104）をとらえようとすることである。すなわち、平均値に近い事例においては、「アイマイなままに潜在化したり、中途半端なあらわれ方をしたり、相殺し合ったりしている諸要因が、より鮮明な形で顕在化している、そのような事例」（見田, 2012, p.157、傍点は原著者）で現象全体を代表させる。このため、通常、「極限化」は質的なデータとなじみやすい。

以上を踏まえてYKにおける「数値」の検証作業に立ち戻ろう。すると、YKの数値は、通常それと親和的であるはずの「平均化」の論理に即して活用されるのではなく、むしろ「極限化」の論理を推進する方向で利用されていることがわかる。たとえば、現在、日本社会全体に都市部への人口集中が進む傾向性があるが、その傾向性が収斂する先はまさに首都東京である。よって、首都東京の社会的特徴を踏まえつつ、そこを最悪のパターンで巨大災害が襲った場合について数値をあげて検証する作業は、まさに「萌芽的に見られる動的な傾向性のベクトルの収斂する先」について検討することに他ならない。YKの数値には、関西圏や中京圏はじめ数多くの都市部が巨大災害に見舞われたときにも多かれ少なかれ露呈すると予想される都市型災害の特徴が、都市化という全体的トレンドの極点にある東京の数値として示され

ているということだ。あるいは、南海トラフ巨大地震が「あまりにも広域で
あらゆる被災形態が混在する」最悪の形で起こった場合について数値を示す
ことも、まさに平均値に近い事例（数多く想定しうる南海トラフ巨大地震の
シナリオのうち平均的なケース）においては、曖昧なままに潜在化したり、
中途半端な現れ方をしたり、相殺し合ったりしている諸要因をより鮮明な形
で顕在化させる機能を果たしている。

　ポイントを繰り返せば、YKが多くの数値を示すことで実際になしている
ことは、通例、それと親和性のある「平均化」ではなくて、むしろ「極限
化」の作業なのである。よって、こうした種類の災害リスク・コミュニケー
ションに関して散見される批判、たとえば、「次の災害がそんな極端な最悪
ケースとは限らないでしょう、むしろ発生確率は極小だ」といったコメント
はそれ自体事実ではあるが、YKが提供する数値がもつ「極限化」の効能を
看過した論評だと言わねばならない。

　また、より肝心なこととして、「極限化」は、極端なケース、したがって
一般に発生確率の低いケースの分析に対してのみ有効だというわけではない
ことにも気づく必要がある。「極限化」は、平均的なケース、したがって一
般に発生確率がより高いケースの分析に対しても必要かつ有効である。本章
で繰り返し指摘してきたように、私たちが「平均化」だけを念頭に標準的な
ケース（平均値に近いケース）だけを注視していると見逃してしまいがちな
事象を増幅して見せるための拡大鏡としての役割が「極限化」には備わって
いるからである。YKにおける「数値」は、この拡大鏡のようなものとして
理解すべきである。

5　「特殊性・固有性」対「普遍性・一般性」

　本章では、YKという特定の個人に焦点を当て、その災害リスク・コミュ
ニケーションの特徴を三つの視点から分析してきた。この種の分析に対して
は、「特殊な個人一人に光を当てた個別事例の分析だけから、その結果を一
般化することは困難……」といった常套的批判がある。しかし、本章は、
YKという特殊なケースの分析を媒介にはしているが、けっしてYKの属人
的特徴について論評 ── 崇拝・尊敬であれ、逆に批判・反発であれ ── を加

えることを目標とはしてはない。そうでなく、あくまでも、災害リスク・コミュニケーションに関する普遍的な知見を提示することをねらいとした論考である。本章の冒頭でも強調したこの重要な点について、別の角度から補説して本章を閉じることにしよう。

　YKの固有性に関する個別的な分析が、災害リスク・コミュニケーションに関する多くの事例群や研究群を一つの全体として見たとき、その中の「極限値」としての価値をもつことを理解するのが鍵である。言いかえれば、今、私たちは、YKのリスク・コミュニケーション・スタイルについて考えているわけだが、私たちは、それを、今見ようとしている現象全体（災害リスク・コミュニケーションに関する多くの事例群や研究群）を「極限化」の論理のもとで「代表」するものとして見ているわけだ。すなわち、YKに関する分析は、災害リスク・コミュニケーション（研究）における平均値に近い事例においては、曖昧なままに潜在化したり、中途半端な現れ方をしたり、相殺し合ったりしている諸要因を顕在化させる機能をもっている。

　重要なポイントなので、この点について、本章で取り上げた三つの側面に即して具体的に再確認しておこう。まず、YKにおいて極限化された形で顕在化している「人間化された自然」（2節）という感覚は、潜在的には多くの人に共有されている。実際、「巨大津波が襲ってくる可能性があるのです」といったフレーズは、テレビ番組など一般にも使われる。また、実は、本書でもいくつかの箇所でこの種の表現を使っている。しかし、この事実 ── 実は多くの災害リスク・コミュニケーションが「人間化された自然」という戦略に一部依拠していること ── は、「平均値」に近い多数事例に「平均的」な視線を注ぐタイプの研究からは見えてこない。

　「現在化された想定」（3節）についても同様であった。〈Days-After〉の感覚を通奏低音として、通常の被害想定や予測シミュレーションといった形で平均的なケースにも含まれている要素が、YKにおいて特に明瞭な形で顕在化していると見なすことができた。また、最後に取り上げた「極限化された数値」（4節）も例外ではない。実際、少なからざる人びとが、そればかりに目を奪われることに疑いの目を向けながらも、結局、「最悪想定」、「最大想定」にとらわれがちであるという事実に、それは露呈している。

　以上のように、本章でYKの災害リスク・コミュニケーションの特徴として指摘した三点はいずれも、YKという極限的なケースを数多くの平均値に

近いケース群から明確な意図をもって抽出し、その固有性について集中的に考察して初めて明らかになる。しかし他方で、それらの特徴は、YKという特殊なケース（事例）にだけ備わっているのではなく、より平均的なケース（事例）にも、希薄化された形で広範に分けもたれている。ここには、「特殊性・固有性」こそが、逆に「普遍性・一般性」へと反転して、前者が後者を支えるという、データの解析や考察にとって、きわめて重要な構造が認められる。

　この意味で、少数事例の研究に対する前述したタイプの通り一遍の批判が、こうした戦略 —— 極限的な少数事例の分析を通して一般性を標榜した分析や考察が取り逃がしているタイプの普遍的な事実を見いだそうとする戦略 —— を伴わない平板な事例研究に向けられているとすれば、それは正当な批判である。事実そういう研究も少なくないからである。しかし他方で、そうした批判が、「特殊性・固有性」と「普遍性・一般性」との間に存在する、豊かな相乗作用を創出しうる逆説的な相互規定関係を看過したまま、「一定のサンプル数を伴う研究は科学的で普遍的な知見を提供するが、少数事例の研究はそうでない」といった常識的な理解を無反省に受容してのものだとすれば、その批判自身がきびしい批判にさらされることになろう。

　＊**謝辞**　河田惠昭氏は、京都大学名誉教授。京都大学防災研究所所長、関西大学社会安全学部学部長、東日本大震災復興構想会議委員などを歴任し、現在、人と防災未来センター長などを務めている。筆者にとって、河田惠昭教授は防災・減災研究分野における大先輩の一人である。こうした論考の中で考察の対象として登場いただくのは、もちろん僭越の極みである。しかし、その類いまれなリスク・コミュニケーションのスキルは、学術的な考察に値するとの思いから本章は執筆した。YKという略号や論考中の無機質な言いまわしも、ここでは河田教授に対してあえて客観的な立場を保持したいとの気持ちからである。最後になるが、本稿の執筆や公表を快く了とされた河田教授に心よりお礼申し上げたい。

【初出一覧】

第1章　アクションリサーチとリサーチ・イン・アクション
矢守克也（2013）「社会実践のパラダイム」やまだようこ・麻生武・サトウタツヤ・能智正博・秋田喜代美・矢守克也（編）『質的心理学ハンドブック』新曜社 pp.487-504.

第2章　個別避難訓練タイムトライアル
孫英英・矢守克也・谷澤亮也（2016）防災・減災活動における当事者の主体性の回復をめざしたアクションリサーチ.『実験社会心理学研究』*55*, 75-87.

第3章　アクションリサーチとしての「アイヒマン実験」
矢守克也（2016）書評：共同的な実践としての「アイヒマン実験」.『質的心理学研究』*15*, 225-228.

第4章　アクションリサーチの〈時間〉
矢守克也（2016）アクションリサーチの〈時間〉.『実験社会心理学研究』*56*, 1, 48-59.

第5章　〈Days-Before〉── 「もう」を「まだ」として
矢守克也・杉山高志（2015）「Days-Before」の語りに関する理論的考察.『質的心理学研究』*14*, 110-127.

第6章　〈Days-After〉── 「まだ」を「もう」として
（書き下ろし）

第7章　データ・イン・アクション ── 実証を超えて
（書き下ろし）

第8章　量的データの質的分析
矢守克也（2015）量的データの質的分析：質問紙調査を事例に.『質的心理学研究』*14*, 166-181.

第9章　河田惠昭教授の災害リスク・コミュニケーション
矢守克也（2016）河田惠昭教授の災害リスク・コミュニケーション ── 人間化された自然・現在化された想定・極限化された数値.『社会安全学研究』*6*, 39-49.

引用文献

第1章　アクションリサーチとリサーチ・イン・アクション

T. アンデルセン／鈴木浩二（監訳）（2001）『リフレクティング・プロセス：会話における会話と会話』金剛出版［Andersen, T.（1991）*The reflecting team: Dialogues and dialogues about the dialogues.* W. W. Norton.］

渥美公秀（2001）『ボランティアの知：実践としてのボランティア研究』大阪大学出版会

渥美公秀（2011）「協働的実践」矢守克也・渥美公秀（編著）『ワードマップ　防災・減災の人間科学：いのちを支える、現場に寄り添う』新曜社 pp.2-7.

渥美公秀（2014）『災害ボランティア：新しい社会へのグループ・ダイナミックス』弘文堂

P. バニスター, E. バーマン, I. パーカー, M. テイラー, C. ティンダール／五十嵐靖博・河野哲也（監訳）（2008）『質的心理学研究法入門：リフレキシビティの視点』新曜社［Banister, P., Burman, E., Parker, I., Taylor, M., & Tindall, C.（1994）*Qualitative methods in psychology: A research guide.* Open University Press.］

J. D. グリーンウッド, M. レヴィン（2006）「アクションリサーチによる大学と社会の関係の再構築」N. K. デンジン, Y. S. リンカン／平山満義（監訳）『質的科学ハンドブック1巻：質的研究のパラダイムと眺望』北大路書房 pp.63-86.［Greenwood, J. D. & Levin, M.（2000）Reconstructing the relationships between universities and society through action research. In N. K. Denzin & Y. S. Lincoln（eds.）*Handbook of qualitative research,* 2nd ed. Sage publications.］

Harré, R.（1979）*Social being: A theory for social psychology.* Blackwell.

東村知子（2006）アクションリサーチにおける質的心理学の方法によるセンスメーキング：町村合併で翻弄された過疎地域活性化運動の再定位.『心理学評論』*49,* 530-545.

川村敏明（2005）「わきまえとしての『治せない医者』」浦河べてるの家『べてるの家の「当事者研究」』医学書院 pp.256-277.

吉川肇子・矢守克也・杉浦淳吉（2009）『クロスロード・ネクスト：続：ゲームで学ぶリスク・コミュニケーション』ナカニシヤ出版

神戸新聞社（1996）連載〈「圧死」を追う〉被災地発・問わずにいられない（2）検案書は語る／短時間の窒息死が大半.（1996年1月12日付）［https://www.kobe-np.co.jp/rentoku/sinsai/01/rensai/199601/0005472250.shtml］

宮本匠（2016）現代社会のアクションリサーチにおける時間論的態度の問題.『実験社会心理学研究』*56,* 60-69.

宮本匠・渥美公秀・矢守克也（2012）人間科学における研究者の役割：アクション・リサーチにおける「巫女の視点」.『実験社会心理学研究』*52,* 35-44.

室崎益輝（2007）「阪神・淡路大震災犠牲者聞き語り調査（室崎益輝チーム）」が得た教訓.

（財）ひょうご震災記念21世紀研究機構『平成19年度オーラル・ヒストリーの記録に基づく災害時対応の教訓の活用化報告書』pp.16-23.〔http://www.dri.ne.jp/updata/ouraru_5003.pdf〕

内閣府（2006）人的被害.『阪神・淡路大震災教訓情報資料集』〔http://www.bousai.go.jp/1info/kyoukun/hanshin_awaji/data/detail/1-1-2.html〕

野口裕二（2002）『物語としてのケア：ナラティヴ・アプローチの世界へ』医学書院

I. パーカー／八ッ塚一郎（訳）（2008）『ラディカル質的心理学：アクションリサーチ入門』ナカニシヤ出版〔Parker, I.（2005）Qualitative psychology: Introducing radical research. Open University Press.〕

Reason, P. & Bradbury, H.（2001）*Handbook of action research: Participative inquiry and practice*. Sage publications.

斎藤環（2009）『心理学化する社会：癒したいのは「トラウマ」か「脳」か』河出書房新社（河出文庫）

杉万俊夫（編著）（2006）『コミュニティのグループ・ダイナミックス』京都大学学術出版会

杉万俊夫（2007）質的方法の先鋭化とアクションリサーチ.『心理学評論』*49*, 551-561.

杉万俊夫（2013）『グループ・ダイナミックス入門：組織と地域を変える実践学』世界思想社

Takeuchi, Y., Xu, W., Kajitani, Y., & Okada, N.（2012）Investigating risk communication process for community's disaster reduction with a framework of "communicative survey method." *Journal of Natural Disaster Science, 33,* 49-58.

浦河べてるの家（2005）『べてるの家の「当事者研究」』医学書院

矢守克也（2009a）『防災人間科学』東京大学出版会

矢守克也（2009b）質的心理学の現状と課題.『比較日本文化研究』*12*, 21-30.

矢守克也（2010）『アクションリサーチ：実践する人間科学』新曜社

矢守克也（2011）「インタビュー調査」矢守克也・渥美公秀（編著）『ワードマップ　防災・減災の人間科学：いのちを支える、現場に寄り添う』新曜社 pp.47-53.

矢守克也（2013）「災害情報のダブル・バインド」矢守克也『巨大災害のリスク・コミュニケーション：災害情報の新しいかたち』ミネルヴァ書房 pp.11-30.

矢守克也・吉川肇子・網代剛（2005）『防災ゲームで学ぶリスク・コミュニケーション：「クロスロード」への招待』ナカニシヤ出版

吉本和弘・矢守克也（2011）地域連携支援のための実践クロスロード.『災害情報』*9*, 180-185.

第2章　「個別避難訓練タイムトライアル」

千々和詩織（2017）長期的な視点に立った防災教育の実践と評価：高知県四万十町興津地区を事例として. 京都大学大学院情報学研究科修士論文

孫英英（2016）「個別避難訓練タイムトライアル」矢守克也・宮本匠（編著）『現場でつくる減災学：共同実践の五つのフロンティア』新曜社 pp.27-47.

孫英英・矢守克也・谷澤亮也・近藤誠司（2013）南海トラフの巨大地震・津波を想定した
　　防災意識と避難行動に関する住民意識調査．『災害情報』*11*, 69-81.

孫英英・近藤誠司・宮本匠・矢守克也（2014）新しい津波減災対策の提案：「個別訓練」の
　　実践と「避難動画カルテ」の開発を通して．『災害情報』*12*, 76-87.

孫英英・中居楓子・矢守克也・畑山満則（2014）2014年伊予灘地震における高知県沿岸住
　　民の避難行動に関する調査．『自然災害科学』*33*, 53-63.

孫英英・矢守克也・鈴木進吾・李フシン・杉山高志・千々和詩織・西野隆博・卜部兼慎
　　（2017）スマホ・アプリで津波避難の促進対策を考える：「逃げトレ」の開発と実装の試
　　み．『情報処理』*58*, 1-10.

杉山高志・矢守克也（2017）屋内避難訓練に関する一考察：高知県幡多郡黒潮町を例に．
　　平成28年度京都大学防災研究所研究発表講演会　京都大学防災研究所

矢守克也（2009）「〈生活防災〉の実践共同体」矢守克也『防災人間科学』東京大学出版会
　　pp.249-266.

矢守克也（2013a）「災害情報のダブルバインド」矢守克也『巨大災害のリスク・コミュニ
　　ケーション：災害情報の新しいかたち』ミネルヴァ書房 pp.11-30.

矢守克也（2013b）「『津波てんでんこ』の4つの意味：重層的な災害情報」矢守克也『巨大
　　災害のリスク・コミュニケーション：災害情報の新しいかたち』ミネルヴァ書房 pp.81-
　　102.

矢守克也（2017）『天地海人：防災・減災えっせい辞典』ナカニシヤ出版

矢守克也・鈴木進吾・孫英英・李旉昕・伊勢正・杉山高志・西野隆博・卜部兼慎（2015）
　　スマホ版個別避難訓練支援ツールの開発研究（その1）．第34回自然災害学会学術講演会
　　山口大学（2015年9月25日）（『講演概要集』107-108）

第3章　アクションリサーチとしての「アイヒマン実験」

T. ブラス／野島久雄・藍澤美紀（訳）（2008）『服従実験とは何だったのか：スタンレー・
　　ミルグラムの生涯と遺産』誠信書房［Blass, T.（2004）*The man who shocked the
　　world: The life and legacy of Stanley Milgram*. Basic Books.］

S. ミルグラム／岸田秀（訳）（1975）『服従の心理：アイヒマン実験』河出書房新社［Milgram,
　　S.（1974）*Obedience to authority: An experimental view*. Harper & Row.］

S. ミルグラム／山形浩生（訳）（2012）『服従の心理』新訳版，河出書房新社［Milgram,
　　S.（1974）*Obedience to authority: An experimental view*. Harper & Row.］

杉万俊夫（2013）『グループ・ダイナミックス入門：組織と地域を変える実践学』世界思
　　想社

第4章　アクションリサーチの〈時間〉

畑山満則・中居楓子・矢守克也（2014）地域ごとの津波避難計画策定を支援する津波避難
　　評価システムの開発．『情報処理学会論文誌』*55*, 1498-1508.

木村敏（1982）『時間と自己』中央公論社（中公新書）

K. レヴィン／猪股佐登留（訳）（1956）『社会科学における場の理論』誠信書房［Lewin,

K. (1951) *Field theory in social science: Selected theoretical papers*. Harper.］

真木悠介（1971）『人間解放の理論のために』筑摩書房

真木悠介（2003）『時間の比較社会学』岩波書店（岩波現代文庫）

宮本匠（2015）災害復興における"めざす"かかわりと"すごす"かかわり：東日本大震災の復興曲線インタビューから.『質的心理学研究』*14*, 6-18.

大澤真幸（2014）「『現代社会の存立構造』を読む」真木悠介・大澤真幸『現代社会の存立構造・「現代社会の存立構造」を読む』朝日出版社 pp.201-335.

杉万俊夫（2006）質的方法の先鋭化とアクションリサーチ.『心理学評論』*49*, 551-561.

都筑学・白井利明（編）（2007）『時間的展望研究ガイドブック』ナカニシヤ出版

矢守克也（2009）「防災の〈時間〉論」矢守克也『防災人間科学』東京大学出版会 pp.37-101.

矢守克也（2010）『アクションリサーチ：実践する人間科学』新曜社

矢守克也（2012）「災害復興と社会変革：東日本大震災のこれから」藤森立男・矢守克也（編著）『復興と支援の災害心理学：大震災から「なに」を学ぶか』福村出版 pp.261-278.

矢守克也（2013）「小説と災害：〈選択〉と〈宿命〉をめぐって」矢守克也『巨大災害のリスク・コミュニケーション：災害情報の新しいかたち』ミネルヴァ書房 pp.173-195.

八ッ塚一郎（2013）「アクションリサーチの哲学と方法」やまだようこ・麻生武・サトウタツヤ・能智正博・秋田喜代美・矢守克也（編）『質的心理学ハンドブック』新曜社 pp.348-362.

第5章 〈Days-Before〉── 「もう」を「まだ」として

ASOBOT（2014）ASOBOT ホームページ［http://www.asobot.co.jp/］

渥美公秀・高野尚子（2007）阪神・淡路大震災の語り部と聞き手の対話に関する一考察：対話の綻びをめぐって.『実験社会心理学研究』*46*, 185-197.

舩木伸江（2012）「被災地外のボランティア『あなたの思いで守り隊』」神戸学院大学学際教育機構防災・社会貢献ユニット（編）『災害ボランティアを考える：東日本大震災ノート』晃洋書房 pp.63-72.

M. P. フリーマン／鈴木聡志（訳）（2014）『後知恵：過去を振り返ることの希望と危うさ』新曜社.［Freeman, M. P.（2010）*Hindsight: The promise and peril of looking backward*. Oxford University Press.］

金井壽宏・森岡正芳・高井俊次・中西眞知子（編）（2009）『語りと騙りの間：羅生門的現実と人間のレスポンシビリティー』ナカニシヤ出版.

金菱清・東北学院大学震災の記録プロジェクト（編）（2012）『3.11 慟哭の記録：71人が体感した大津波・原発・巨大地震』新曜社.

O. ルイス／柴田稔彦・行方昭夫（訳）（1986）『サンチェスの子供たち：メキシコの一家族の自伝』新装版, みすず書房［Lewis, O.（1961）*The children of Sa'nchez: Autobiography of a Mexican family*. Random House.］

真木悠介（2003a）『時間の比較社会学』岩波書店（岩波現代文庫）

真木悠介 (2003b)「色即是空と空即是色」真木悠介『気流の鳴る音』筑摩書房 (ちくま学芸文庫) pp.209-212.

真木悠介 (2003c)「気流の鳴る音」真木悠介『気流の鳴る音』筑摩書房 (ちくま学芸文庫) pp.11-182.

N. C. マレック／佐川睦 (訳) (2007)『最後だとわかっていたなら』サンクチュアリ・パブリッシング [Marek, N. C. (1989) Tomorrow never comes. http://www.heartwhispers.net/poetry/00040.html]

松島恵介 (2007)「テクスト分析」やまだようこ (編)『質的心理学の方法：語りをきく』新曜社 pp.160-177.

目黒公郎 (2001) 都市の地震安全性：『ひと』と『くらし』.『生産研究』53, 383-394.

宮本匠 (2012)「復興を可視化する：見えない復興を見えるように」藤森立男・矢守克也 (編著)『復興と支援の災害心理学：大震災から「なに」を学ぶか』福村出版 pp.114-132.

宮本匠・渥美公秀 (2009) 災害復興における物語と外部支援者の役割について：新潟県中越地震の事例から.『実験社会心理学研究』49, 17-31.

内閣府 (2013) もし，一日前に戻れたら……私たち (被災者) からみなさんに伝えたいこと.「一日前プロジェクト」エピソード集. [http://www.bousai.go.jp/kyoiku/keigen/ichinitimae/pdf/Ichinichi_Web2013.pdf]

成田龍一 (1996) 関東大震災のメタヒストリー：報道・哀話・美談.『思想』866, 61-90.

野口裕二 (編) (2009)『ナラティヴ・アプローチ』勁草書房

NPO法人20世紀アーカイブ仙台 (2011) 3.11定点観測写真アーカイブ・プロジェクト. [http://recorder311.smt.jp/series/teiten/]

佐竹健治・堀宗朗 (編) (2012)『東日本大震災の科学』東京大学出版会

杉山高志・矢守克也 (2015)「Days-Before」の語りの可能性についての一考察：阪神・淡路大震災、新潟県中越地震、昭和南海地震の語りの比較分析.『復興』13, 34-41.

杉山高志・矢守克也 (投稿中)「Days-Before」の視座を用いた被災者の語りの研究.

樽川典子 (編) (2007)『喪失と生存の社会学：大震災のライフ・ヒストリー』有信堂高文社

富岡町の震災日記 (2014) 8年後のお父さんお母さんへ……8年後の君へ……. [http://blog.goo.ne.jp/sakurasaku_2013_yonomori/e/26f6fb5a0a9018a581cb4f9039322699]

鵜飼哲・高橋哲哉 (編) (1995)『「ショアー」の衝撃』未来社

やまだようこ (2003) ズレのある類似とうつしの反復：タルコフスキーの映画『鏡』にみるイメージの語りと「むすび」の生成機能.『質的心理学研究』2, 108-122.

やまだようこ (2007a)「ナラティヴ研究」やまだようこ (編)『質的心理学の方法：語りをきく』新曜社 pp.54-71.

やまだようこ (2007b)「生死のはざまと天空の語り」やまだようこ『喪失の語り：生成のライフストーリー (やまだようこ著作集第8巻)』新曜社 pp.151-183.

やまだようこ (2007c)「なぜ生死の境界で天気が語られるか」やまだようこ『喪失の語り：生成のライフストーリー (やまだようこ著作集第8巻)』新曜社 pp.137-150.

矢守克也（2010）『アクションリサーチ：実践する人間科学』新曜社

矢守克也（2011）「喪失とトラウマ」矢守克也・渥美公秀（編著）『ワードマップ　防災・減災の人間科学：いのちを支える、現場に寄り添う』新曜社 pp.132-136.

矢守克也（2013）「小説と災害：〈選択〉と〈宿命〉をめぐって」矢守克也『巨大災害のリスク・コミュニケーション：災害情報の新しいかたち』ミネルヴァ書房 pp.173-195.

第6章 〈Days-After〉── 「まだ」を「もう」として

M. P. フリーマン／鈴木聡志（訳）（2014）『後知恵：過去を振り返ることの希望と危うさ』新曜社．[Freeman, M. P.（2010）*Hindsight: The promise and peril of looking backward*. Oxford University Press.]

三井康壽（2007）『防災行政と都市づくり：事前復興計画論の構想』信山社

大澤真幸（2009）『虚構の時代の果て』増補，筑摩書房（ちくま学芸文庫）

大澤真幸（2012）「ジャン＝ピエール・デュピュイ『灰をかぶったノアに人々は協力する』」大澤真幸（編著）『3・11後の思想家25』左右社 pp.239-255.

大澤真幸（2016）「〈民主主義を超える民主主義〉に向けて」大澤真幸・佐藤卓己・杉田敦・中島秀人・諸富徹（編）『現代の現代性：何が終わり、何が始まったか（岩波講座現代1）』岩波書店 pp.3-41.

J. P. デュピュイ／嶋崎正樹（訳）（2011）『ツナミの小形而上学』岩波書店 [Dupuy, J. P.（2005）*Petite métaphysique des tsunamis*. Seuil.]

J. P. デュピュイ／桑田光平・本田貴久（訳）（2012）『ありえないことが現実になるとき：賢明な破局論にむけて』筑摩書房 [Dupuy, J. P.（2002）*Pour un catastrophisme éclairé: quand l'impossible est certain*. Seuil.]

渡名喜庸哲・森元庸介（編著）（2015）『カタストロフからの哲学：ジャン＝ピエール・デュピュイをめぐって』以文社

第7章 データ・イン・アクション ── 実証を超えて

見田宗介（2008）『まなざしの地獄：尽きなく生きることの社会学』河出書房新社

見田宗介（2012）『社会学の主題と方法（定本 見田宗介著作集8）』岩波書店

大澤真幸（2008）「解説」見田宗介『まなざしの地獄：尽きなく生きることの社会学』河出書房新社 pp.99-122.

大澤真幸（2009）『虚構の時代の果て』増補，筑摩書房（ちくま学芸文庫）

三隅二不二（1984）『リーダシップ行動の科学』改訂版，有斐閣

三隅二不二・矢守克也（1989）中学校における学級担任教師のリーダーシップ行動測定尺度の作成とその妥当性に関する研究．『教育心理学研究』37, 46-54.

M. A. ニールセン／高橋洋（訳）（2013）『オープンサイエンス革命』紀伊國屋書店 [Nielsen, M. A.（2012）*Reinventing discovery: The new era of networked science*. Princeton University Press.]

杉万俊夫（2007）質的方法の先鋭化とアクションリサーチ．『心理学評論』49, 551-561.

竹之内健介（2016）「地域気象情報というコミュニケーション」矢守克也・宮本匠（編著）

『現場でつくる減災学：共同実践の五つのフロンティア』新曜社 pp.81-107.

ウェザーニューズ（2009）全国4万人の五感を集結し梅雨前線を捉える「雨プロジェクト」スタート：コンピューターでは捉えられない人間の"気象感性"から天気予報する新しい試み．〔http://weathernews.com/jp/c/press/2009/090616.html〕

Yamori, K.（1998）Going with the flow: Micro-macro dynamics in the Macro-behavioral patterns of pedestrian crowds. *Psychological Review, 105,* 530-557.

矢守克也（2010）『アクションリサーチ：実践する人間科学』新曜社

矢守克也（2013）『巨大災害のリスク・コミュニケーション：災害情報の新しいかたち』ミネルヴァ書房

矢守克也（編著）GENERATION TIMES（企画・編集）（2014）『被災地デイズ（時代QUEST：災害編）』弘文堂

矢守克也・吉川肇子・網代剛（2005）『防災ゲームで学ぶリスク・コミュニケーション：「クロスロード」への招待』ナカニシヤ出版

吉田道雄・三隅二不二・山田昭・三角恵美子・桜井幸博・金城亮・松田良輔・松尾英久・徳留英二（1995）リーダーシップPM理論に基づくトレーニングの開発．*INSS JOURNAL, 2,* 214-248.〔http://www.inss.co.jp/wp-content/uploads/2017/03/1995_2J214_248.pdf〕

第8章　量的データの質的分析

P. ブルデュー（1991）「世論なんてない」P. ブルデュー／田原音和（監訳）『社会学の社会学』藤原書店 pp.287-302.〔Bourdieu, P.（1980）*Questions de sociologie.* Minuit.〕

J. W. クレスウェル, V. L. プラノ クラーク／大谷順子（訳）（2010）『人間科学のための混合研究法：質的・量的アプローチをつなぐ研究デザイン』北大路書房〔Creswell, J. W. & Plano Clark, V. L.（2007）*Designing and conducting mixed methods research.* Sage publications.〕

N. K. デンジン, Y. S. リンカン（編）／平山満義（監訳）（2006）『質的研究ハンドブック（1〜3巻）』北大路書房〔Denzin, N. K. & Lincoln, Y. S.（eds.）（2000）*Handbook of qualitative research,* 2nd ed. Sage publications.〕

U. フリック／小田博志・山本則子・春日常・宮地尚子（訳）（2011）『質的研究入門：「人間の科学」のための方法論』新版，春秋社〔Frick, U.（2007）*Qualitative Sozialforschung: eine Einführung.* Rowohlt Taschenbuch Verlag.〕

U. フリック／上淵寿（訳）（2017）『質的研究の「質」管理（SAGE質的研究キット8）』新曜社〔Frick, U.（2007）*Managing quality in qualitative research.* Sage publications.〕

福長秀彦・政木みき・河野啓（2014）台風による大雨と初の特別警報：危機の情報はどう伝わったか．『放送調査と研究』64, 2-29.

B. G. グレイザー, A. L. ストラウス／後藤隆・大出春江・水野節夫（訳）（1996）『データ対話型理論の発見：調査からいかに理論をうみだすか』新曜社〔Glaser, B. G. & Strauss, A. L.（1967）*The discovery of grounded theory: Strategies for qualitative research.* Aldine Publishing Company.〕

林智幸（2010）量的研究家は質的データ分析法をどのように学ぶか？『静岡英和学院大学・静岡英和学院大学短期大学部紀要』8, 157-166.

日比野愛子（2009）「内容分析からの接近」山口富子・日比野愛子（編著）『萌芽する科学技術：先端科学技術への社会学的アプローチ』京都大学出版会 pp.53-103.

日比野愛子（2010）科学技術に対する態度における DK 回答の意味．『社会学評論』60, 554-569.

樋口耕一（2014）『社会調査のための計量テキスト分析：内容分析の継承と発展を目指して』ナカニシヤ出版

稲葉光行・抱井尚子（2011）質的データ分析におけるグラウンデッドなテキストマイニング・アプローチの提案：がん告知の可否をめぐるフォーカスグループでの議論の分析から．『政策科学』18, 255-276.

吉川徹（2010）拒否増加にいかに対応するか．『社会と調査』5, 16-25.

近藤博之（2013）生徒調査における回答者の非協力的態度について．『大阪大学大学院人間科学研究科紀要』39, 39-56.

高知県（2014）「対話と実行行脚」第12回　高知県広報・広聴課ホームページ［https://www.pref.kochi.lg.jp/soshiki/111301/kocho-angya-h260108shimantocyo.html］

松村真宏・三浦麻子（2014）『人文・社会科学のためのテキストマイニング』改訂新版，誠信書房

見田宗介（2008）『まなざしの地獄：尽きなく生きることの社会学』河出書房新社

NHK 放送文化研究所（編）（2010）『現代日本人の意識構造』第7版，NHK 出版（NHK ブックス）

能智正博（2011）『質的研究法（臨床心理学をまなぶ6）』東京大学出版会

大澤真幸（2011）可能なる革命（第1回「幸福だ」と答える若者たちの時代）．『at プラス』7, 114-127.

I. パーカー／八ッ塚一郎（訳）（2008）『ラディカル質的心理学：アクションリサーチ入門』ナカニシヤ出版［Parker, I.（2005）*Qualitative psychology: Introducing radical research.* Open University Press.］

四万十町役場（2013）地震津波対策避難訓練参加人員の実績．（未公開資料）

佐藤郁哉（2008）『質的データ分析法：原理・方法・実践』新曜社

清水義弘（1955）「社会調査における抵抗の意義」清水義弘『教育社会学の構造：教育科学研究入門』東洋館出版社 pp.109-131.

篠木幹子（2010）社会調査の回収率の変化．『社会と調査』5, 5-15.

杉万俊夫（2013）『グループ・ダイナミックス入門：組織と地域を変える実践学』世界思想社

孫英英・矢守克也・谷澤亮也・近藤誠司（2013）南海トラフの巨大地震・津波を想定した防災意識と避難行動に関する住民意識調査．『災害情報』11, 69-81.

竹之内健介・河田慈人・中西千尋・矢守克也（2014）気象情報の共同構築：災害リスクに対する共同意識の醸成の視点から．『災害情報』12, 100-113.

ウェザーニューズ（2011）東日本大震災津波調査（調査結果）．［http://weathernews.

com/ja/nc/press/2011/pdf/20110908_1.pdf]

やまだようこ（2013）「質的心理学の核心」やまだようこ・麻生武・サトウタツヤ・能智正博・秋田喜代美・矢守克也（編）『質的心理学ハンドブック』新曜社 pp.4-23.

矢守克也（2010）『アクションリサーチ：実践する人間科学』新曜社

矢守克也（2013a）「『津波てんでんこ』の4つの意味：重層的な災害情報」矢守克也『巨大災害のリスク・コミュニケーション：災害情報の新しいかたち』ミネルヴァ書房 pp.81-102.

矢守克也（2013b）「災害情報のダブル・バインド」矢守克也『巨大災害のリスク・コミュニケーション：災害情報の新しいかたち』ミネルヴァ書房 pp.11-30.

第9章　河田惠昭教授の災害リスク・コミュニケーション

朝日新聞社（2012）南海トラフ地震「死者40万人の可能性」河田教授試算．朝日新聞（2012年7月6日付）[http://www.asahi.com/special/bousai/OSK201207060147.html]

河田惠昭（2011）災害対応に必要な日常連携とネットワーク．四国防災・危機管理特別プログラム開設記念講演会記録 [http://hot-relief.cocolog-nifty.com/blog/files/130417_kouen.pdf]

河田惠昭（2012）大規模災害への備えと復興・復旧への官民の役割．関西情報センター「南海トラフ巨大地震への備え講演会」資料 [http://www.kiis.or.jp/bousai/pdf/121206_1.pdf]

河田惠昭（2013a）迫りくる南海トラフ巨大地震．『無限大』*133*, 28-34.

河田惠昭（2013b）南海トラフ巨大地震の被害拡大と減災課題．『都道府県展望』*659*, 10-15.

河田惠昭・西上欣也（1999）来たるべき南海地震に備える．『自然災害科学』*18*, 137-163.

見田宗介（2008）『まなざしの地獄：尽きなく生きることの社会学』河出書房新社

見田宗介（2012）『社会学の主題と方法（定本 見田宗介著作集8）』岩波書店

大阪府南海トラフ地震災害対策等検討部会（2014）大阪府第5回南海トラフ巨大地震災害対策等検討部会議事録 [http://www.pref.osaka.lg.jp/attach/20357/00000000/gijiroku.pdf]

大澤真幸（2008）「解説」見田宗介『まなざしの地獄：尽きなく生きることの社会学』河出書房新社 pp.99-122.

大澤真幸（2009）『虚構の時代の果て』増補，筑摩書房（ちくま学芸文庫）

大澤真幸（2012）『夢よりも深い覚醒へ：3.11後の哲学』岩波書店（岩波新書）

多田隆一（2012）多田隆一のブログ　公明党大阪府本部「防災フォーラム」に参加！[http://tadaryu.blogspot.jp/2012/05/blog-post.html]

人名索引

事項索引

著者紹介

矢守克也（やもり　かつや）

1963年生まれ。大阪大学大学院博士課程単位取得退学。博士（人間科学）。
ヨハネス・ケプラー大学客員教授、ウィーン環境大学客員研究員などを
経て、現在、京都大学防災研究所教授・情報学研究科教授。
主要著書に、『アクションリサーチ』（新曜社）、『天地海人　防災・減災
えっせい辞典』（ナカニシヤ出版）、『巨大災害のリスク・コミュニケー
ション』（ミネルヴァ書房）、『防災人間科学』（東京大学出版会）、『「生
活防災」のすすめ　増補版』（ナカニシヤ出版）、『現場でつくる減災学』
（共編・新曜社）、『災害・危機と人間』（共編・新曜社）、『復興と支援の
災害心理学』（共編・福村出版）、『夢みる防災教育』（共著・晃洋書房）、
『クロスロード・ネクスト』（共著・ナカニシヤ出版）などがある。

 アクションリサーチ・イン・アクション
共同当事者・時間・データ

初版第1刷発行　2018年3月5日

著　者　矢守克也
発行者　塩浦　暲
発行所　株式会社　新曜社
　　　　〒101-0051　東京都千代田区神田神保町3-9
　　　　電話（03）3264-4973代・Fax（03）3239-2958
　　　　E-Mail：info@shin-yo-sha.co.jp
　　　　URL：http://www.shin-yo-sha.co.jp
印　刷　メデューム
製　本　イマヰ製本所